# OCR GCSE

Foundation

# expo

Clive Bell    Rosi McNab

Heinemann is an imprint of Pearson Education Limited, a company incorporated in England and Wales, having its registered office at Edinburgh Gate, Harlow, Essex, CM20 2JE.
Registered company number: 872828

www.heinemann.co.uk

Heinemann is a registered trademark of Pearson Education Limited



First published 2009

12
10 9 8 7 6 5 4 3

**British Library Cataloguing in Publication Data**

A catalogue record for this book is available from the British Library

ISBN 978 0 435 72071 1



Edited by Catriona Watson-Brown
Original design by Ken Vail Graphic Design, Cambridge
This edition by Oxford Designers & Illustrators Ltd
Original illustrations © Pearson Education Ltd. 2009

Illustrated by Beehive Illustration (Theresa Tibbetts, Ellen Hopkins), Graham-Cameron Illustration (David Benham), Ken Laidlaw, Bill Ledger.
Cover photo © Photolibrary
Printed in China (CTPS/03)

**Acknowledgements**

We would like to thank Stuart Glover, Sylvie Fauvel, Anne French and Michel Groulard for their invaluable help in the development and trialling of this course.

The authors and publisher would like to thank the following individuals and organisations for permission to reproduce photographs:
**AKG-Images/Warner Bros. Album** p. 30 (Harry Potter), 194 (Harry Potter) **Alamy** p. 54 (bus station, stadium, swimming pool, theme park, town square), 58, 66 (sports stadium, swimming pool), 108 (policeman, postwoman), 154 (hunger) **Alamy/Channel Island Pictures** p. 122 (surf) **Alamy/CW Images** p. 82 **Alamy/Detail Nottingham** p. 76 (opening present) **Alamy/DirectPhoto** p. 76 (cinema) **Alamy/Geoffrey Morgan** p. 122 (farm) **Alamy/Imagebroker** p. 148 **Alamy/Jean-Yves Roure** p. 62 (chateau) **Alamy/Jupiter Images/Pixland** p. 95 **Alamy/Peter Baros** p. 42 **Alamy/Peter Bowater** p. 74 (train) **Alamy/Richard Cooke** p. 4 (TGV) **Alamy/Roger Bamber** p. 60 **Alamy/Rubberball** p. 76 (party) **Anthony Blake Photo Library** p. 77 (foie gras) **BananaStock** p. 154 (Mathis) **Corbis** p. 17, 37 (skateboarder), 77 (fireworks), 108 (farmer, mechanic, nurse, lorry driver, waiter), 116 (mechanic), 154 (AIDS), 157 (flats), 179 (Harry Potter), 184 **Digital Stock** p. 164 (bird) **Digital Vision** p. 162, 164 (toad), 185 **Empics** p. 30 (African dancers, Macbeth), 34 (La Nouvelle Star), 37 (rugby players), 54 (cinema), 108 (checkout operator) **Getty Images** p. 24, 30 (Shakira), 116 (car engine), 154 (terrorism) **Getty Images/Jasper Juinen** p. 37 (cyclists) **Getty Images/PhotoDisc** p. 5 (Eiffel Tower), 8 (ski, flute, basketball), 54 (chateau), 74 (David), 77 (turkey), 100, 131 (kayaking, hiking, Notre Dame), 134, 154 (Éléa, Jade, Blanche), 172 (wooden chalet) **Getty Images/Photographer's Choice** p. 76 (friends at party) **Getty Images/Stone** p. 76 (presents) **Getty Images/Taxi** p. 76 (stairwell) **Grand Canyon National Park** p. 124 **ImageState** p. 108 (baker), 171 **iStockPhoto.com/Anna Yu** p. 164 (lake) **iStockPhoto.com/Philip Lange** p. 122 (tent) **iStockPhoto.com/Steven van Soldt** p. 76 (rollercoaster) **Jupiter Images/Photos.com** p. 97 (Raoul), 112 (Yann, Ryan, Hakim) **Panos Pictures** p. 154 (poverty) **PA Photos/ABACA/Gouhier Nicolas** p. 37 (Sessegnon) **PA Photos/EMPICS Sport/Joe Giddens** p. 16 **Pearson Education Ltd/Carlos Reyes Manzo** p. 54 (sports centre) **Pearson Education Ltd/Chris Parker** p. 79 (Clément), 144 (girl 2) **Pearson Education Ltd/Clark Wiseman, Studio 8** p. 144 (girl 3) **Pearson Education Ltd/Debbie Rowe** p. 54 (ice rink), 59 (beach), 66 (ice rink) **Pearson Education Ltd/Gareth Boden** p. 38 (Liane), 74 (Nabila), 91, 92, 105 (Benoît, Thierry), 112 (Shazia), 168, 177, 179 (girl), 182 (Antonin, Théo) **Pearson Education Ltd/Jules Selmes** p. 4 (basketball), 5 (girl), 6 (Pascal, Laurent, Karima), 22, 38 (Laurent, Marie, Farid, Justine, Pascal), 40 (girls, Natascha, Hugo), 52 (flats, house with flats, townhouse), 54 (station, hypermarket, park, church), 59 (old town), 66 (hypermarket, park, library, train station, hospital, church, toilets, shopping street), 69, 72, 74 (Chloé, Karim, Julie, Louis), 79 (Liane, Natascha), 80, 97 (Marine, Séverine), 105 (Natacha, Lucie, Alima), 107 (childcare), 112 (Lydie, Amélie), 128 (pizzeria, burger bar, brasserie, crêperie, chicken, pizza, crêpe, burger), 144 (boy 4, girl 5, girl 6), 150, 172 (flats), 182 (Francine, Moissette) **Pearson Education Ltd/Martin Sookias** p. 54 (market) **Pearson Education Ltd/Rob Judges** p. 110 (boy) **Photo 12** p. 34 (Les Indestructibles) **Photolibrary** p. 157 (traffic jam) **Photolibrary/Foodpix** p. 76 (birthday cake), 148 (girl) **Photolibrary/Jean-Luc Armand/Photononstop** p. 122 (cycling) **Photolibrary/Kablonk!** p. 114 **Photolibrary/Patrick Somelet/Photononstop** p. 62 (caves) **Photolibrary/The Travel Library Ltd** p. 126 **Reed International Books Australia PTY Ltd/Lindsey Edwards Photography** p. 107 (hairdresser), 108 (hairdresser) **Rex Features** p. 15, 34 (Harry Potter, Astérix) **Rex Features/Don Hammond** p. 98 **Rex Features/Richard Gardner** p. 132 **Rex Features/Woman's Weekly** p. 77 (chocolate log) **Richard Smith** p. 110 (lady) **Shutterstock/Alfgar** p. 172 (house with pool) **Shutterstock/Amin Rose** p. 159 (ice caps) **Shutterstock/Andreas G Karelias** p. 157 (village) **Shutterstock/Bill Lawson** p. 144 (boy 1), 154 (Tariq) **Shutterstock/Carlo Dapino** p. 108 (doctor) **Shutterstock/Copestello** p. 154 (tank) **Shutterstock/Ferenc Cegledi** p. 5 (Arc de Triomphe) **Shutterstock/Lazar Mihai-Bogdan** p. 54 (Louvre), 66 (Louvre) **Shutterstock/Lynn Lin** p. 122 (house by lake) **Shutterstock/Mark Yuill** p. 122 (kayak) **Shutterstock/Olly** p. 108 (chef) **Shutterstock/Paul Prescott** p. 52 (country house), 172 (country house) **The Kobal Collection** p. 29 **The Kobal Collection/Dreamworks** p. 34 (Madagascar 2) **The Kobal Collection/Marvel/Sony Pictures** p. 44

Every effort has been made to contact copyright holders of material reproduced in this book. Any omissions will be rectified in subsequent printings if notice is given to the publisher.

**Websites**

The websites used in this book were correct and up to date at the time of publication. It is essential for tutors to preview each website before using it in class so as to ensure that the URL is still accurate, relevant and appropriate. We suggest that tutors bookmark useful websites and consider enabling students to access them through the school/college intranet.

# Table des matières


## Module 1 Moi — OCR topic: Home and local area

| | | | |
|---|---|---|---|
| **Déjà vu 1** | *Je me présente ...* | Talking about yourself and saying where you are from<br>*en* and *au* with the names of countries | 6 |
| **Déjà vu 2** | *Les choses que j'aime faire ...* | Saying what you like and don't like doing<br>*j'aime* and *je n'aime pas* | 8 |
| **Unité 1** | *Je m'entends avec ...* | Talking about your family<br>Using possessive adjectives *mon, ma, mes* | 10 |
| **Unité 2** | *Mes parents* | Saying what your parents do<br>Using masculine and feminine words for jobs | 12 |
| **Unité 3** | *Mes copains et mes copines* | Talking about your friends<br>Adjective agreement | 14 |
| **Unité 4** | *Les champions sportifs* | Describing famous sportspeople<br>Using possessive adjectives *son, sa, ses* | 16 |
| **Unité 5** | *La semaine dernière* | Saying what you have done<br>The perfect tense | 18 |
| **Unité 6** | *Mes loisirs* | Talking about what you have done and are going to do<br>*j'ai fait* and *je vais faire* | 20 |
| **Contrôle oral** | | **Family, friends and free time** | 22 |
| **Contrôle écrit** | | **Your interests** | 24 |
| **Mots** | | | 26 |

## Module 2 Mon temps libre — OCR topic: Leisure and entertainment

| | | | |
|---|---|---|---|
| **Déjà vu** | *Qu'est-ce qu'on passe?* | Discussing TV and cinema<br>Using plural nouns with likes and dislikes | 28 |
| **Unité 1** | *Ça te dit?* | Arranging to go out<br>Using question words | 30 |
| **Unité 2** | *Désolé, je ne peux pas* | Explaining why you can't do something<br>Using modal verbs | 32 |
| **Unité 3** | *Ce n'était pas mal* | Giving opinions about things you did<br>Using past tenses | 34 |
| **Unité 4** | *Vainqueur ou perdant?* | Describing a sporting event<br>Saying what other people did in the past | 36 |
| **Unité 5** | *Le week-end prochain* | Talking about the past, present and future<br>Using different tenses | 38 |
| **Unité 6** | *La technologie est partout!* | Talking about new technology<br>Using the comparative | 40 |
| **Contrôle oral** | | **Computers** | 42 |
| **Contrôle écrit** | | **Writing a film review** | 44 |
| **Mots** | | | 46 |

## Module 3 Là où j'habite — OCR topic: Home and local area

| | | | |
|---|---|---|---|
| **Déjà vu 1** | *Ma maison* | Talking about where you live<br>The adjectives *petit* and *grand* | 48 |
| **Déjà vu 2** | *Ma chambre* | Talking about your own room<br>Asking questions | 50 |
| **Unité 1** | *Où j'habite* | Describing where you live<br>Using *depuis* to say how long | 52 |
| **Unité 2** | *Ma ville* | Talking about a town<br>*Il y a ... / Il n'y a pas de ...* | 54 |
| **Unité 3** | *Mon quartier* | Talking about your area<br>Giving opinions using *trop de / assez de* | 56 |
| **Unité 4** | *Ma ville préférée* | Talking about towns in France and the UK<br>Using *on peut* + infinitive | 58 |
| **Contrôle oral** | | **Your local area** | 60 |
| **Contrôle écrit** | | **A web page to advertise your area** | 62 |
| **Mots** | | | 64 |

## Module 4 Allons-y! — OCR topic: Leisure and entertainment

| | | | |
|---|---|---|---|
| Déjà vu 1 | *C'est où?* | Finding the way<br>Asking where places are using *où est?* and *où sont?* | 66 |
| Déjà vu 2 | *On fait les magasins!* | Shopping for food<br>Using *du, de la, de l',* and *des* | 68 |
| Unité 1 | *Tout près d'ici* | Describing the location of a place<br>Using prepositions | 70 |
| Unité 2 | *On prépare une fête* | Talking about shops and shopping<br>Using *il faut* to say what you need | 72 |
| Unité 3 | *Bon voyage!* | Making travel arrangements<br>The 24-hour clock | 74 |
| Unité 4 | *C'est la fête!* | Describing special occasions<br>Using the perfect tense | 76 |
| Unité 5 | *À la mode* | Talking about clothes and fashion<br>Using colour adjectives | 78 |
| Contrôle oral | | **Shopping for clothes** | 80 |
| Contrôle écrit | | **My birthday** | 82 |
| Mots | | | 84 |

## Module 5 Au collège — OCR topic: Education and work

| | | | |
|---|---|---|---|
| Déjà vu | *L'emploi du temps* | Talking about school subjects<br>Telling the time | 86 |
| Unité 1 | *C'est comment?* | Giving opinions about school subjects<br>Using the verbs *adorer, aimer, détester* | 88 |
| Unité 2 | *Ma journée* | Talking about your daily routine<br>Using reflexive verbs to say what you do | 90 |
| Unité 3 | *Vive la différence!* | Comparing schools in England and France<br>Negative expressions | 92 |
| Unité 4 | *Respectez les règles!* | Talking about school pressures<br>Using *il faut* and *il est interdit de* + infinitive | 94 |
| Unité 5 | *Qu'est-ce que tu vas faire?* | Talking about your plans<br>*je vais, je veux* and *je voudrais* + infinitive | 96 |
| Contrôle oral | | **Your school** | 98 |
| Contrôle écrit | | **An article about your school** | 100 |
| Mots | | | 102 |

## Module 6 Il faut bosser! — OCR topic: Education and work

| | | | |
|---|---|---|---|
| Déjà vu | *L'argent, l'argent* | Discussing jobs and money<br>Talking about how often things happen | 104 |
| Unité 1 | *Avez-vous un petit job?* | Talking about part-time jobs<br>Predicting when listening | 106 |
| Unité 2 | *Au boulot!* | Discussing different jobs<br>Saying what you would like to do using *je voudrais* | 108 |
| Unité 3 | *C'est de la part de qui?* | Making telephone calls<br>Using polite language | 110 |
| Unité 4 | *Les stages en entreprise* | Talking about work experience<br>Saying what you had to do | 112 |
| Contrôle oral | | **An interview for a job in France** | 114 |
| Contrôle écrit | | **Writing about your work experience** | 116 |
| Mots | | | 118 |

## Module 7 Tourisme — OCR topic: Travel and the wider world

| | | | |
|---|---|---|---|
| Déjà vu | *La météo* | Talking about the weather<br>Using the present and near future tenses | 120 |
| Unité 1 | *Mes projets pour les vacances* | Making holiday plans<br>Using *on* to say what 'we' are going to do | 122 |
| Unité 2 | *Camping de la Forêt* | Talking about camping holidays<br>Saying what you and others do using *nous* | 124 |
| Unité 3 | *Visitez la Côte d'Amour, Bretagne* | Describing a destination<br>Using the superlative | 126 |
| Unité 4 | *On déjeune* | Eating out<br>Saying what you would like using *je voudrais* | 128 |
| Unité 5 | *Plage, mer et soleil* | Talking about holidays<br>Using past, present and future tenses | 130 |
| Contrôle oral | | **In a tourist information office** | 132 |
| Contrôle écrit | | **Writing about a past holiday** | 134 |
| Mots | | | 136 |

## Module 8 Mode de vie — OCR topic: Health and sport

| | | | |
|---|---|---|---|
| Déjà vu 1 | *Ce qu'on mange et ce qu'on boit* | Talking about food and drink<br>Using *du, de la, de l', des* | 138 |
| Déjà vu 2 | *Ça ne va pas!* | Parts of the body and saying where it hurts<br>Using *au, à la, à l', aux* | 140 |
| Unité 1 | *Garder la forme* | Talking about a healthy lifestyle<br>Using *il faut* to say 'you must / should' | 142 |
| Unité 2 | *La dépendance* | Discussing addiction and other problems<br>Giving your opinion | 144 |
| Unité 3 | *Veux-tu te marier?* | Talking about family relationships and future plans<br>Using *je veux* to say what you want to do | 146 |
| Contrôle oral | | **Young people's lifestyles** | 148 |
| Contrôle écrit | | **Healthy living** | 150 |
| Mots | | | 152 |

## Module 9 Le monde en danger — OCR topic: Travel and the wider world

| | | | |
|---|---|---|---|
| Unité 1 | *On peut le faire!* | Discussing world issues<br>Saying how we can help using *on peut* | 154 |
| Unité 2 | *Les problèmes locaux* | Talking about problems in your area<br>Using negatives | 156 |
| Unité 3 | *L'environnement va mal!* | Discussing the environment<br>More practice with *il faut* | 158 |
| Unité 4 | *Avant et après* | Protecting the environment<br>Using present, past and future tenses | 160 |
| Contrôle oral | | **Environmental problems** | 162 |
| Contrôle écrit | | **A letter to a newspaper** | 164 |
| Mots | | | 166 |

**À toi** 168
Grammaire 186
Vocabulaire français - anglais 200

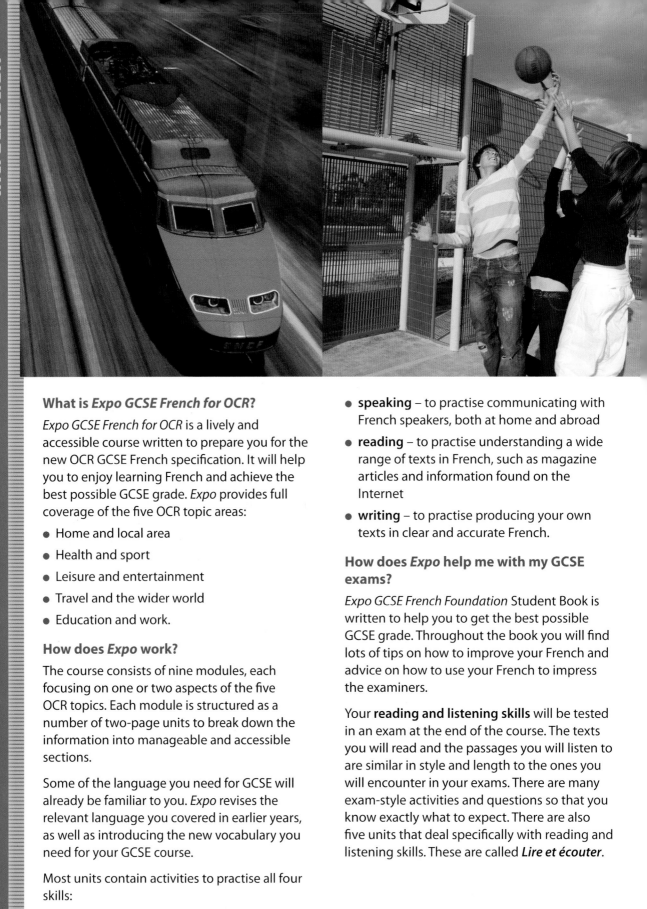

## What is *Expo GCSE French for OCR*?

*Expo GCSE French for OCR* is a lively and accessible course written to prepare you for the new OCR GCSE French specification. It will help you to enjoy learning French and achieve the best possible GCSE grade. *Expo* provides full coverage of the five OCR topic areas:

- Home and local area
- Health and sport
- Leisure and entertainment
- Travel and the wider world
- Education and work.

## How does *Expo* work?

The course consists of nine modules, each focusing on one or two aspects of the five OCR topics. Each module is structured as a number of two-page units to break down the information into manageable and accessible sections.

Some of the language you need for GCSE will already be familiar to you. *Expo* revises the relevant language you covered in earlier years, as well as introducing the new vocabulary you need for your GCSE course.

Most units contain activities to practise all four skills:

- **listening** – to practise understanding spoken French in a variety of different contexts
- **speaking** – to practise communicating with French speakers, both at home and abroad
- **reading** – to practise understanding a wide range of texts in French, such as magazine articles and information found on the Internet
- **writing** – to practise producing your own texts in clear and accurate French.

## How does *Expo* help me with my GCSE exams?

*Expo GCSE French Foundation* Student Book is written to help you to get the best possible GCSE grade. Throughout the book you will find lots of tips on how to improve your French and advice on how to use your French to impress the examiners.

Your **reading and listening skills** will be tested in an exam at the end of the course. The texts you will read and the passages you will listen to are similar in style and length to the ones you will encounter in your exams. There are many exam-style activities and questions so that you know exactly what to expect. There are also five units that deal specifically with reading and listening skills. These are called ***Lire et écouter***.

### How does *Expo* help me with my controlled assessments?

In addition to exams in reading and listening, your **speaking and writing skills** will be assessed in **controlled assessments** that can take place throughout your GCSE course. At the end of every module of *Expo*, there are extra units which give you practice in the types of tasks you will need to do, both speaking and writing:

- ***Contrôle oral*** units provide practice in the three types of task that you will encounter in your speaking assessment: **discussions**, **presentations** and **role plays**. You can listen to recordings of students your own age performing these tasks, analyse their performance and discover the strategies you can use to impress.
- ***Contrôle écrit*** units provide practice in composing pieces of writing you can present for your writing assessment. A model text shows you what aspects of language to include in your writing to gain the highest possible grade.

Both the *Contrôle oral* and *Contrôle écrit* units contain **Grade Studio** panels in bronze, silver and gold. These show exactly what you must include in your speaking and writing to gain the best grades and explain what the examiners are looking out for grade by grade, from getting the basics right (bronze) to achieving a Grade C (silver) and improving your marks (gold).

And every *Contrôle* spread contains the *Épate l'examinateur* feature, a 'star tip' that will wake the examiner up and make you stand out from the crowd!

### What about practice and revision?

- The ***Mots*** section at the end of each module summarises all the key language of the module to help you learn and revise vocabulary topic by topic.
- The ***Grammaire*** section at the end of the book explains exactly what you need to know for all the main grammar points covered in the book and explains how each one is important for your GCSE. It also includes lots of practice activities to test your knowledge.
- The ***Vocabulaire*** section at the end of the book provides a list of the French vocabulary in the texts in the book.

**ExamCafé**

Visit the Exam Café on the ActiveTeach CD-Rom for:

- interactive grammar practice
- recordings of the word lists
- top revision tips
- exam preparation guidance.

# 1 Moi

## Je me présente ... Talking about yourself and saying where you are from
## *en* and *au* with the names of countries

Déjà vu 1

écouter **1** **Écoutez et lisez. Copiez et remplissez la grille. (1–3)**
*Listen and read. Copy and fill in the table.*

Je me présente. Je m'appelle Pascal, j'ai quatorze ans et mon anniversaire est le 15 août. Je suis français et j'habite en France, à Lyon. Je suis assez grand et j'ai les yeux bleus et les cheveux bruns. Mes deux sœurs s'appellent Lydie et Sophie et nous avons un chat, qui s'appelle Ludo.

Je m'appelle Laurent. J'ai quinze ans et j'ai une sœur jumelle, Amélie. J'habite à Bruxelles en Belgique, et je parle français. Je suis assez grand et mince. J'ai les yeux verts et les cheveux bruns. Mon anniversaire est le 10 octobre.

Mon nom est Karima. J'habite à Marseille dans le sud de la France. Mon anniversaire est le 10 novembre et j'ai seize ans. Mon frère a dix ans et s'appelle Hakim. Je suis de taille moyenne. Mes yeux sont marron et mes cheveux sont noirs. Nous avons un chien et un oiseau.

| | âge | anniversaire | pays | ville | famille | taille | cheveux | yeux |
|---|---|---|---|---|---|---|---|---|
| Pascal | | | France | Lyon | | | | |
| Laurent | | | | | | | | |
| Karima | | | | | | | | |

Déjà vu 1

écouter **2** **Écoutez. D'où viennent-ils? Choisissez le bon nombre et la bonne lettre. (1–6)**
*Listen. Where are they from? Choose the correct number and the correct letter for each one.*

| | | |
|---|---|---|
| **Luc** | **1** Montréal | **a** en Angleterre |
| **Florence** | **2** Bruxelles | **b** en Belgique |
| **Camilla** | **3** Genève | **c** en Espagne |
| **Raúl** | **4** Londres | **d** en France |
| **Julie** | **5** Madrid | **e** en Suisse |
| **Valentin** | **6** Marseille | **f** au Canada |

### Expo-langue

When saying where someone lives, you use **en** with feminine countries:
J'habite **en** Suisse / **en** Écosse.

You use **au** with masculine countries:
J'habite **au** Canada.

**parler 3** **À deux. Où habitent-ils? Présentez les concurrents.**
*In pairs. Where do they live? Present the competitors.*

***Exemple:*** **1** Voici Marie-Claire. Elle habite à … en …

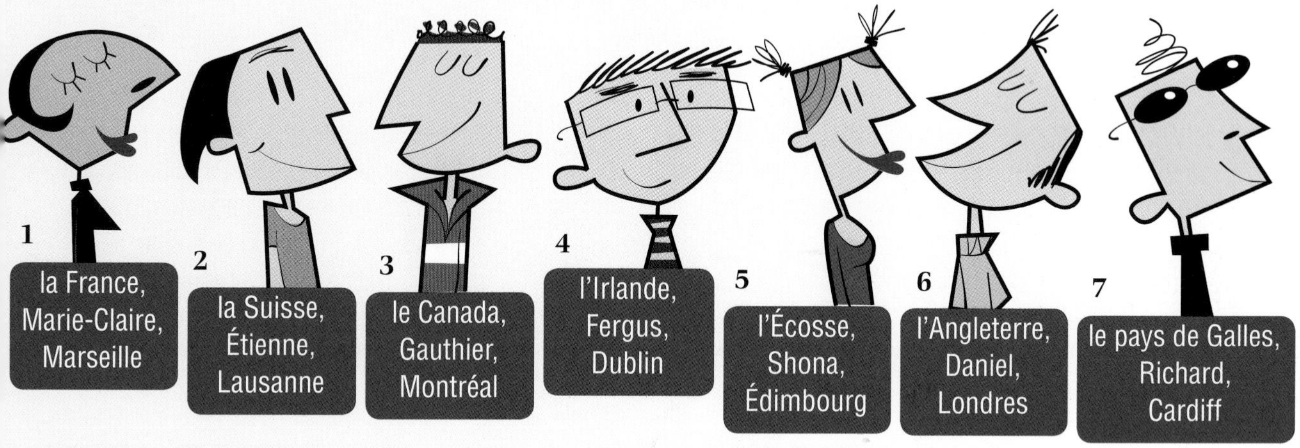


**écrire 4** **Copiez et complétez votre carte d'identité.**
*Copy and complete your identity card.*

| **Les mois** | |
|---|---|
| janvier | juillet |
| février | août |
| mars | septembre |
| avril | octobre |
| mai | novembre |
| juin | décembre |

| **La famille** |
|---|
| un frère |
| un demi-frère |
| une sœur |
| une demi-sœur |
| un chat |
| un chien |

Nom ______
Prénom ______
Âge ______
Date d'anniversaire ______
Ville ______
Pays ______
Signes particuliers (yeux/cheveux) ______
Famille ______
Animaux ______

**écrire 5** **Écrivez une lettre à un nouveau corres français.**
*Write a letter to a new French penfriend.*

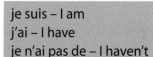

je suis – I am
j'ai – I have
je n'ai pas de – I haven't

Bonjour, je me présente:
Je m'appelle … J'ai … ans et mon anniversaire est le …
J'habite à … en/au …
Je suis (assez) grand(e)/(assez) petit(e)/de taille moyenne et j'ai les yeux … et les cheveux …
J'ai un frère/une sœur qui s'appelle …
J'ai un chien/chat.
Je n'ai pas d'animal.

**parler 6** **Présentez-vous. Préparez six phrases pour vous présenter à un(e) Français(e). Écrivez un mot-clé ou une phrase pour chacune.**
*Introduce yourself. Prepare six sentences to introduce yourself to a French person. Write down a key word or phrase for each sentence.*

***Exemple:*** nom / âge / domicile …

# Les choses que j'aime faire ... Saying what you like and don't like doing
## *j'aime* and *je n'aime pas*

écouter **1** **Écoutez et lisez. Répondez aux questions.**
*Listen and read. Answer the questions.*

J'aime le sport. Mon sport préféré, c'est le basket. J'aime aussi faire du vélo et jouer au football, mais je déteste le jogging. En été, j'aime faire du kayak, et en hiver, j'aime faire du ski. Je n'aime pas regarder la télé, sauf les matchs de foot, mais j'aime jouer à l'ordinateur. J'aime écouter de la musique et jouer de la guitare. J'aime aussi lire les magazines, mais pas les BD. Le week-end, j'aime aller à la pêche avec mon copain, et le soir, j'aime jouer aux cartes avec lui. Qu'est-ce que tu aimes faire?
*Luc*

En été, j'aime aller au bord de la mer, mais je n'aime pas faire de la natation et je n'aime pas jouer au volley ou au tennis. Je ne suis pas sportive. En hiver, j'aime rester à la maison et lire des BD ou écouter de la musique. J'aime aussi regarder les séries à la télé et aller au cinéma. Le cinéma, c'est ma passion. J'adore aller au cinéma.
*Marjolaine*

Qui ...
1 n'aime pas nager?
2 aime jouer d'un instrument?
3 aime lire des BD?
4 est sportif/sportive?
5 aime regarder la télé?
6 n'aime pas faire du ski en hiver?

en été – in summer
sauf – except
en hiver – in winter
C'est ma passion. – I'm mad about it./It's my favourite thing.

écouter **2** **Écoutez et notez en français (a) ce qu'ils aiment faire et (b) ce qu'ils n'aiment pas faire. (1–4)**
*Listen and note in French (a) what they like doing and (b) what they don't like doing.*

Déjà vu 2

### Expo-langue →→→→

Grammaire 195

Use **aimer** + the infinitive to say you like doing something:

**j'aime faire** du sport/vélo/ski/camping/kayak/canoë
de l'équitation/escalade
de la natation

Use **jouer à** to say you play *a sport or a game*:
je **joue** **au** foot/basket/tennis/volley/handball
**aux** cartes/échecs
**à l'**ordinateur

Use **jouer de** to say you play *an instrument*:
je **joue** **du** piano/violon
**de la** guitare/batterie

**parler 3** **À deux. Posez des questions et répondez.**
*In pairs. Ask and answer questions.*

- Aimes-tu faire du sport?
  - Oui, j'aime ... / Non, je n'aime pas faire du sport.
- Aimes-tu jouer (au foot/au tennis/au volley)?
  - Oui, j'aime ... / Non, je n'aime pas ...
- Aimes-tu faire (de l'équitation/de la natation/du ski)?
  - Oui, j'aime faire ... / Non, je n'aime pas faire ...
- Pourquoi?
  - C'est (génial/super/ennuyeux/fatigant). Je n'aime pas (l'eau froide/les chevaux).
- As-tu une passion?
  - Oui, ma passion, c'est ...

**écouter 4** **Écoutez. Que font-ils? Copiez et remplissez la grille. (1–2)**
*Listen. What do they do? Copy and fill in the table.*

| | lundi | mardi | mercredi | jeudi | vendredi | samedi | dimanche |
|---|---|---|---|---|---|---|---|
| Serge | / | | | | | | |
| Barbara | | | | | | | |

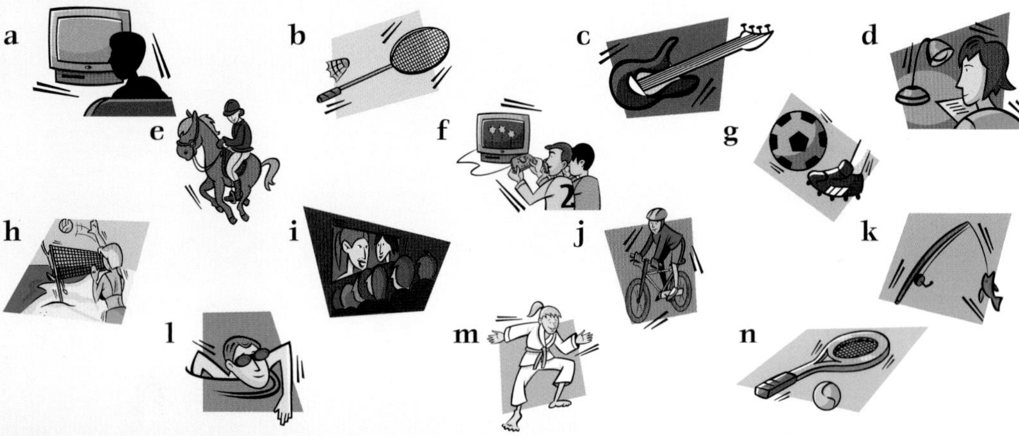


**écrire 5** **Écrivez un paragraphe: ce que j'aime faire et ce que je n'aime pas faire.**
*Write a paragraph: what I like and don't like doing.*

Je m'appelle (Isabelle). Ma passion, c'est ...
Je joue au tennis (deux fois) par semaine.
J'aime aussi (jouer de la guitare).
Je n'aime pas (faire du vélo) parce que c'est fatigant.
D'habitude, je fais/joue ...

> une fois – once
> deux fois – twice
> souvent – often
> d'habitude – usually
> le mercredi – on Wednesdays

**parler 6** **Faites une présentation.**
*Give a presentation.*

## 1 lire

**Ma famille. Comment s'appellent-ils? Que dit Amélie?**

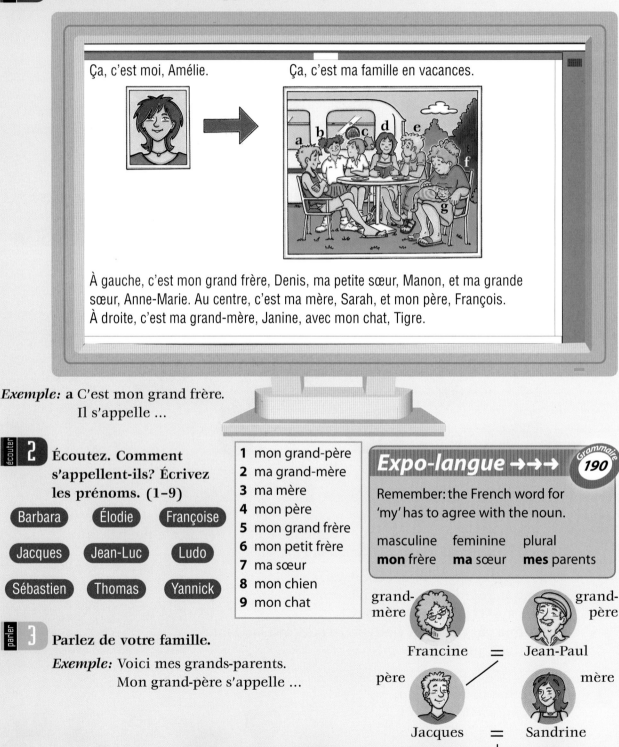

Ça, c'est moi, Amélie.

Ça, c'est ma famille en vacances.

À gauche, c'est mon grand frère, Denis, ma petite sœur, Manon, et ma grande sœur, Anne-Marie. Au centre, c'est ma mère, Sarah, et mon père, François. À droite, c'est ma grand-mère, Janine, avec mon chat, Tigre.

***Exemple:*** a C'est mon grand frère.
Il s'appelle ...

## 2 écouter

**Écoutez. Comment s'appellent-ils? Écrivez les prénoms. (1–9)**

Barbara | Élodie | Françoise | Jacques | Jean-Luc | Ludo | Sébastien | Thomas | Yannick

1. mon grand-père
2. ma grand-mère
3. ma mère
4. mon père
5. mon grand frère
6. mon petit frère
7. ma sœur
8. mon chien
9. mon chat

### Expo-langue →→→ Grammaire 190

Remember: the French word for 'my' has to agree with the noun.

| masculine | feminine | plural |
|---|---|---|
| **mon** frère | **ma** sœur | **mes** parents |

## 3 parler

**Parlez de votre famille.**

***Exemple:*** Voici mes grands-parents.
Mon grand-père s'appelle ...

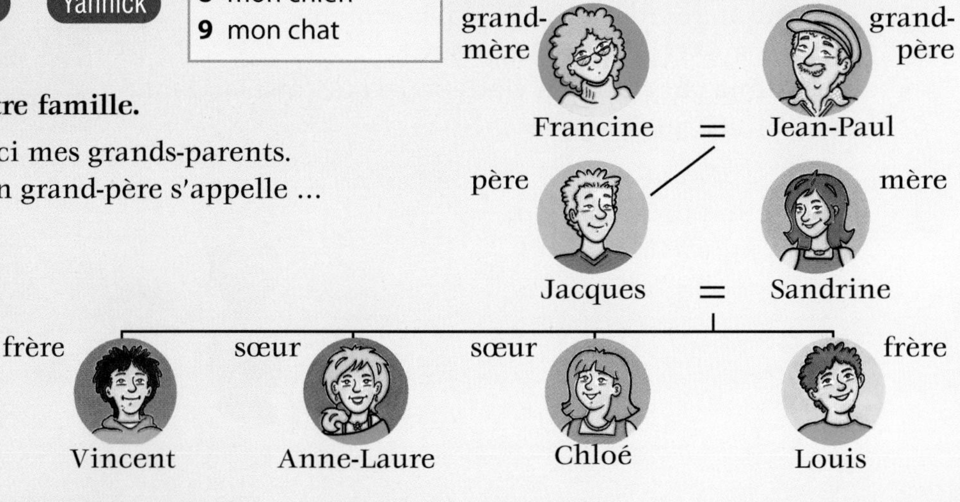

## écouter 4 Écoutez. Qui s'entend bien avec ses parents? Copiez et marquez E (s'entend bien) ou D (se dispute). (1–4)

| | mère | père |
|---|---|---|
| 1 Denis | | |
| 2 Manon | | |
| 3 Amélie | | |
| 4 Anne-Marie | | |

Je m'entends bien avec …
– I get on well with …
Je me dispute avec …
– I don't get on well with / I quarrel with …

## lire 5 Lisez le texte et complétez les phrases.

D'habitude, **je m'entends bien avec** ma petite sœur parce qu'on aime la même musique et on joue ensemble à l'ordinateur.

**Je ne m'entends pas bien avec** mon grand frère parce qu'il n'aide pas à la maison. C'est toujours moi qui dois aider.

**Je me dispute avec** ma mère parce qu'elle est trop sévère quand je ne range pas ma chambre. En revanche, **je m'entends bien avec** ma grand-mère. Je peux lui parler de tout.

**Je me dispute toujours avec** ma grande sœur parce qu'elle est toujours dans la salle de bains quand je veux y aller.

**Je ne m'entends pas bien avec** mon père parce qu'il est trop sévère. Il me critique tout le temps. En revanche, **je m'entends très bien avec** le chat! Il ne me critique pas, il faut seulement lui donner à manger!

en revanche – on the other hand
je peux lui parler de tout – I can talk to him/her about everything
critiquer – to criticise
donner à manger – to feed (an animal)

1 Je me dispute avec ______ parce qu'elle est trop sévère.
2 Je m'entends bien avec ______ parce que je peux lui parler de tout.
3 Je ne m'entends pas bien avec ______ parce qu'il n'aide pas à la maison.
4 Je me dispute avec ______ parce qu'elle passe trop de temps dans la salle de bains.
5 Je ne m'entends pas bien avec ______ parce qu'il me critique toujours.
6 Je m'entends bien avec ______ parce qu'on joue ensemble.

## écrire 6 Écrivez un paragraphe sur vous-même et votre famille.

**Saying what your parents do**
**Using masculine and feminine words for jobs**

**lire 1** **Trouvez la bonne image pour chaque emploi [*job*].**

a

b

c

d

e

f

g

h

i

j

1 menuisier
2 comptable
3 secrétaire
4 ingénieur
5 serveur/euse
6 coiffeur/euse
7 maçon
8 sapeur-pompier
9 kinésithérapeute
10 cuisinier/ière

When dealing with words you don't know, look for clues:
- Try to match the words to the pictures.
- Does the word/part of the word resemble an English word? (**serv**eur/euse, kinési**thérap**eute)
- Does the word/part of the word look like any French word you know? (**cuisin**ier – cuisine – *kitchen*; **compt**able – compter – *to count*)
- Try saying it aloud: does it sound like a word you know? (**ingénieur** – *engineer*)
- Do the ones you know first and see what's left. Still can't work it out? Look it up!

**lire 2** **Trouvez la bonne définition.**

**a** Elle apporte les repas aux clients.
**b** Elle travaille sur ordinateur.
**c** Il éteint les incendies.
**d** Il travaille dans une usine où on fabrique des moteurs.
**e** Il fait les comptes dans un bureau.
**f** Il construit des maisons.
**g** Elle fait des massages aux gens qui ont mal au dos.
**h** Il prépare les repas dans un grand restaurant.

1 maçon
2 secrétaire
3 cuisinier
4 serveuse
5 ingénieur
6 comptable
7 sapeur-pompier
8 kinésithérapeute

## Expo-langue

When talking about what job someone does, the word for 'a' is omitted in French.
Mon père est ingénieur. = My father is **an** engineer.
Ma mère est employée de banque. = My mother is **a** bank employee.

Some jobs have a different feminine form:

| | + **-e** | **-eur → -euse** | **-teur → -trice** | **-en → -enne** | **-er → -ère** |
|---|---|---|---|---|---|
| **masculine** | étudiant | vendeur | moniteur | électricien | infirmier |
| **feminine** | étudiante | vendeuse | monitrice | électricienne | infirmière |

Some don't change, e.g. **agent de police** (policeman/policewoman), **fonctionnaire** (civil servant). A few are always feminine, e.g. **nourrice** (childminder).

## écouter 3 Que font leurs parents? Écoutez et notez en anglais. (1–5)

*Exemple:* 1 Aline: father = builder, mother = ...

Coralie Éloïse Didier Benoît Aline

## parler 4 À deux. Posez et répondez aux questions.

■ Que fait le père/la mère de **Benoît**/d'**Aline**?
● Il/Elle est ...

## lire 5 Où travaillent-ils? Choisissez la bonne image.

*Exemple:* **1** père e

a

b
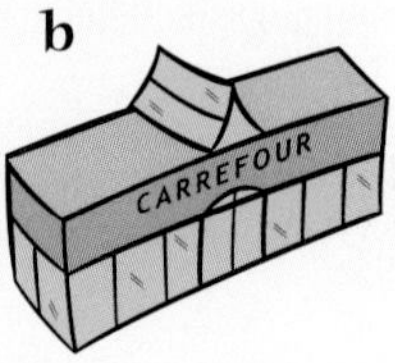

c

d

e

f

1 Mon père est informaticien et il travaille dans un bureau en ville.
2 Ma mère est vendeuse. Elle travaille dans une grande surface.
3 Mon père est plombier. Il travaille sur un chantier.
4 Ma mère travaille dans un hôpital. Elle est infirmière.
5 Mon père est mécanicien. Il travaille dans un garage, il répare des autos.
6 Ma mère est nourrice. Elle s'occupe de petits enfants. Elle travaille dans une école maternelle.

## écouter 6 Où travaillent-ils? Écoutez et notez la bonne lettre. (1–6)

M. Duval | Mme Duval | M. et Mme Brunot | Mme Gilsou | M. Jeammet | Mlle Voyeux

a

b

c

d

e

f

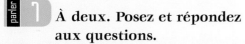

## parler 7 À deux. Posez et répondez aux questions.

■ Que fait ton père dans la vie?
■ Où travaille-t-il?
■ Que fait ta mère dans la vie?
■ Où travaille-t-elle?

## écrire 8 Faites un résumé.

**Mes parents**
Mon (beau-)père est ... Il travaille ...
Ma (belle-)mère est ... Elle travaille ...

| | |
|---|---|
| Ma (belle-)mère/ Elle<br>Mon (beau-)père/ Il | ne travaille pas. *doesn't work.*<br>s'occupe des enfants. *looks after the children.*<br>est malade. *is ill.*<br>est au chômage. *is out of work.*<br>travaille à son compte. *is self-employed.*<br>travaille à mi-temps. *works part-time.* |

**lire 1** **Lisez. Qui c'est? Trouvez la bonne image.**

1 **Jenni** a les yeux bleus et les cheveux blonds et mi-longs. Elle est grande, sérieuse et un peu timide. Elle n'est pas bavarde!
2 **Julia** est assez grande. Elle a les cheveux courts et bruns et les yeux bleu-gris. Elle est paresseuse et drôle. Elle n'est pas sportive.
3 **Matthieu** a les yeux verts et les cheveux bruns bouclés. Il est de taille moyenne. Il porte des lunettes. Il est bavard et marrant. Il n'est pas bien organisé!
4 **Laurent** est petit. Il a les yeux bruns et les cheveux roux. Il est très sportif et il joue au rugby et fait du karaté. Il n'est pas travailleur!

**a**

**b**

**c**

**d**

**écouter 2** **Écoutez et complétez le texte avec les mots qui manquent.**

Lucas est assez **(1)** ______. Il a les yeux **(2)** ______ et les cheveux **(3)** ______. Il est **(4)** ______ et **(5)** ______ et il n'est pas **(6)** ______.

Ma copine Jennifer est assez **(7)** ______. Elle a les cheveux **(8)** ______ et les yeux **(9)** ______. Elle est **(10)** ______ et **(11)** ______ et elle n'est pas **(12)** ______.

Cathy est **(13)** ______. Elle est **(14)** ______ et **(15)** ______, mais elle n'est pas **(16)** ______.

Kévin est **(17)** ______. Il est **(18)** ______ et **(19)** ______, mais il est très **(20)** ______.

bavarde, bien organisée, bleus, blonds, bruns, drôle, de taille moyenne, gentille, grand, généreuse, grand, intelligent, marrante, paresseux, petite, sportif, sympa, sympa, timide, verts

## Expo-langue →→→ Grammaire 190

Adjectives agree with the noun they describe – this means they have a different form if the noun is feminine or plural.

When used with a *feminine noun*:
Most adjectives add **–e**.
grand → grand**e**    petit → petit**e**

Adjectives which already end in **–e** and **–a** stay the same.
drôle → drôle
timide → timide
sympa → sympa

Some adjectives change their ending.
sporti**f** → sporti**ve**
paress**eux** → paress**euse**

When used with a *plural noun*:
Most adjectives add **–s**.
vert → (les yeux) vert**s**
court → (les cheveux) court**s**

parler **3** **À deux. Posez et répondez aux questions.**

■ Il/Elle est comment?
● Il/Elle est ...

bien organisé(e)
grand(e)
bavarde(e)
intelligent(e)
paresseux/euse

écrire **4** **Faites la description de deux personnalités de votre choix.**

*Exemple:* Brad Pitt est ...

| | |
|---|---|
| Il/Elle est | acteur/actrice de cinéma<br>musicien/enne<br>chanteur/euse<br>joueur/euse de ... |
| Il/Elle (n')<br>est (pas) | (assez) grand(e)/petit(e)/de taille moyenne<br>célèbre<br>actif/ive<br>sportif/ive<br>gentil(le) |

parler **5** **À deux. Discutez de vos descriptions. D'accord ou pas?**

écouter **6** **Écoutez la description du voleur. Choisissez les quatre bonnes images.**

*Listen to the description of the thief. Choose the four correct pictures.*

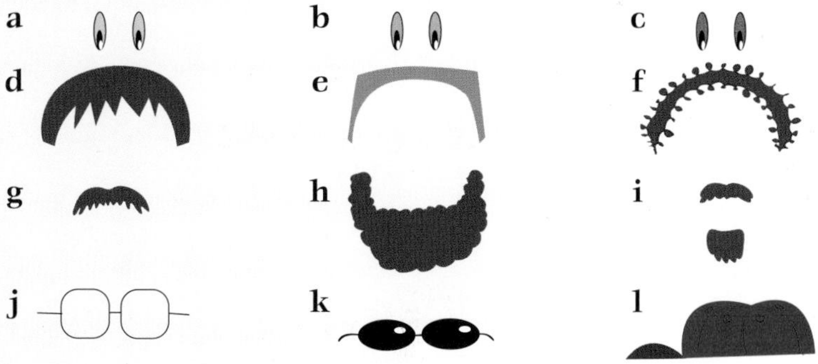


écrire **7** **Faites la description d'un petit copain idéal/une petite copine idéale.**

Mon petit copain idéal/Ma petite copine idéale est (grand(e)).
Il/Elle a les cheveux ... et les yeux ...
Il/Elle est (intelligent(e)) ...
Il/Elle n'est pas ...

# 4 Les champions sportifs

**Describing famous sportspeople**
**Using possessive adjectives *son, sa, ses***

This is the first of five **Lire et écouter** units concentrating on reading and listening skills. These units will:

- help you increase your confidence in tackling reading and listening questions
- give you practice in the style of questions you will meet in your GCSE exam.

You will practise:

- listening for gist and detail
- looking and listening for clues
- recognising what is important to include in your answer
- working out the meaning of words you've never heard or seen before.

**Préparez-vous!**

You are going to hear two teenagers talking about a young footballer. Listen and answer the questions.

- Read the questions and try to predict what you are likely to hear.
- Look at the picture. What does it tell you?
- If you are sure of an answer, fill it in, but if you are in any doubt, wait until you hear it again; you can always make notes and come back to it.
- If you are not sure about an answer and decide to leave it, don't waste too long thinking about it; move on to the next question straight away.
- For this listening, you need to check you know the alphabet so that you can recognise names and places that are spelt out.

*Lire et écouter*

écouter **1** **Écoutez. Répondez aux questions.**

1 What is the footballer's surname?
2 What is his first name?
3 What is his nationality?
4 Where was he born?
5 What colour are his eyes?
6 What does he like doing in his spare time?

## Expo-langue

**The alphabet**
Most letters sound similar to the English ones, but these ones can be confusing:

| | | |
|---|---|---|
| A = *ah* | I = *ee* | J = *djee* |
| E = *euh* | G = *djay* | H = *ash* |

## Expo-langue →→→→

Grammaire 190

In French, the word for 'his' and 'her' is the same.

| masculine | feminine | plural |
|---|---|---|
| **son** frère | **sa** sœur | **ses** parents |
| **son** ami | ***son** amie | **ses** ami(e)s |

* If the feminine noun begins with a vowel, you use **son**.

## lire 2 Lisez le texte et trouvez les mots qui manquent.

### Richard Gasquet: star de tennis!

Richard Gasquet a commencé à **1** ______ au tennis à l'âge de quatre ans. **2** ______ parents sont tous les deux professeurs de tennis. **3** ______ père était son premier entraîneur et **4** ______ mère est monitrice de tennis. À l'âge de seize ans, il a gagné son premier titre, et il est devenu champion du monde junior.

En 2005, à l'âge de 19 ans, il a **5** ______ au tournoi de Monte-Carlo. Il a battu le numéro un mondial Roger Federer en quart de finale, mais en demi-finale il a perdu contre Rafael Nadal.

Puis il s'est blessé au coude et il a renoncé à jouer aux Masters.

En 2007, il a recommencé à jouer et il a atteint la septième place mondiale, mais son coude a continué à lui poser **6** ______ problèmes.

Malgré ce problème, il **7** ______ recommencé à jouer la saison suivante où il a gagné l'Open de Nottingham et le Grand Prix de tennis de Lyon.

Il vit pour le tennis, mais en dehors des courts il aime jouer au foot et être **8** ______ ses amis.

le coude – elbow

jouer | Son | sa | Ses | saison | tournoi | des | joué | a | avec

## lire 3 Complétez chaque phrase en anglais avec un mot de la case.

1 Richard Gasquet started playing tennis when he was ______.
2 His first trainer was his ______.
3 He became junior world champion at the age of ______.
4 In the semi-finals in Monte Carlo, against Rafael Nadal, Richard ______ the match.
5 He had to give up playing for a while because of ______.
6 He started playing again in ______.
7 One of his hobbies is ______.
8 When he is not playing tennis, he likes being with his ______.

| | | | | | |
|---|---|---|---|---|---|
| family | fourteen | 2007 | lost | missed | illness |
| won | injury | football | six | father | friends |
| 2005 | four | mother | golf | sixteen | |

**How to produce your best answers!**

- Read the text carefully <u>before</u> you look at the sentences.
- Don't rush your answers. There will always be more than one English word in the list that could fit each gap, but only one will match what was said in the text.
- The meaning of the word **le coude** (elbow) is given. Use logic to work out what **Il s'est blessé au coude** means; this will help you answer question 5 in Exercise 3.
- Make sure you know your numbers really well. The ones that people sometimes confuse are: **deux, dix, douze** **quatre, quatorze** **six, seize**

**écouter 1** **Écoutez Thierry et Pascaline. Où sont-ils allés? Quel jour? (1–2)**

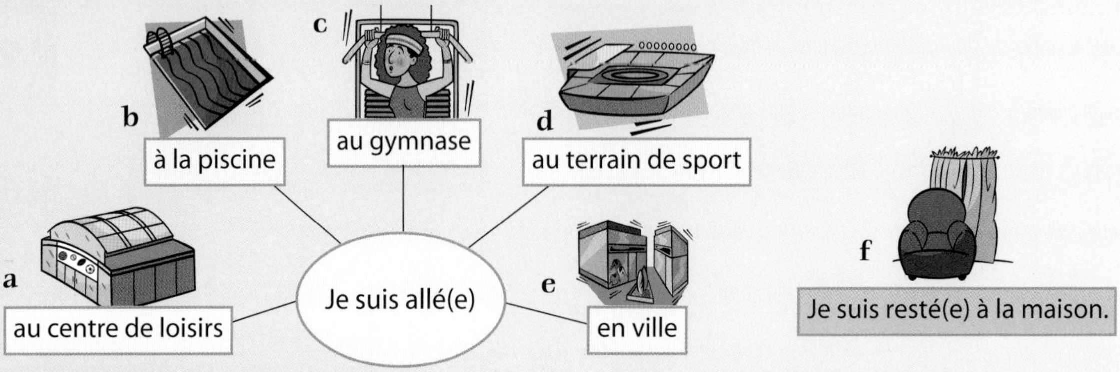


| | lundi | mardi | mercredi | jeudi | vendredi | samedi | dimanche |
|---|---|---|---|---|---|---|---|
| Thierry | | | | | | *e* | |
| Pascaline | | | | | | | |

**parler 2** **À deux. Où êtes-vous allés? Posez et répondez aux questions.**

■ Où es-tu allé(e) (lundi)?

| lundi | mardi | mercredi | jeudi | vendredi | samedi |
|---|---|---|---|---|---|
|  |  |  |  |  |  |

**écrire 3** **Qu'est-ce que vous avez fait? Copiez et complétez l'agenda ci-dessous.**

## Expo-langue →→→→

Grammaire 192 Grammaire 194

You use **j'ai / je suis** + a past participle to talk about the past.

j'ai fait de la natation
de la musculation
de la danse
du théâtre
du judo
du shopping

j'ai joué au basket
au volley
au foot
au badminton

j'ai écouté de la musique
regardé la télé
joué à l'ordinateur
fait mes devoirs
envoyé des textos à mes amis

je suis allé(e) au gymnase
au centre de loisirs
au terrain de sport
à la piscine
en ville

je suis resté(e) à la maison

## lire 4 Lisez l'e-mail de Thierry. Puis choisissez a, b ou c pour compléter chaque phrase.

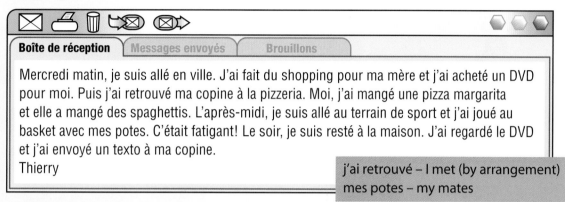

**Boîte de réception** | Messages envoyés | Brouillons

Mercredi matin, je suis allé en ville. J'ai fait du shopping pour ma mère et j'ai acheté un DVD pour moi. Puis j'ai retrouvé ma copine à la pizzeria. Moi, j'ai mangé une pizza margarita et elle a mangé des spaghettis. L'après-midi, je suis allé au terrain de sport et j'ai joué au basket avec mes potes. C'était fatigant! Le soir, je suis resté à la maison. J'ai regardé le DVD et j'ai envoyé un texto à ma copine.
Thierry

j'ai retrouvé – I met (by arrangement)
mes potes – my mates

1 Mercredi matin, Thierry est allé (**a**) en ville. (**b**) à la piscine. (**c**) au cinéma.
2 Il a fait (**a**) de la natation. (**b**) du shopping. (**c**) du judo.
3 Il a retrouvé (**a**) son ami. (**b**) son amie. (**c**) ses parents.
4 Il a mangé (**a**) des pâtes. (**b**) une pizza. (**c**) des spaghettis.
5 L'après-midi, il a joué (**a**) au foot. (**b**) au basket. (**c**) au volley.
6 Le soir, il a (**a**) regardé un film. (**b**) joué à l'ordinateur. (**c**) écouté de la musique.

## écouter 5 Écoutez. Qu'est-ce qu'ils ont fait? Copiez et remplissez la grille. (1–5)

| | Où? | Qu'est-ce qu'ils ont fait? | C'était comment? |
|---|---|---|---|
| 1 | | | |
| 2 | | | |
| 3 | | | |

| | |
|---|---|
| C'était super. | ✔✔ |
| C'était génial. | ✔ |
| Bof, ce n'était pas mal. | – |
| C'était fatigant/ennuyeux. | ✘ |
| C'était nul. | ✘✘ |

## parler 6 Préparez une présentation. Où êtes-vous allé(e) et qu'est-ce que vous avez fait samedi dernier?

- Draw some symbols or make a list of key words to help you.

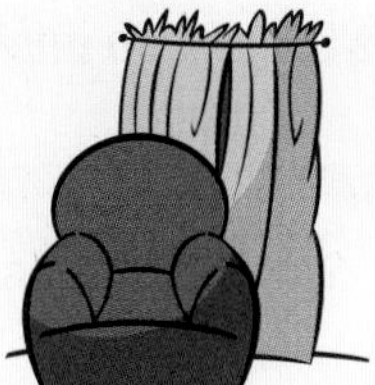

## écouter 1 Écoutez et décidez. Qui parle? C'était comment? (1–8)

**a** très bien **b** bof **c** fatigant **d** ennuyeux **e** nul **f** génial

## lire 2 Qui écrit? Trouvez le bon prénom de l'exercice 1.

**1** Peux-tu m'aider? Je n'ai pas eu le temps de finir mes devoirs ce soir parce que j'ai fait du karaté.

**2** Peux-tu m'aider? Je n'ai pas eu le temps de finir mes devoirs ce soir parce que j'ai joué au squash.

**3** Peux-tu m'aider? Je n'ai pas eu le temps de finir mes devoirs ce soir parce que j'ai fait de l'équitation.

**4** Peux-tu m'aider? Je n'ai pas eu le temps de finir mes devoirs ce soir parce que j'ai fait du vélo.

**5** Peux-tu m'aider? Je n'ai pas eu le temps de finir mes devoirs ce soir parce que je suis allé à la pêche.

**6** Peux-tu m'aider? Je n'ai pas eu le temps de finir mes devoirs ce soir parce que je suis allée à la piscine.

## parler 3 À deux. Qu'avez-vous fait?

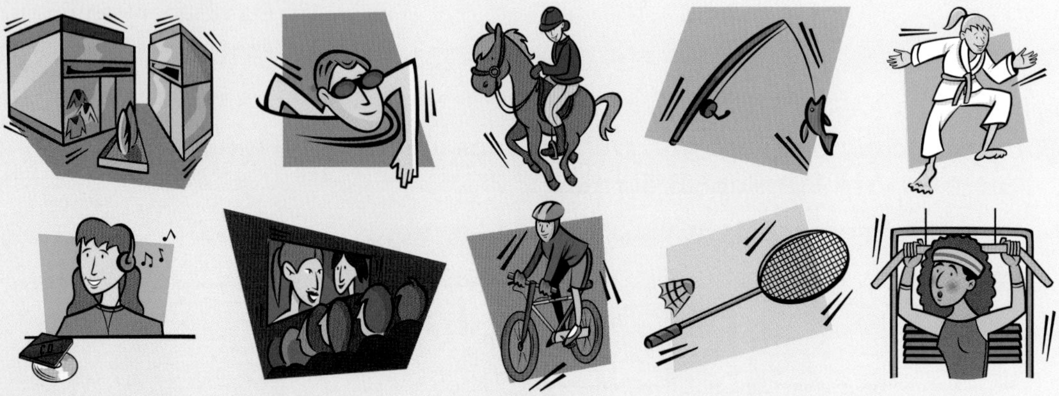

## écrire 4 Lisez la grille et faites huit phrases.

| | | | |
|---|---|---|---|
| Je suis allé(e) | en ville<br>à la piscine<br>au cinéma<br>au centre de sport | et j'ai | fait …<br>joué …<br>acheté …<br>écouté …<br>vu … |

**lire 5** **Lisez et trouvez les deux bonnes images pour chaque personne.**

a

b

c

d

e

f

g

h

i

j

k
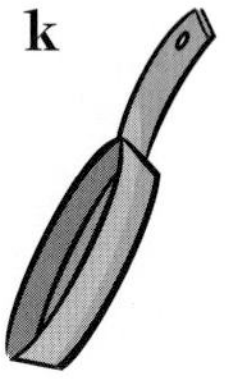
l

1

**J'ai joué au squash et maintenant j'ai chaud. Je vais prendre une douche et puis je vais dîner.**
*Théo*

2

**Je vais laver mon vélo – il est couvert de boue – et puis je vais faire mes devoirs.**
*Yassim*

3

**Je vais mettre le nouveau pull et le pantalon que j'ai achetés et puis je vais envoyer un texto à mon copain.**
*Élodie*

4

**Je vais donner à manger au cheval – il doit avoir faim – et puis je vais jouer à l'ordinateur.**
*Gwenaëlle*

5

**Je vais me sécher les cheveux – ils sont tout trempés – et puis je vais boire quelque chose.**
*Cathy*

6

**Je vais faire cuire le poisson que j'ai attrapé – j'adore le poisson frais comme ça – et puis je vais regarder la télé.**
*Thomas*

## Expo-langue → Grammaire 192

Grammaire 194

To say what you *have done*, you use the *perfect tense*:

je suis allé(e) …
j'ai fait/joué …

Grammaire 188

To say what you *are going to do*, you use the *near future tense*. This is formed using the present tense of **aller** + an infinitive.

je vais faire/jouer/regarder …

couvert de boue – covered in mud
trempé – wet/soaked
mettre – to put on

**écouter 6** **Qui parle? Écoutez et mettez les prénoms de l'exercice 5 dans le bon ordre. (1–6)**

**écrire 7** **Écrivez des textos à vos copains/copines.**

J'ai fait … et maintenant, je vais (faire) …
Je suis allé(e) … et maintenant, je vais (aller) …
J'ai joué … et maintenant, je vais (prendre une douche) …

You will have to take part in a discussion, presentation or role play on a specific topic as part of your GCSE speaking controlled assessment. Below is the first exam-style oral assessment task. Read it carefully and make sure you understand exactly what you have to do.

You are discussing your family, friends and free-time activities with a student in your partner school in France. You'll have to talk about the points in the list below and may have to answer unexpected questions about these topics:

1 the members of your family (who they are, their ages, etc.)
2 how you get on with them and why
3 what your best friend is like (looks and personality)
4 what you and your best friend do together
5 what you like doing in your free time
6 what you did last night
7 what you are planning to do this weekend.

**1 You will hear the first part of a model discussion. Dan is talking about his family. First, work out who he is talking about: his brother or his sister? Then listen and check.**

A ... est grande.
... a dix-huit ans.
Je m'entends bien avec ...
... aime la même musique que moi.

B ... a les cheveux courts et frisés.
... vient toujours dans ma chambre.
... me pose des questions stupides.
On se dispute toujours.

**2 Listen again and make notes in English of the key points of Dan's answers. Now make notes about your own family. If you don't have a brother or sister, your teacher will probably ask you about who else you get on with or don't get on with.**

**3 Listen to the second part of Dan's discussion and fill in the gaps.**

■ Tu as un meilleur copain?
● Oui, il s'appelle Dominic. Il est petit et il a **1** ______ cheveux courts et **2** ______. On aime les mêmes choses. On **3** ______ nos devoirs ensemble, puis on regarde un DVD, ou on joue à l'ordinateur. On **4** ______ bien.
■ Qu'est-ce que tu aimes faire de ton temps libre?
● J'aime **5** ______ du sport. Je joue **6** ______ basket et je fais **7** ______ VTT. J'aime aussi jouer **8** ______ l'ordinateur. Je vais chez mon copain Dominic **9** ______ il a une Wii et on joue ensemble. Nous **10** ______ aussi au foot et en été nous jouons au tennis.

faire | les | fait | jouons | s'amuse | parce qu' | au | du | frisés | à

**4 Now listen to the final part of Dan's discussion and answer the questions.**

The examiner asks Dan what he did last night.

1 Which words in the question tell you the answer should be in the past tense?
2 Which word does he use to say 'first'?
3 How does he say where he went?
4 How does he say what 'we' did?

The examiner asks Dan what he is going to do.

5 Which words in the question tell you which tense Dan should use?
6 Which two verbs does he use to say what he is going to do in the future?
7 What is the unexpected question the examiner asks him?

**5 Now it's your turn! Prepare your answers to the task opposite, then have a discussion with your teacher or partner.**

- Adapt what Dan said to talk about yourself, but add your own ideas.
- Try to predict what the unexpected question will be.
- Record the discussion. Ask a partner to listen to it and say how well you performed.

Award each other one star, two stars or three stars for each of these categories:

- pronunciation
- confidence and fluency
- range of tenses
- using longer sentences
- variety of vocabulary and expressions
- taking the initiative.

What do you need to do next time to improve your performance?

## GradeStudio

Make sure you cover the basics!

- When talking about **yourself**, use *je* (I): *j'ai* (I have), *je suis* (I am), *je vais* (I am going), *je joue* (I play), *je fais* (I do).
- When talking about **other people**, use *il/elle* (he/she): *il/elle s'appelle* (he/she is called), *il/elle a* (he/she has), *il/elle est* (he/she is), *il/elle joue/fait* (he/she plays/does).

To achieve a Grade C, show that you can use a **variety of structures** and **different tenses** correctly.

- Use **adjectives** to describe other people: *grand(e), petit(e), les cheveux longs/courts/frisés; Il/Elle est bavard(e)* (talkative)/*rigolo(te)* (fun)/*gentil(le)* (kind)/*joli(e)* (pretty)/*énervant(e)* (annoying)/*ennuyeux/euse* (boring).
- Buy yourself **thinking time** by using words and phrases from the question: *«Qu'est-ce que tu as fait hier soir?» «Hier soir? J'ai fait ...»*
- Try using ***on*** (we) like Dan does:
  - present tense: *On regarde un DVD.* (We watch a DVD.)
  - perfect tense: *On a joué ...* (We played ...)
  - near future: *On va jouer ...* (We are going to play ...)
  - reflexive verbs: *On s'amuse bien.* (We have a good time.).

To increase your marks:

- use **sequencing words**. Listen to how Dan uses: *d'abord* (first), *puis* (then) and *et ensuite* (and after that) when he talks about what he did
- give **reasons** using *parce que*: *Je m'entends bien avec ... parce que ...* (I get on with ... because ...); *Je me dispute avec ... parce que ...* (I quarrel with ... because ...)
- remember that **correct pronunciation** gets marks! For example, remember to pronounce the final *–d* or *–t* if it is followed by *e*! *Il est grand.* → *Elle est gran**d**e.* *Il est petit.* → *Elle est peti**t**e.*

### Épate l'examinateur!

- To really impress your examiner, use a number of reflexive verbs, as Dan does. Don't forget the reflexive pronoun! *Je **m**'entends bien avec ...* (I get on well with ...); *Je **me** passionne pour le foot.* (I'm mad about football.)

## Je me passionne pour …

J'aime le sport et ma passion, c'est le squash.

Je joue au squash depuis trois ans. Mon père est membre du club de squash depuis plus de dix ans. D'abord, j'ai joué contre mon père, mais maintenant, je suis membre du club et je joue contre d'autres jeunes et je m'entraîne avec un moniteur. On joue deux ou trois fois par semaine et je vais au gymnase pour faire de la musculation deux fois par semaine.

un moniteur – coach
une équipe – team
gagner – to win

On joue un match le mercredi et le dimanche. Pour jouer au squash, il faut être en forme et il faut se concentrer. La semaine dernière, j'ai joué pour l'équipe junior B contre l'équipe A et j'ai gagné 11–4, 11–6, 11–3. La semaine prochaine, je vais jouer pour l'équipe A.

Pour le squash, il faut avoir une raquette et une balle en gomme. On porte un polo, un short et des baskets. Il faut payer pour être membre du club, mais pour les jeunes, il y a un prix réduit.

J'aime le squash parce que j'aime être actif, j'aime gagner et j'aime rencontrer les autres membres du club. Après un match, on se retrouve au bar. C'est génial. Si vous aimez les sports dynamiques, je vous recommande d'essayer le squash!

*Benoît*

**1 Read the text.**

**2 Find the French equivalent of these phrases in the text and copy them out.**

1. I like sport.
2. At first, I played against my father.
3. We play two or three times a week.
4. I go to the gym.
5. You have to be fit.
6. Next week, I am going to play …
7. I like to win.
8. We meet at the bar.

**3 Which tenses are used in each phrase in Exercise 2? For each phrase, write 'present', 'perfect' or 'near future'.**

**4 Answer the questions briefly in English.**

1. How long has Benoît been playing squash?
2. Who did he play against, to begin with?
3. Where does he go twice a week?
4. Name one day when he has a match.
5. Apart from being fit, what does he say you have to do to play squash?
6. How did he do in last week's match?
7. Name one reason he says he likes squash.
8. Where do he and the other players go after a match?

**5 You might be asked to write about your main hobby as a controlled assessment task. Use the Grade Studio to help you prepare.**

## GradeStudio

Make sure you cover the basics in your written assessment.

- Show that you can use basic **structures**, as Benoît does: *je suis* (I am), *je joue* (I play), *j'ai* (I have), *je vais* (I go/am going).
- Give your **opinion** using *j'aime* (I like) and *c'est* (it is): *C'est génial* (It's great).
- Use simple **connectives**. Make sure you include at least three of the connectives from the text: *et* (and), *mais* (but), *ou* (or), *pour* (for).

To achieve a Grade C, show that you can use different tenses correctly.

- Benoît uses the **present tense** to say what he does now: *je joue* (I play), *j'aime* (I like), *je m'entraîne* (I train).
- He uses the **perfect tense** to say what he did in the past: *j'ai joué* (I played), *j'ai gagné* (I won).
- He uses the **near future** (*aller* + infinitive) to say what he is going to do: *je vais jouer* (I am going to play).

To increase your marks:

- use ***depuis*** + **present tense** to say how long you have been doing something: *Je joue au squash depuis trois ans* (I have been playing squash for three years)
- include some **time expressions** from the text: *après* (after), *d'abord* (at first), *maintenant* (now), *la semaine dernière* (last week), *la semaine prochaine* (next week), *deux fois par semaine* (twice a week).

### Épate l'examinateur!

- To really impress your examiner, use a variety of expressions with *il faut*: *il faut être en forme* (you have to be fit), *il faut se concentrer* (you have to concentrate), *il faut s'entraîner* (you have to train).

**6 Now write about what you do in your spare time.**

- Use or adapt phrases from Benoît's text.
- Refer to Unit 4 for help with describing a sport or game.
- Refer to Unit 5 for help with the perfect tense.
- If you need to write something which is not in the book, do some research. Look your sport or activity up on the Internet in French and find out the correct names for team positions, equipment, matches, etc.
- Don't just copy chunks from your research; make a list of useful words and terms to include in your own writing.
- Structure your text; organise what you write in paragraphs.

**Introduction**

*What is the activity?* Ma passion, c'est ...
*How long have you been doing it?*
Je joue/fais ... depuis ... mois/ans.
*How did you come to start doing it?*
J'ai commencé à jouer avec ...

**Main paragraphs**

*When do you do it?* Je joue/fais/m'entraîne ... fois par semaine.
*Where do you do it?* Je joue au club/terrain/centre de sports/gymnase.
*Who do you do it with?*
Je joue avec mes copains.
*What equipment do you need to do it?*
Il faut ...
*What did you do last week at the match/game/training session?*
La semaine dernière, j'ai ...
*What are you going to do in the near future?* La semaine prochaine, je vais ...

**Conclusion**

*Why do you enjoy it?*
J'aime ... parce que ...
*Do you recommend it? Why?* Je vous recommande de ... parce que ...

**Check what you have written carefully. Check:**

- spelling and accents
- gender and agreement (e.g. adjectives)
- verb endings for the different persons: *je/il/elle/on/nous/vous*, etc.

## Moi / Me

| | |
|---|---|
| Je me présente ... | Let me introduce myself ... |
| Je m'appelle ... | I'm called ... |
| J'ai (quinze) ans. | I'm (fifteen) years old. |
| Mon anniversaire est le (10 mai). | My birthday is the (10 May). |
| J'habite à (Édimbourg). | I live in (Edinburgh). |
| Je suis ... | I'm ... |
| (assez) grand(e)/petit(e) | (quite) tall/short |
| de taille moyenne | of average height |
| J'ai les yeux (bleus/marron). | I've got (blue/brown) eyes. |
| J'ai les cheveux (blonds/bruns/noirs/roux). | I've got (blond/brown/black/red) hair. |
| J'ai un frère/une sœur qui s'appelle ... | I have a brother/sister who's called ... |
| un demi-frère | a half brother |
| une demi-sœur | a half sister |
| J'ai un (chien/chat). | I've got a (dog/cat). |
| Je n'ai pas d'animal. | I don't have a pet. |

## Les pays / Countries

| | |
|---|---|
| J'/Il/Elle habite ... | I/He/She lives ... |
| en Angleterre (f) | in England |
| en Écosse (f) | in Scotland |
| en France (f) | in France |
| en Irlande (f) | in Ireland |
| en Suisse (f) | in Switzerland |
| au Canada (m) | in Canada |
| au pays de Galles (m) | in Wales |

## Les choses que j'aime faire / What I like doing

| | |
|---|---|
| Aimes-tu ... ? | Do you like ... ? |
| faire du sport/du ski | doing sport/skiing |
| faire de l'équitation/de la natation | doing horse-riding/swimming |
| Je joue au foot/au tennis/au volley. | I play football/tennis/volleyball. |
| As-tu une passion? | Do you have a favourite hobby? |
| Ma passion, c'est ... | What I like most is ... |
| J'aime faire ... | I like doing ... |
| Je n'aime pas (l'eau froide/les chevaux). | I don't like (cold water/horses). |
| C'est ... | It's ... |
| génial/super | great |
| ennuyeux | boring |
| fatigant | tiring |
| une fois/deux fois | once/twice |
| souvent | often |
| d'habitude | usually |
| le (mercredi) | on (Wednesdays) |

## Ma famille / My family

| | |
|---|---|
| Je m'entends bien avec ... | I get on well with ... |
| Je ne m'entends pas bien avec ... | I don't get on well with ... |
| Je me dispute avec ... | I don't get on well / I quarrel with ... |
| mes parents (m) | my parents |
| mon père | my father |
| mon grand-père | my grandfather |
| ma mère | my mother |
| ma grand-mère | my grandmother |
| parce que | because |
| Il/Elle est (trop) sévère. | He/She is (too) strict. |
| Il/Elle me critique tout le temps. | He/She criticises me all the time. |
| On aime la même musique. | We like the same music. |
| Je peux lui parler de tout. | I can talk to him/her about everything. |

## Les métiers / Jobs

| | |
|---|---|
| Il/Elle est ... | He/She is a(n) ... |
| coiffeur/euse | hairdresser |
| comptable | accountant |
| cuisinier/ière | cook/chef |
| infirmier/ière | nurse |
| informaticien(ne) | computer operator |
| ingénieur | engineer |
| kinésithérapeute | physiotherapist |
| maçon | builder |
| mécanicien(ne) | mechanic |
| menuisier/ière | carpenter |
| nourrice | childminder |

| | | | |
|---|---|---|---|
| plombier | *plumber* | dans un hôpital | *in a hospital* |
| sapeur-pompier | *fireman* | sur un chantier | *on a building site* |
| secrétaire | *secretary* | Il/Elle … | *He/She …* |
| serveur/euse | *waiter/waitress* | est au chômage | *is out of work* |
| vendeur/euse | *salesperson* | est malade | *is ill* |
| Il/Elle travaille … | *He/She works …* | ne travaille pas | *doesn't work* |
| dans un bureau | *in an office* | s'occupe des enfants | *looks after the children* |
| dans une école primaire | *in a primary school* | | |
| dans une école maternelle | *in a nursery* | travaille à mi-temps | *works part-time* |
| dans une grande surface | *in a hypermarket* | travaille à son compte | *is self-employed* |

## Mes amis — *My friends*

| | | | |
|---|---|---|---|
| mon copain | *my friend (m)* | drôle | *funny* |
| ma copine | *my friend (f)* | généreux/euse | *generous* |
| Il/Elle est comment? | *What is he/she like?* | gentil(le) | *nice* |
| Il/Elle est … | *He/She is …* | marrant(e) | *funny* |
| Il/Elle n'est pas … | *He/She isn't …* | paresseux/euse | *lazy* |
| actif/ive | *active* | sportif/ive | *sporty* |
| bavard(e) | *chatty* | sympa | *nice* |
| bien organisé(e) | *well organised* | timide | *shy* |

## Le sport — *Sport*

| | | | |
|---|---|---|---|
| Il a commencé à jouer à l'âge de … | *He started playing at the age of …* | une demi-finale | *semi-final* |
| | | un quart de finale | *quarter final* |
| gagner un titre | *to win a title* | un tournoi | *tournament* |
| perdre contre | *to lose against* | le numéro un mondial | *the world number one* |
| champion du monde (junior) | *(junior) world champion* | renoncer à jouer | *to stop playing* |
| | | recommencer à jouer | *to start playing again* |

## La semaine dernière — *Last week*

| | | | |
|---|---|---|---|
| Je suis allé(e) … | *I went …* | du théâtre | *drama* |
| au centre de loisirs | *to the leisure centre* | de la natation | *swimming* |
| au cinéma | *to the cinema* | du judo | *judo* |
| au gymnase | *to the gym* | de la danse | *dancing* |
| au terrain de sport | *to the sports ground* | de la musculation | *weights, working out* |
| à la piscine | *to the swimming pool* | J'ai regardé la télé. | *I watched TV.* |
| en ville | *into town* | Je suis resté(e) à la maison. | *I stayed at home.* |
| J'ai joué … | *I played …* | C'était super/génial. | *It was great.* |
| au basket | *basketball* | Bof, ce n'était pas mal. | *It wasn't bad.* |
| au badminton | *badminton* | C'était fatigant/ennuyeux/nul. | *It was tiring/boring/rubbish.* |
| J'ai fait … | *I did …* | | |

## Mes loisirs — *In my free time*

| | | | |
|---|---|---|---|
| Je suis allé(e) à la pêche. | *I went fishing.* | écouter de la musique | *listen to music* |
| J'ai fait du vélo. | *I went for a bike ride.* | envoyer un texto à … | *send a text to …* |
| Je vais … | *I'm going to …* | faire mes devoirs | *do my homework* |
| boire quelque chose | *have something to drink* | jouer à l'ordinateur | *play on the computer* |
| | | prendre une douche | *have a shower* |
| dîner | *have dinner* | regarder la télé | *watch TV* |

# 2 Mon temps libre

## Qu'est-ce qu'on passe? Discussing TV and cinema
Using plural nouns with likes and dislikes

Déjà vu

**écouter 1** **Écoutez. On parle de la télé ou du cinéma? Écrivez T (télé) ou C (cinéma). (1–5)**

*Exemple:* 1 C

**écouter 2** **Écoutez encore une fois. Notez les deux bonnes lettres pour chaque dialogue.**

*Exemple:* 1 d, …

a

un film d'arts martiaux

b

une série policière

c

un jeu télévisé

d

un dessin animé

e

une émission de sport

f

un film d'horreur

g

un film de science-fiction

h

une émission de télé-réalité

i

une émission musicale

j

une comédie

Déjà vu

### Expo-langue

To say what type of film or programme is on, use **un** or **une** + a singular noun:
Il y a **une** émission sportive. = There's a sports programme.

To say what type of films or programmes you like/dislike, use **les** + a plural noun:
J'adore **les** film**s** d'horreur. = I love horror films.
Je n'aime pas **les** jeu**x** télévisé**s**. = I don't like game shows.

**écrire 3** **Copiez et complétez les phrases.**

1 Il y a une comédie. J'adore ________ comédies.
2 C'est un film d'action. J'aime bien ________ ________ d'action.
3 Il y a ________ série policière. Je déteste ________ ________ policières.
4 C'est ________ émission de télé-réalité. Je n'aime pas ________ ________ de télé-réalité.

parler **4** **À deux. Choisissez et faites deux dialogues. Puis changez les détails en bleu.**
*In pairs. Make up two dialogues, choosing from the options given. Then make your own dialogues, replacing the details in blue.*

- ■ Tu veux **aller au cinéma / regarder la télé** ce soir?
- ● Ça dépend. Qu'est-ce qu'on passe?
- ■ Il y a **un film d'arts martiaux / une émission musicale**.
- ● Ah, non! Je n'aime pas **les films d'arts martiaux / les émissions musicales**!
- ■ Il y a aussi **une comédie / une série policière**. Ça va?
- ● Chouette! J'adore **les comédies / les séries policières**!

lire **5** **Lisez les phrases et répondez aux questions en anglais.**

**Vincent**: *Je regarde la télé tous les soirs. J'aime beaucoup les comédies comme* Friends.

**Blanche**: *Je ne regarde pas les informations. Je trouve ça ennuyeux.*

**Amir**: *J'adore les émissions de télé-réalité comme* La ferme célébrités.

**Jade**: *Je regarde tout le temps les séries. J'adore ça!*

**Yanis**: *Je vais au cinéma tous les week-ends avec mon frère.*

**Farida**: *J'aime les films de science-fiction. Un de mes films préférés, c'est* Star Wars: La revanche des Sith.

1 What is one of Farida's favourite films?
2 What sort of programmes does Jade watch all the time?
3 Who watches TV every evening?
4 What does Blanche think of TV news programmes?
5 How often does Yanis go to the cinema?
6 What sort of a programme is *La ferme célébrités*?

lire **6** **Qu'est-ce que c'est en anglais? Regardez les phrases de l'exercice 5.**

1 tous les soirs
2 comme
3 les informations
4 tout le temps
5 tous les week-ends
6 un de mes films préférés, c'est ...

écrire **7** **Écrivez deux ou trois phrases sur la télé et le cinéma pour vous. Adaptez les phrases de l'exercice 5.**
*Write two or three sentences about TV and cinema for you. Adapt the sentences in Exercise 5.*

J'aime les (films d'horreur). Un de mes films préférés, c'est (*Jeepers Creepers*).

# 1 Ça te dit? Arranging to go out
## Using question words

**lire 1** **Reliez les invitations et les annonces.**

1 *Tu veux aller à un concert?*

2 *Tu veux aller au théâtre?*

3 *Tu veux aller au cinéma?*

4 *Tu veux aller à un spectacle de danse?*

**A**

## Harry Potter et le Prince de sang-mêlé

Film anglais, VO (sous-titré)
Séances tous les jours à 14h20, 18h20, 20h20
6,50€

**B**

## Le carnaval des animaux

*Spectacle de danse africaine*
*Billets: 10€, tarif réduit 7€*
*19h ven. et sam.*

**C**

## Fête de la musique

Concert gratuit avec: Moby, Yannick Noah, Shakira.
Le 21 juin, Château de Versailles
À partir de 14h

**D**

## MACBETH

Pièce de théâtre de William Shakespeare
Du 10 au 15 juillet, à 19h30
Orchestre: 10€
Balcon: 12€

**lire 2** **Relisez les annonces et trouvez le français.**

*Exemple:* 1 VO (sous-titré)

1 Original language version (subtitled)
2 Screenings every day
3 Dance show
4 Tickets
5 Reduced rate
6 Free concert
7 From 2 p.m.
8 Play (at the theatre)
9 Stalls seats
10 Circle seats

Some French words are 'false friends', because they look like English words, but mean something different. For example, what do **séance** and **pièce** mean in English?

**écouter 3** **Écoutez. On parle de quelle annonce? Écrivez A, B, C ou D. (1–7)**

*Exemple:* 1 B

> **Expo-langue →→→→** Grammaire 189
>
> You use the following question words in many different situations, so it is important to know them well:
> **à quelle heure?** = at what time? **quand?** = when?
> **combien?** = how much / how many? **où?** = where?

**écrire 4** **Écrivez une annonce comme celles de l'exercice 1. Inventez les détails.**

**écouter 5** **Écoutez, puis répétez le dialogue à deux.**

- ■ Tu veux aller **au théâtre**?
- ● Oui, je veux bien. Ça commence à quelle heure?
- ■ Ça commence à **19h30**.
- ● Et ça coûte combien?
- ■ Ça coûte **10 euros dans l'orchestre et 12 euros au balcon**.
- ● On se retrouve où et à quelle heure?
- ■ **Chez moi** à **19h**.
- ● D'accord.

chez moi – at my house
chez toi – at your house
au cinéma/théâtre – at the cinema/theatre

**parler 6** **À deux. Adaptez le dialogue de l'exercice 5. Utilisez les annonces A, B ou C, ou vos propres idées.**

**écouter 7** **Écoutez. On téléphone au cinéma ou au théâtre. Copiez et complétez la grille. (1–3)**

| | Heure | Prix €€ |
|---|---|---|
| 1 | 19h30 | |
| 2 | | 15€ |
| 3 | | |

**écrire 8** **On sort? Écrivez des textos.**

1

18h30

2

20h15

3

19h00

4

19h45

1

Tu veux aller
à un spectacle
de danse? Ça
commence à 18h30.
Options

# 2 Désolé, je ne peux pas

## Explaining why you can't do something
## Using modal verbs

écouter **1** **Écoutez et mettez les images dans le bon ordre. (1–6)**

*Exemple:* 1 e

a

Je dois aller voir ma grand-mère.

b

Je dois promener le chien.

c

Je dois faire mes devoirs.

d

Je dois garder mon petit frère.

e

Je dois rentrer avant 22 heures.

f

Je dois ranger ma chambre.

écrire **2** **Copiez et complétez les phrases.**

1 Tu ______ aller au cinéma demain?
2 Désolé. Je ne ______ pas.
3 Je ______ faire mes devoirs.
4 ______ veux faire du bowling ce soir?
5 Je ______ bien. Mais ______ dois rentrer avant 22 heures.

### Expo-langue →→→→

Grammaire 195

| | **devoir** (to have to) | **pouvoir** (to be able to) | **vouloir** (to want to) |
|---|---|---|---|
| I | je dois | je peux | je veux |
| you | tu dois | tu peux | tu veux |
| we | on doit | on peut | on veut |

Modal verbs are usually followed by the infinitive:
Tu **veux aller** en ville? = Do you want to go into town?
Je **dois ranger** ma chambre. = I have to tidy my bedroom.

But they are used on their own in these expressions:
Je **veux** bien. = I'd like to. Je ne **peux** pas. = I can't.

parler **3** **À deux. Vous pouvez faire combien de questions correctes en une minute? Utilisez la grille.**

*Exemple:* Tu veux jouer au foot demain matin?

| | | | |
|---|---|---|---|
| Tu veux | aller | en ville<br>au cinéma | aujourd'hui?<br>ce matin?<br>cet après-midi?<br>ce soir?<br>demain?<br>demain matin?<br>samedi? |
| | faire | de la natation<br>du bowling | |
| | jouer | au foot<br>au tennis | |
| | venir | à ma fête | |

écouter **4** **Écoutez et répétez aussi vite que possible.**

Je veux et je peux!
Tu veux et tu peux!
On veut et on peut!

To make the **u** sound in **tu**, say *oo*, but pull your top lip down!
To make the **eu** sound in **peux** and **veux**, say *er*, but pull your lip down again!

**parler 5** **À deux. Faites des dialogues. Utilisez les mots et les images.**

1 ■  ce soir?
● ✗ 
■ 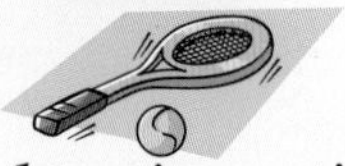 demain matin?
● ✓

2 ■ 

cet après-midi?
● ✗ 
■ 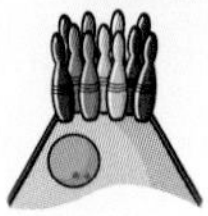 demain soir?
● ✓

3 ■  samedi matin?
● ✗ 
■  samedi soir?
● ✓

*Exemple:* **1**
■ Tu veux aller au cinéma ce soir?
● Désolé(e), mais je ne peux pas. Je dois faire mes devoirs.
■ Alors, tu veux jouer au tennis demain matin?
● Ah, oui, je veux bien. Merci.

**lire 6** **Lisez les textes et répondez aux questions. C'est qui? Écrivez le bon prénom.**

Who ...

1 has to baby-sit?
2 isn't feeling very well?
3 has to look after a pet?
4 has to visit a family member?
5 has to do homework?
6 is not allowed to watch something?

## Expo-langue

Remember: **on** means 'we', 'you' or 'people' in a general sense.
**On** ne peut pas aller au cinéma samedi.
= We can't go to the cinema on Saturday.
**On** ne doit pas manger en classe.
= You mustn't eat in class.
En France, **on** conduit à droite.
= In France, people drive on the right.

Merci pour l'invitation à ta fête, mais je ne peux pas venir. J'ai trop de travail scolaire à faire. Désolé!
*Hakim*

Je ne peux pas aller au concert avec toi. Papa dit que je dois garder ma petite sœur parce qu'il doit aller au travail. C'est nul!
*Lola*

Excuse-moi, mais je ne peux pas aller au centre sportif. On doit aller voir mon grand-père parce que c'est son anniversaire.
*Clément*

Je ne peux aller à Paris parce que mes parents sont en vacances et je dois donner à manger au chat. Désolée!
*Marine*

Désolée, mais je ne peux pas sortir ce soir. J'ai mal à la tête et à la gorge, donc je dois rester au lit.
*Pauline*

Maman dit que je ne peux pas voir le film d'horreur parce que c'est trop violent. Mais on peut faire du bowling, si tu veux.
*Luc*

When tackling an exam-style task like this, don't expect to see the exact equivalents of the words in the questions in the text. Look for words which mean the same thing, e.g. **baby-sitting** = **garder mon petit frère**.

**écrire 7** **Écrivez deux ou trois mots d'excuse. Inventez les détails.**

Je suis désolé(e), mais je ne peux pas aller/faire/jouer/venir ...
ce soir/demain ... parce que je dois / Papa/Maman dit que je dois ...

# 3 Ce n'était pas mal Giving opinions about things you did Using past tenses

**lire 1** **Lisez les opinions de Pierre Positif et Nadine Négative. Qui parle? Cherchez dans la section Mots, si nécessaire.**
*Read the opinions of Pierre Positif and Nadine Négative. Who's speaking? Look in the Mots section if necessary.*

***Exemple*: a Nadine**

**a** C'était ennuyeux.
**b** C'était génial.
**c** C'était amusant.
**d** C'était nul.
**e** C'était extra.
**f** C'était trop long.
**g** C'était drôle.
**h** C'était intéressant.
**i** C'était passionnant.
**j** C'était un peu lent.
**k** C'était chouette.

**écouter 2** **Écoutez et vérifiez.**

**écouter 3** **Écoutez et regardez les images. C'était comment? Notez les deux bonnes lettres de l'exercice 1 pour chaque image. (1–5)**

***Exemple*: 1 e, g**

**1**

*Les Indestructibles*

**2**

*Harry Potter et le Prince de sang-mêlé*

**3**

*La Nouvelle Star*

**4**

*Astérix: Le ciel lui tombe sur la tête*

**5**

*Madagascar 2*

## Expo-langue →→→→ (Grammaire 192, Grammaire 194)

You use the perfect tense to say what you did in the past.
You form the perfect using **avoir**/**être** plus a past participle.

Some past participles are irregular:
**lire** (to read): J'ai **lu** un livre. = I read a book.
**voir** (to see): J'ai **vu** *Madagascar 2*. = I saw *Madagascar 2*.

To say what something was like in the past, you use **c'était** or **ce n'était pas** + an adjective.
**C'était** drôle. = It was funny.
**Ce n'était pas** mal. = It wasn't bad.

parler **4** **À deux. Interviewez votre partenaire.**

- ■ Qu'est-ce que tu as fait le week-end dernier?
- ● Je suis allé(e) au cinéma. J'ai vu *Madagascar 2.*
- ■ C'était comment?
- ● Ce n'était pas mal, c'était assez amusant. Et toi, qu'est-ce que tu as fait?
- ■ …

- Use **j'ai regardé** (I watched) for TV and **j'ai vu** (I saw) for cinema.
- Use intensifiers to make what you say or write more interesting:
  C'était **un peu** ennuyeux, mais **assez** amusant. = It was **a bit** boring, but **quite** funny.

| | | |
|---|---|---|
| Qu'est-ce que tu as fait | | hier?<br>samedi?<br>le week-end dernier?<br>pendant les vacances? |
| Je suis | allé(e)<br>resté(e) | au cinéma.<br>à la maison. |
| J'ai | regardé | (*Star Wars*) en DVD.<br>(*Big Brother*) à la télé. |
| | lu | un livre (d'horreur / de science-fiction / de Harry Potter, etc.). |
| | vu | une comédie / un dessin animé / un film d'action / un film d'arts martiaux, etc. |

**Intensifiers**
assez – quite
tout à fait – completely
très – very
trop – too
un peu – a bit

lire **5** **Lisez l'e-mail et répondez aux questions en anglais.**

**Boîte de réception** | Messages envoyés | Brouillons

Samedi matin, je suis allé en ville et j'ai acheté *Jeepers Creepers* en DVD. Je suis fan des films d'horreur et c'est un de mes films préférés. Samedi soir, je suis resté à la maison avec mon frère et on a regardé le DVD. C'était extra!
Dimanche après-midi, je suis allé au cinéma avec ma copine Mathilde. On a vu *Harry Potter et le Prince de sang-mêlé*. Les effets spéciaux sont bien, mais à mon avis, le film était un peu trop long.
Et toi, qu'est-ce que tu as fait le week-end dernier? C'était comment?
Thomas

1. What did Thomas do on Saturday morning?
2. What sort of films does he like?
3. What did he do on Saturday evening?
4. When did Thomas go to the cinema and who did he go with?
5. Name one good point and one bad point of the Harry Potter film, according to Thomas.

écrire **6** **Répondez à Thomas. Adaptez son e-mail, si vous voulez.**

# 4 Vainqueur ou perdant? Describing a sporting event
## Saying what other people did in the past

**écouter 1** **Écoutez et regardez les images. Qui parle? (1–5)**

*Exemple:* 1 Léna

Blanche

Jamal

Manon

Guillaume

Léna

**écrire 2** **Trouvez et copiez les deux bonnes phrases pour chaque personne.**

*Exemple:* **Blanche**: **d** J'ai joué au foot contre un autre collège. …

- **a** Je suis allé au match de foot au stade.
- **b** Je suis allée à un match de tennis à Paris.
- **c** J'ai joué au rugby dans un tournoi régional.
- **d** J'ai joué au foot contre un autre collège.
- **e** J'ai regardé le match de foot France-Espagne à la télé.
- **f** Amélie Mauresmo a gagné!
- **g** J'ai marqué deux essais!
- **h** La France a perdu le match 2–1.
- **i** La France a fait match nul contre l'Italie.
- **j** J'ai marqué un but fantastique!

### Expo-langue →→→→ Grammaire 192 Grammaire 194

**The perfect tense**

To say what *you* did:

J'**ai gagné** le match. = I won the match.

Je **suis allé(e)** au stade. = I went to the stadium.

To say what *someone or something else* did:

La France **a gagné** le match. = France won the match.

Il **est allé** au match. = He went to the match.

**lire 3** **Qu'est-ce que c'est en anglais?**

1. Amélie Mauresmo a gagné le match.
2. La France a perdu le match.
3. La France a fait match nul contre l'Italie.
4. J'ai marqué un but.
5. J'ai marqué deux essais.

écouter **4** **Écoutez et lisez. Trouvez les deux parties de chaque texte. (1–4)**

*Exemple:* 1 d

1

Ma passion, c'est le rugby et je suis supporter de Toulouse! Samedi dernier, j'ai regardé le match Toulouse-Narbonne à la télé.

2

Je suis fan de cyclisme et l'année dernière, j'ai regardé la finale du Tour de France sur mon portable.

3

J'adore le skate et une fois, je suis allé à la Coupe du Monde de Skate à Marseille.

4

J'aime aller aux matchs de foot et je suis supportrice du PSG (Paris Saint-Germain). La semaine dernière, j'ai vu le match PSG contre Clermont-Foot.

a L'Espagnol Alberto Contador a gagné la course! C'était extra!

b Stéphane Sessegnon et Guillaume Hoarau ont marqué des buts et on a gagné le match! C'était génial!

c Omar Hassan a gagné le championnat. C'est le roi des skateurs! C'était passionnant!

d Michalak a marqué un essai fantastique, mais on a perdu le match 34–12. C'était nul!

parler **5** **Vidéoconférence. Préparez et faites une présentation sur un match ou un autre événement sportif. Inventez les détails, si vous voulez.**

Je suis supporter/supportrice de Manchester United et samedi dernier, j'ai regardé le match / je suis allé(e) au match Manchester United contre Arsenal …

J'adore le (foot/rugby/…).
Ma passion, c'est le (foot/rugby/…).
Je suis supporter/supportrice de …
Je suis fan de …

Hier/Samedi dernier/Le week-end dernier/L'année dernière, …
J'ai regardé le match (*nom de l'équipe*)–(*nom de l'autre équipe*) à la télé.
Je suis allé(e) au match (*nom de l'équipe*)–(*nom de l'autre équipe*).
J'ai vu le match (*nom de l'équipe*)– (*nom de l'autre équipe*).

(*Nom du joueur*) a marqué un but / deux buts / un essai.
(*Nom de l'équipe*) a gagné le match 2–1.
(*Nom de l'équipe*) a perdu le match 1–0.
(*Nom de l'équipe*) a fait match nul contre (*nom de l'autre équipe*).

C'était extra/génial/chouette/passionnant/nul.
Ce n'était pas mal.

écrire **6** **Écrivez la description d'un match que vous avez joué, regardé ou vu.**

Ma passion, c'est le foot, et samedi dernier, j'ai joué dans un match contre …

## 1 *écouter* Le week-end prochain. Écoutez et regardez les images. Qui parle? (1–6)

### Expo-langue →→→→

Grammaire 188

Remember: you use the *near future tense* (the present tense of **aller** (to go) + the infinitive of another verb) to talk about what you are going to do.

Je **vais acheter** un CD. = I am going to buy a CD.
Qu'est-ce que tu **vas faire**? = What are you going to do?
On **va jouer** au foot. = We're going to play football.

## 2 *lire* Trouvez et copiez les deux bonnes phrases pour chaque personne de l'exercice 1.

1 Je vais regarder un peu la télé.

2 Je vais écouter de la musique dans ma chambre.

3 On va faire les magasins.

4 Je vais lire un livre de Harry Potter.

5 Je vais jouer au foot avec mes copains.

6 On va aller voir mes grands-parents.

7 Je vais aller au cinéma avec mon petit copain.

8 Je vais jouer à l'ordinateur.

9 Je vais aller à une fête.

10 On va manger une pizza.

11 Je vais retrouver mes copines en ville.

12 Je vais acheter un CD.

## 3 *parler* Vidéoconférence. Préparez vos réponses à ces questions.

- Qu'est-ce que tu vas faire ce soir?
- Qu'est-ce que tu vas faire samedi prochain?
- Qu'est-ce que tu vas faire dimanche prochain?

**lire 4** **Les phrases/questions sont au présent, au passé ou au futur? Écrivez PR (présent), PA (passé) ou F (futur).**

***Exemple:*** **1** PA

**1** *J'ai regardé la télé.*

**2** *Qu'est-ce que tu vas faire demain?*

**3** *Je fais mes devoirs tous les soirs.*

**4** *On va jouer au basket.*

**5** *C'était assez intéressant.*

**6** *J'ai vu un film de science-fiction.*

**7** *D'habitude, j'écoute de la musique dans ma chambre.*

**8** *Tu vas rester à la maison?*

**9** *On est allés à un concert hier.*

**10** *Le samedi, je retrouve mes copains en ville.*

## Expo-langue →→→→

Grammaire 192 Grammaire 194 Grammaire 188

Use the *perfect tense* to talk/write about the *past*:
j'**ai regardé**, je **suis allé(e)**, on **a fait**

Use the *near future tense* (**aller** + infinitive) to talk/write about the *future*:
je **vais regarder**, on **va aller**, tu **vas faire**

**écouter 5** **Écoutez. On parle du présent, du passé ou du futur? Écrivez PR, PA ou F. (1–3)**

**Time expressions**

| | |
|---|---|
| ***Present*** | d'habitude – usually<br>tous les jours/soirs/week-ends – every day/evening/weekend |
| ***Past*** | hier – yesterday<br>samedi dernier – last Saturday<br>le week-end dernier – last weekend |
| ***Future*** | demain – tomorrow<br>samedi prochain – next Saturday<br>le week-end prochain – next weekend |

**parler 6** **À deux. Préparez vos réponses à ces questions. Puis posez les questions et répondez.**

- ■ Qu'est-ce que tu fais le week-end?
- ● D'habitude, le week-end, je retrouve/joue/regarde/fais/vais ...
- ■ Qu'est-ce que tu as fait le week-end dernier?
- ● Le week-end dernier, j'ai retrouvé/joué/regardé/fait / je suis allé(e) ...
- ■ Qu'est-ce que tu vas faire le week-end prochain?
- ● Le week-end prochain, je vais retrouver/jouer/faire/aller ...

**écrire 7** **Écrivez vos réponses aux questions de l'exercice 6.**

# 6 La technologie est partout!

## Talking about new technology
## Using the comparative

écouter **1** **Écoutez. Qui fait quoi sur l'Internet? Écrivez la bonne lettre pour chaque personne. (1–8)**

| | | | |
|---|---|---|---|
| 1 | Karim | a | Je surfe sur l'Internet. |
| 2 | Mélanie | b | Je fais des achats sur le Net. |
| 3 | Hugo | c | J'envoie des e-mails à mes copains. |
| 4 | Alex | d | Je regarde des vidéos. |
| 5 | Vincent | e | Je tchate dans des forums. |
| 6 | Nabila | f | Je joue à des jeux. |
| 7 | Louis | g | Je télécharge de la musique. |
| 8 | Sophie | h | Je vais sur les blogs de mes copains. |

Be careful with words that look the same or almost the same in English, like **Internet** and **vidéo**. They are usually pronounced differently!

parler **2** **Écoutez et répétez les paires de mots en anglais et en français.**

parler **3** **Faites un sondage. Parlez à dix de vos camarades de classe. Notez les réponses.**

*Exemple:*

■ Qu'est-ce que tu fais sur l'Internet?
● J'envoie des e-mails à mes copains et je tchate dans des forums.

écouter **4** **Écoutez et lisez. Puis complétez les phrases en anglais.**

*L'Internet est très utile pour les devoirs. C'est plus facile de faire des recherches sur l'Internet. Je télécharge aussi de la musique sur mon iPod parce que c'est plus rapide et c'est moins cher que les CD. Mais je n'aime pas envoyer des e-mails. C'est plus simple de parler au téléphone.*
Natascha

*Je passe tous les soirs sur l'Internet! À mon avis, c'est mieux que la télé. Je tchate avec mes copains et j'envoie des e-mails. Ça coûte moins cher que le portable. Mais je ne télécharge pas de musique. Je préfère acheter des CD parce que c'est moins compliqué.*
Hugo

Natascha says …
1 It's easier doing research for her homework on ______.
2 She downloads music, because it's quicker and ______ than CDs.
3 She doesn't like sending e-mails. It's simpler to ______.

Hugo says …
4 The Internet is better than the ______.
5 He chats online because it's cheaper than ______.
6 He doesn't download music. He prefers ______, because it's less complicated.

## Expo-langue

**The comparative**

**plus** + adjective + **que** … = more + adjective + than …
**moins** + adjective + **que** … = less + adjective + than …

Télécharger de la musique est **plus rapide que** d'acheter des CD. = Downloading music is **quicker than** buying CDs.
L'Internet coûte **moins cher que** le portable. = The Internet is **less expensive / cheaper than** a mobile.

The word for 'better' is **mieux**.

lire **5** **Trouvez les comparatifs dans les textes de l'exercice 4.**

| | | |
|---|---|---|
| **1** better | **3** less complicated | **5** quicker |
| **2** cheaper | **4** easier | **6** simpler |

parler **6** **À deux. Répétez le dialogue. Puis changez les détails en bleu. Utilisez les idées A et B.**

- ■ Qu'est-ce que tu préfères? Tchater sur le Net ou téléphoner à tes copains?
- ● Je préfère téléphoner à mes copains.
- ■ Pourquoi?
- ● Parce que c'est plus amusant.

**A** Regarder la télé ou surfer sur l'Internet?

**B** Télécharger de la musique ou acheter des CD?

| | |
|---|---|
| C'est plus … | amusant. (fun) |
| C'est moins … | cher. (expensive) |
| | compliqué. (complicated) |
| | difficile. (difficult) |
| | facile. (easy) |
| | intéressant. (interesting) |
| | rapide. (quick, fast) |
| | simple. (simple) |
| | utile. (useful) |
| C'est mieux. (It's better.) | |

Get the following difference right! It will earn you marks in your speaking and writing assessments.

Je télécharge … / J'aime téléchar**ger** …
Je surfe … / Je préfère surf**er** …
J'achète … / Je n'aime pas achet**er** …

écrire **7** **Écrivez un court paragraphe sur «La technologie et moi».**

- Adapt the texts in Exercise 4 to write about yourself.
- Say what you do on the Internet.
- Include your opinion (**à mon avis …**).
- Mention at least one thing you don't do and explain why.
- Include at least one comparative (**c'est plus/moins …**).
- Use connectives: **et** (and), **mais** (but), **ou** (or), **parce que** (because), **aussi** (also).

# Contrôle oral Computers

You are discussing computers with a student at your partner school in France. You'll have to talk about the points in the list below and may also have to answer unexpected questions about this topic. Your teacher will take the part of the other student.

The following points are suggestions of the information you can include:

1 what you use your computer for
2 what you think of the Internet
3 what your favourite website is (describe what sort of site it is)
4 whether you prefer to download music or buy CDs and why
5 how important the Internet is for keeping in touch with your friends
6 what you last used your computer for
7 what you are planning to do next weekend.

**1 You will hear the first part of a model discussion. First, predict which of the following (A–F) Stacey will use to answer the teacher's first three questions. Then listen and check.**

**Teacher's questions**

1 Qu'est-ce que tu fais sur ton ordinateur?

2 Quel est ton site Web préféré?

3 Tu préfères télécharger de la musique ou acheter des CD?

A Je préfère télécharger de la musique parce que c'est plus rapide.

B Mon site Web préféré, c'est YouTube.

C Je surfe souvent sur l'Internet: je fais des recherches pour mes devoirs.

D Ça coûte moins cher que les CD.

E J'aime aussi beaucoup Wikipédia. C'est une encyclopédie sur le Net.

F Mais j'achète aussi des CD de temps en temps.

**2 Listen to the second part of Stacey's discussion and fill in the gaps.**

■ Est-ce que l'Internet est important pour rester en contact avec tes amis?

● Ah, oui, c'est (1) ______ important! J'envoie des e-mails à mes copains tous les (2) ______. Je vais aussi sur les blogs de mes copains. On tchate sur le Net et (3) ______ s'échange des photos. C'est (4) ______, ça!

■ Qu'est-ce que tu as fait récemment sur ton ordinateur?

● (5) ______ soir, j'ai fait des recherches sur l'Internet, pour mes devoirs d'anglais. C'était (6) ______ ennuyeux parce que je n'aime pas l'anglais. J'ai aussi envoyé un e-mail à ma copine en France. (7) ______, j'ai téléchargé une chanson de mon groupe (8) ______ sur mon iPod. Puis j'ai (9) ______ la chanson dans ma chambre. (10) ______ chouette!

amusant | assez | C'était | écouté | Ensuite | Hier | on | préféré | soirs | très

s'échanger – to share/ to exchange

**3 Now listen to the final part of Stacey's discussion and answer the questions.**

1 In which order does Stacey use these sentences?

A J'ai vu *Harry Potter et le Prince de sang-mêlé.*

B On va aller au cinéma.

C Je vais retrouver mes copains en ville.

D C'était intéressant, mais c'était un peu trop long.

E On va voir une nouvelle comédie.

2 What is the unexpected question Stacey is asked?

**4 Now it's your turn! Prepare your answers to the task, then have a discussion with your teacher or partner.**

- Use the Grade Studio and the language in Exercises 1–3 to help you.
- Adapt what Stacey said to talk about yourself, but add your own ideas.
- Try to predict what the unexpected question will be.
- Record the discussion. Ask a partner to listen to it and say how well you performed.

Award each other one star, two stars or three stars for each of these categories:

- pronunciation
- confidence and fluency
- range of tenses
- using longer sentences
- variety of vocabulary and expressions
- taking the initiative.

What do you need to do next time to improve your performance?

## GradeStudio

Make sure you cover the basics!

- Use simple **structures** correctly, e.g. *c'est* (it is), *j'aime* (I like), *je préfère* (I prefer), *je vais* (I go).
- Try to include a simple **negative**, e.g. *Je **n'**aime **pas** l'anglais.*
- Include simple **opinions**, e.g. *c'est important, c'est amusant.* You could put *À mon avis* (In my opinion) in front of them: *À mon avis, c'est important.*

To achieve a Grade C, show that you can use a **variety of structures** and **different tenses** correctly. Use:

- the structures Stacey uses:
  - ***on*** (we), e.g. ***On** tchate sur le Net,* ***On** va aller au cinéma*
  - ***pour*** (for), e.g. *J'ai fait des recherches **pour** mes devoirs d'anglais, Je vais acheter un cadeau **pour** mon père*
  - ***parce que*** (because), e.g. *C'était ennuyeux **parce que** je n'aime pas l'anglais*
- the **present tense** to say what you usually do, e.g. ***J'envoie** des e-mails, Je **vais** sur les blogs de mes copains*
- the **perfect tense** to say what you did recently, e.g. *J'**ai fait** des recherches, J'**ai téléchargé** une chanson*
- ***c'était*** to say what something was like, e.g. ***c'était** ennuyeux,* ***c'était** trop long*
- the **near future tense** to say what you are going to do, e.g. *Je **vais retrouver** mes copains, Je **vais acheter** un livre.*

To increase your marks:

- include **intensifiers**. Look at how Stacey uses *très* (very), *assez* (quite), *un peu* (a bit), *beaucoup* (a lot). Include at least two of these in your discussion.
- try using a **comparative**, e.g. Stacey says about downloading music: *C'est **plus** rapide. Ça coûte **moins** cher **que** les CD.*

### Épate l'examinateur!

- To really impress your examiner, try using *toutes sortes de* (all sorts of), e.g. *J'aime toutes sortes de films.*

## Un de mes films préférés

Je suis fan des bandes dessinées «Spider-Man», mais j'adore aussi les films de Spider-Man. Samedi dernier, j'ai regardé *Spider-Man 3* à la télé et c'était génial!

Dans le film, Harry, un copain de Peter Parker, veut tuer Spider-Man parce que Spider-Man a tué son père. De plus, Spider-Man doit combattre deux ennemis dangereux: Sandman et Venom. Spider-Man gagne la bataille et Harry meurt. Mais tout finit bien pour Peter Parker et sa petite copine Mary Jane (rôle interprété par Kirsten Dunst).

J'aime beaucoup le film parce qu'il est amusant et plein d'action. Les effets spéciaux sont superbes aussi. La vedette du film est Tobey Maguire et il est excellent dans le rôle principal. C'est un de mes acteurs préférés. À mon avis, *Spider-Man 3* est mieux que *Spider-Man 1* et *2* parce que c'est plus passionnant.

Je vais recommander le film à tous mes copains et le week-end prochain, je vais acheter les trois films de Spider-Man en DVD!

*Guillaume*

**1 Find the French equivalent of these phrases in the text and copy them out.**

1. wants to kill Spider-Man
2. Spider-Man killed his father
3. to fight two dangerous enemies
4. Spider-Man wins the battle
5. Harry dies
6. everything ends well for
7. a part played by
8. the star of the film
9. I am going to recommend
10. the three Spider-Man films on DVD

**2 Guillaume uses connectives to create longer, more interesting sentences. Find the French for the following connectives and note down how many times he uses each one: 'and', 'but', 'because', 'also', 'what's more'.**

**3 Choose a word from the list to complete each sentence.**

rent, girlfriend, worse, buy, help, Saturday, games, father, week, boring, exciting, comics, sister, better, enemy, kill, uncle

1. Guillaume is a fan of the 'Spider-Man' films and ______.
2. He watched *Spider-Man 3* last ______.
3. In the film, Harry wants to ______ Spider-Man.
4. Spider-Man has killed Harry's ______.
5. Mary Jane is Peter Parker's ______.
6. Guillaume thinks *Spider-Man 3* is ______ than *Spider-Man 1* and *2*.
7. He thinks this film is more ______ than the other two.
8. He is going to ______ the three films on DVD.

**4 You might be asked to write about a film you have seen as a controlled assessment task. Use the Grade Studio to help you prepare.**

## GradeStudio

Make sure you cover the basics in your written assessment.

- Show that you can use basic **structures**, as Guillaume does: *je suis* (I am), *j'adore* (I love), *j'aime beaucoup* … (I like … a lot), *c'est* (it is), etc.
- Give a simple **opinion**. Guillaume uses *À mon avis* … to do this, but you could also use *Pour moi* … or *Je pense que* …
- Join your sentences with **connectives**. Include at least four of the connectives from Exercise 2 in your text.

To achieve a Grade C, show that you can use **different tenses** and **adjectives** correctly. Use:

- the **present tense** to describe the plot of the film, e.g. *Harry* ***veut*** *tuer …, Spider-Man* ***doit*** *combattre …, Spider-Man* ***gagne*** *…*
- the **perfect tense** to say when you watched it and ***c'était*** to say what it was like, e.g. *j'****ai regardé*** *…,* ***c'était*** *génial*
- the **near future tense** to say what you are going to do, e.g. *je* ***vais recommander*** *…, je* ***vais acheter*** *…*
- **adjectives** to give your opinion of the film. Guillaume uses: *génial, dangereux, amusant, excellent.* What other adjectives could you use? Remember, adjectives must agree with the noun they describe, e.g. *sa petit****e*** *copine, les effets spéciaux sont superbe****s***.

To increase your marks:

- add **time expressions**, e.g. *J'ai regardé un film.* → ***Samedi dernier****, j'ai regardé un film.*
  *Je vais acheter un DVD.* → ***Le week-end prochain****, je vais acheter un DVD.*
  What other time expressions could you use?
- use the correct **spelling**, especially when using words with lots of vowels or accents (*beaucoup, préféré*) and words with double letters in them (*recommander, aussi*). And don't forget that *parce que* is two words!

### Épate l'examinateur!

- To really impress your examiner, try using *mieux que* … (better than …). Look at how Guillaume does this. But make sure you spell *mieux* correctly!

**5 Now write an article about one of your favourite films.**

- Use or adapt phrases from Guillaume's text.
- If you have to look up words in a dictionary, make sure you choose the right translation! Look carefully at any examples given. Cross-check by looking the French word up in the French–English part of the dictionary.
- Structure your text carefully in paragraphs.

**Introduction**

What film did you see and when?
What was it like?

**Main paragraphs**

What is the basic story of the film? (Keep it simple!)
Who are the main characters and actors?

**Conclusion**

What did you think of the film and why?
What are you going to see/read/buy/do next?

**Check what you have written carefully. Check:**

- spelling and accents
- gender of nouns (*le/la; un/une*)
- agreement (e.g. adjective endings)
- verbs and tenses (e.g.
  I watch = *je regarde*
  I watched = *j'ai regardé*
  I'm going to watch = *je vais regarder*).

## Le cinéma — *Cinema*

| | | | |
|---|---|---|---|
| une comédie | *a comedy* | un film policier | *a police/detective film* |
| un dessin animé | *a cartoon* | une histoire d'amour | *a love story* |
| un film d'action | *an action film* | en DVD | *on DVD* |
| un film d'arts martiaux | *a martial arts film* | un de mes films préférés | *one of my favourite films* |
| un film d'horreur | *a horror film* | | |
| un film de science-fiction | *a science-fiction film* | J'adore (les films d'horreur). | *I love (horror films).* |

## La télé — *TV*

| | | | |
|---|---|---|---|
| une émission de science-fiction | *a science-fiction programme* | les informations (f) (les infos) | *the news* |
| une émission de sport | *a sports programme* | mon émission préférée | *my favourite programme* |
| une émission de télé-réalité | *a reality TV programme* | Qu'est-ce qu'on passe? | *What's on?* |
| une émission musicale | *a music programme* | Il y a (une émission musicale). | *There's (a music programme).* |
| un jeu télévisé | *a game show* | Je regarde la télé ... | *I watch TV ...* |
| une série | *a series / soap opera* | tous les soirs/les week-ends | *every evening/weekend* |
| une série médicale/policière | *a medical / police drama* | | |

## Ça te dit? — *Does that appeal to you?*

| | | | |
|---|---|---|---|
| Tu veux aller ... ? | *Do you want to go ... ?* | Ça coûte combien? | *How much does it cost?* |
| au cinéma/au théâtre | *to the cinema/to the theatre* | Ça coûte (10) euros. | *It costs (10) euros.* |
| | | On se retrouve où? | *Where shall we meet?* |
| à un concert/en ville | *to a concert/into town* | À quelle heure? | *At what time?* |
| Je veux bien. | *I'd really like to.* | chez moi | *at my house* |
| Ça commence à quelle heure? | *When does it start?* | chez toi | *at your house* |
| | | D'accord. | *OK.* |
| Ça commence à (19h30). | *It starts at (7.30).* | | |

## Les invitations — *Invitations*

| | | | |
|---|---|---|---|
| Tu veux ... ? | *Do you want ... ?* | aujourd'hui | *today* |
| aller en ville/au cinéma | *to go into town/to the cinema* | ce matin | *this morning* |
| | | cet après-midi | *this afternoon* |
| faire du bowling/de la natation | *to go bowling/swimming* | ce soir | *this evening* |
| | | demain (matin/soir) | *tomorrow (morning/evening)* |
| jouer au tennis/au foot | *to play tennis/football* | | |
| venir à ma fête | *to come to my party* | samedi (soir) | *(on) Saturday (evening)* |

## Les excuses — *Excuses*

| | | | |
|---|---|---|---|
| (Je suis) désolé(e). | *I'm sorry.* | faire mes devoirs | *do my homework* |
| Excuse-moi. | *I'm sorry.* | garder mon petit frère/ma petite sœur | *look after my little brother/sister* |
| Je ne peux pas. | *I can't.* | | |
| Je ne peux pas venir à ta fête parce que ... | *I can't come to your party because ...* | promener le chien | *walk the dog* |
| | | ranger ma chambre | *tidy my bedroom* |
| Je dois ... | *I have to ...* | rentrer avant 22h | *come home before 10 p.m.* |
| aller voir ma grand-mère | *go and see my grandmother* | | |
| | | rester à la maison/au lit | *stay at home/in bed* |

## Les opinions — *Opinions*

| | | | |
|---|---|---|---|
| C'était ... | *It was...* | marrant | *funny* |
| assez | *quite* | ennuyeux | *boring* |
| tout à fait | *completely* | intéressant | *interesting* |
| très | *very* | lent | *slow* |
| trop | *too* | long | *long* |
| un peu | *a bit* | nul | *rubbish* |
| amusant | *amusing/fun* | passionnant | *exciting* |
| chouette/extra/génial | *great/fantastic* | Ce n'était pas mal. | *It wasn't bad.* |
| drôle | *funny* | | |

## Le week-end dernier — *Last weekend*

| | | | |
|---|---|---|---|
| Qu'est-ce que tu as fait ... ? | *What did you do ... ?* | J'ai regardé *Shrek* en DVD. | *I watched* Shrek *on DVD.* |
| hier | *yesterday* | | |
| samedi dernier | *last Saturday* | J'ai vu un film d'action au cinéma. | *I watched an action film at the cinema.* |
| pendant les vacances | *during the holidays* | | |
| Je suis allé(e) au cinéma. | *I went to the cinema.* | J'ai lu un livre de Lemony Snicket. | *I read a Lemony Snicket book.* |
| Je suis resté(e) à la maison. | *I stayed at home.* | | |

## Les événements sportifs — *Sporting events*

| | | | |
|---|---|---|---|
| le match (de foot) | *(football) match* | le/la supporter/trice (de) | *supporter (of)* |
| le/la champion(ne) | *champion* | le tournoi | *tournament* |
| le championnat | *championship* | contre | *against* |
| la Coupe du Monde | *the World Cup* | faire match nul | *to draw* |
| la course | *race* | être fan de | *to be a fan of* |
| l'équipe (f) | *team* | Il/Elle a marqué (un but/un essai). | *He/She scored (a goal/a try).* |
| la finale | *final* | | |
| le/la joueur/euse | *player* | On a gagné/perdu (le match). | *We won/lost (the match).* |
| le stade | *stadium* | | |

## Le week-end prochain — *Next weekend*

| | | | |
|---|---|---|---|
| Qu'est-ce que tu vas faire ... ? | *What are you going to do ... ?* | faire les magasins | *go shopping* |
| | | jouer à l'ordinateur/au foot | *play on the computer/football* |
| dimanche prochain | *next Sunday* | | |
| demain | *tomorrow* | lire un livre | *read a book* |
| Je vais/On va ... | *I'm/We're going to ...* | manger une pizza | *eat a pizza* |
| acheter un CD | *buy a CD* | regarder la télé | *watch TV* |
| aller au cinéma/à une fête | *go to the cinema/to a party* | rester à la maison | *stay at home* |
| | | retrouver mes copains/copines | *meet up with my friends* |
| aller voir mes grands-parents | *go and see my grandparents* | voir un film | *see a film* |
| écouter de la musique | *listen to music* | | |

## La technologie — *Technology*

| | | | |
|---|---|---|---|
| faire des achats sur le Net | *to shop online* | télécharger | *to download* |
| surfer (sur l'Internet) | *to surf (the Net)* | l'e-mail (m) | *e-mail* |
| tchater | *to chat (online)* | le portable | *mobile (phone)* |

# 3 Là où j'habite

## *Ma maison* Talking about where you live
## The adjectives *petit* and *grand*

Déjà vu 1

lire **1** **Trouvez le bon titre pour chaque image.**

a  b  c  d 

e  f  g  h 

i 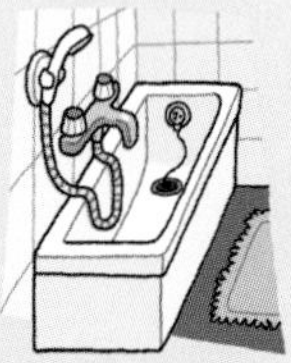 j  k  l 

le salon
la cuisine
l'entrée
la salle de bains
la chambre de mes sœurs
ma chambre
les toilettes
la douche
le balcon
le garage
le jardin
la cave

Déjà vu 1

écouter **2** **Écoutez. Choisissez a, b ou c pour compléter chaque phrase.**

| | | | |
|---|---|---|---|
| **1** Arthur habite | (**a**) une maison. | (**b**) un appartement. | (**c**) un bungalow. |
| **2** Il habite | (**a**) à la campagne. | (**b**) en ville. | (**c**) au bord de la mer. |
| **3** L'appartement est | (**a**) grand. | (**b**) très grand. | (**c**) petit. |
| **4** L'entrée est | (**a**) grande. | (**b**) petite. | (**c**) très petite. |
| **5** Sa chambre est | (**a**) grande. | (**b**) petite. | (**c**) très petite. |
| **6** Il n'y a pas de | (**a**) balcon. | (**b**) garage. | (**c**) cave. |

When **–t** and **–d** are at the end of a word, they are not pronounced, but if the **–t** and **–d** are followed by **–e**, remember to pronounce them!

### Expo-langue →→→→

Grammaire 190

Remember: adjectives agree with the person or thing they describe. In French, most adjectives come *after* the noun, but a few come *before* the noun, e.g. **grand(e)** and **petit(e)**.

un **petit** appartement une **petite** maison
un **grand** appartement une **grande** maison

écouter **3** **Écoutez. L'adjectif, c'est masculin (M) ou féminin (F)? (1–8)**

If you can hear the **–t** or **–d**, the word is feminine!

**écrire 4** **Voici la maison de Laurent. Écrivez une description. Utilisez les phrases de la case.**

premier étage

rez-de-chaussée

sous-sol

Il y a … pièces. – There are … rooms.
Il y a une (grande/petite) entrée. – There is a (big / small) hall.
Le salon/garage/balcon est (grand/petit). – The living room / garage / balcony is (big / small).
La cuisine / Ma chambre / La salle de bains est (grande/petite). – The kitchen / My room / The bathroom is (big / small).
Au rez-de-chaussée, il y a … – On the ground floor, there is …
Au premier étage, il y a … – On the first floor, there is …
Au sous-sol, il y a … – In the basement, there is …

**lire 5** **C'est quelle maison? Reliez les petites annonces et les maisons.**
*Which house is it? Match the adverts and the houses.*

**1**
À vendre: Vieux chalet en bois à la montagne …

**2**
Occasion! Petit studio avec balcon dans un immeuble récent en banlieue

**3**
À ne pas manquer! Grande maison avec jardin en ville

**a**

**b**

**c**

la banlieue – suburbs

**parler 6** **Vidéoconférence. Où habitez-vous? Préparez une présentation.**

J'habite | une (grande / petite) maison.
J'habite | un (grand / petit) appartement.

Il y a une (grande / petite) cuisine.
Il n'y a pas de (garage).
J'y habite depuis (deux ans / toujours).
Au rez-de-chaussée, il y a …
Au premier étage, il y a …

# Ma chambre Talking about your own room Asking questions

**écouter 1** **Écoutez. Qu'est-ce qu'ils ont dans leur chambre? Copiez et complétez la grille. (1–3)**

a un lit
b une armoire
c un ordinateur
d un poste de télévision
e une commode
f un lecteur DVD
g une table

| | a | b | c | d | e | f | g |
|---|---|---|---|---|---|---|---|
| Mathieu | | | | | | | |
| Alexandre | | | | | | | |
| Roméo | | | | | | | |

**lire 2** **Lisez les textes. C'est la chambre de qui?**
*Read the texts. Whose room is it?*

Dans ma chambre j'ai un grand lit, une armoire et une commode pour mes vêtements, une table avec mon ordinateur et une chaise bien sûr, mais je n'ai pas de télé ou de lecteur DVD.
*Constance*

Je partage ma chambre avec mon frère. Nous avons deux lits superposés, une commode, une table, deux chaises et une étagère pour nos livres et nos DVD.
*Patrice*

l'étagère (f) – bookshelf

Déjà vu 2

## Expo-langue →→→→

Grammaire 189

The easiest way to ask a question in French is to make your voice rise at the end of what you say:

Tu ranges ta chambre? = Do you tidy your room?

There are three other ways of asking questions in French.

1 Start with **Est-ce que … ?**
**Est-ce que** tu ranges ta chambre? = Do you tidy your room?

2 Invert (swap over) the verb and the subject:
**Fais-tu** tes devoirs dans ta chambre? = Do you do your homework in your room?
**As-tu** un animal? = Have you got a pet?

3 Start with a question word:
**Comment?** = How? **Quand?** = When? **Où?** = Where?
**Quel/Quelle?** = Which? **Que?** = What? **Qui?** = Who?

## lire 3 Reliez la question à la bonne réponse.

1 À quelle heure te couches-tu?
2 As-tu ta propre chambre?
3 As-tu un poste de télévision dans ta chambre?
4 Comment est ta chambre?
5 Où ranges-tu tes affaires?
6 Qu'est-ce que tu as dans ta chambre?
7 Que fais-tu dans ta chambre?

a Non, je partage ma chambre avec mon frère et nous avons deux lits superposés.
b Elle est grande.
c J'ai une armoire, une table, deux chaises et une étagère.
d Je range mes vêtements dans l'armoire, mais mon frère ne range pas ses affaires.
e Je lis, j'écoute de la musique et je fais mes devoirs.
f Non, je n'ai pas de télé dans ma chambre.
g Je me couche vers neuf heures et demie.

ta propre chambre – your own room

## lire 4 Écoutez et lisez. Copiez et complétez les phrases ci-dessous.

Dans ma chambre il y a une grande armoire pour mes vêtements, un petit placard pour mes jeux, une grande table et une chaise confortable où je fais mes devoirs, une petite commode avec trois tiroirs où je range mes polos, mes pulls et mes chaussettes, et une étagère pour mes livres et ma collection de DVD. J'ai un ordinateur sur la table et une chaîne hi-fi sur le placard à côté de mon lit, mais je n'ai pas de télé. J'aime ma chambre parce qu'elle est grande et que j'ai beaucoup de posters sur les murs et parce que c'est la mienne. Gare à qui veut entrer quand je ne suis pas là!
*Mélinda*

le placard – cupboard
le tiroir – drawer
la mienne – mine
gare à … ! – watch out … !

1 Elle range ses ______ dans son armoire.
2 Elle met ses chaussettes dans sa ______.
3 Son ordinateur est ______.
4 Elle range ses DVD sur ______.
5 Elle n'a pas de ______.
6 Sa chambre est ______
7 Elle a des ______ sur les murs.
8 Elle ______ sa chambre.

## parler 5 À deux. Posez et répondez aux questions de l'exercice 3.

## écrire 6 Décrivez votre chambre à votre correspondant(e) français(e).

J'ai ma propre chambre. / Je partage une chambre avec …
Ma chambre est (grande / petite).
Dans ma chambre, j'ai un lit, … Je n'ai pas …
Je range mes affaires (dans une commode).
D'habitude, je (fais mes devoirs / joue de la guitare / joue à la PlayStation) dans ma chambre.
Hier soir, j'ai (écouté de la musique / lu un livre / envoyé des textos).

# 1 Où j'habite Describing where you live Using *depuis* to say how long

écouter **1** **Écoutez. Où habitent-ils? Choisissez les deux bonnes images pour chaque personne. (1–5)**

**1** Constance **2** Paul **3** Didier **4** Arthur **5** Laure

Habitation ...

**a**

**b**

**c**

**d**

**e**

Situation

**f**

**g**

**h**
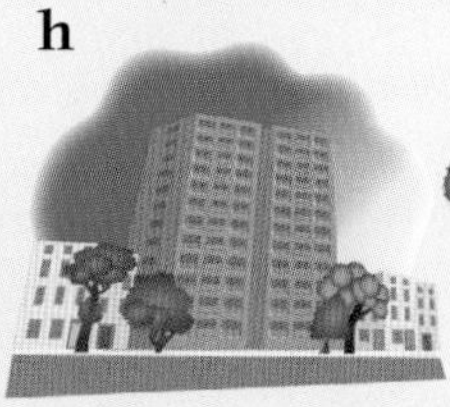
**i**

**j**

lire **2** **Lisez et décidez. Qui écrit?**

**1** J'habite une belle maison en centre-ville. Elle est vieille et ma famille y habite depuis toujours.

**2** J'habite un bel appartement dans un immeuble moderne en banlieue. Nous habitons au troisième étage et j'ai une belle vue sur la ville de ma fenêtre. J'y habite depuis deux ans.

**3** J'habite une vieille maison à la campagne. Elle est belle et nous avons un grand jardin. J'y habite depuis cinq ans.

**4** J'habite un appartement moderne en banlieue. Il y a un grand espace vert devant l'immeuble où je joue au foot. J'y habite depuis un an.

Luc

Vincent

Sophie

Corinne

## Expo-langue

To say how long you have done something, use **depuis** + the present tense.
J'y **habite depuis** deux ans. = I have lived there for two years.

un espace vert – a green space / park

**écouter 3** **Où j'habite, c'est comment? Écoutez. Copiez et remplissez la grille. (1–5)**

| | maison (M) ou appartement (A)? | grand(e) (G) ou petit(e) (P)? | moderne (M) ou vieux/vieille (V)? | beau/belle (✔) ou pas beau/belle (✘)? |
|---|---|---|---|---|
| 1 | | | | |
| 2 | | | | |

**écrire 4** **Où habitent-ils? Choisissez les bons mots pour compléter le texte.**

1 J'habite une vieille (*maison/appartement*) en banlieue. Elle est (*grand/grande*), mais elle n'est pas (*beau/belle*).
2 J'habite un petit (*maison/appartement*) dans un (*maison/immeuble*) en banlieue.
3 J'habite une (*maison/appartement*) moderne en ville. Elle est (*petit/petite*) et (*beau/belle*).
4 J'habite un vieil (*maison/appartement*) à la campagne. Le jardin est (*grand/grande*) et (*beau/belle*).

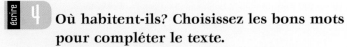

**Expo-langue →→** Grammaire 190

The adjectives **beau** (beautiful/nice) and **vieux** (old) go *before* the noun: **un beau jardin**.

| masculine | feminine |
|---|---|
| beau | belle |
| vieux | vieille |

But:
**un bel/vieil a**ppartement
**un bel/vieil i**mmeuble

**lire 5** **Trouvez la bonne image.**

a

b

c

d

e
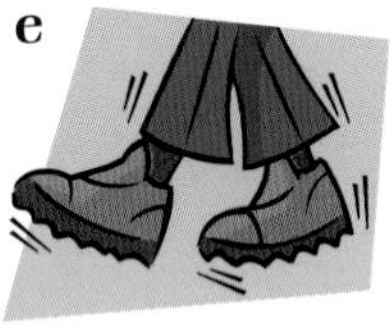

1 Notre maison est près du collège. J'y vais à pied.
2 J'habite à vingt minutes du collège. J'y vais en car de ramassage.
3 J'habite assez loin du collège. J'y vais en bus.
4 J'habite dans un village. Maman m'amène au collège en voiture.
5 J'habite à dix minutes du collège. J'y vais en vélo.

près de – near to
loin de – far from
à cinq minutes de – five minutes from
J'y vais … – I go (there) …
le car de ramassage – school bus
Maman/Papa m'amène – Mum/Dad takes me

**écrire 6** **Écrivez quatre phrases.**

J'habite un (grand/petit/vieil/bel) appartement / une (grande/petite/vieille/belle) maison.
La maison/L'appartement est en ville/banlieue …
Il/Elle est (près du collège / à deux minutes du collège).
J'y vais …

**parler 7** **Préparez une présentation: *Ma maison / Mon appartement*. Utilisez les exercices 4 et 6 pour vous aider et notez des mots/images comme aide-mémoire.**

**écouter 1** **Écoutez et notez. Qu'est-ce qu'il y a dans ma ville? (1–5)**

*Exemple:* 1 j, b, …

**a**

le musée

**b**

la gare

**c**

la gare routière

**d**

le stade

**e**

la grande surface

**f**

la patinoire

**g**
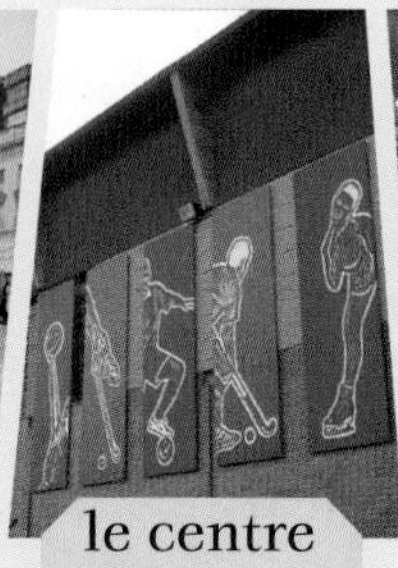
le centre de sport

**h**

la piscine

**i**

le jardin public

**j**

l'église

**k**

le château

**l**

le parc d'attractions

**m**

le cinéma

**n**

la place

**o**

le marché

**Expo-langue**

Il y a … = There is / There are …
Il n'y a pas de … = There isn't/aren't any …

**parler 2** **À deux. Qu'est-ce qu'il y a dans votre ville et qu'est-ce qu'il n'y a pas?**

■ Il y a une église, il y a une bibliothèque et il y a …
Mais il n'y a pas de …

**écrire 3** **Faites la liste de ce qu'il y a dans votre ville et de ce qu'il n'y a pas.**

## écouter 4 Écoutez et lisez. Qu'est-ce qu'il y a et qu'est-ce qu'il n'y a pas? Copiez et complétez la grille. (1–3)

| | ✔ | ✘ |
|---|---|---|
| Damien | *un jardin botanique, une vieille église, ...* | |
| Marjolaine | | |
| Didier | | |

**1**

La ville où j'habite n'est pas très grande, mais elle est belle. C'est une ville fleurie. Il y a un jardin botanique avec des fleurs, des arbres et des plantes, une vieille église, un vieux château et un parc zoologique avec des animaux. C'est très joli, mais il y a des inconvénients. Par exemple, il n'y a pas de piscine découverte, de centre de sport ou de cinéma et c'est trop tranquille.
*Damien*

**2**

La ville où j'habite est une grande ville commerçante. Il y a beaucoup de magasins et de grandes surfaces. Dans le centre-ville, il y a une grande place où il y a un marché le samedi et le mercredi. C'est vivant, mais il n'y a pas de parc d'attractions ou de centre de loisirs pour les jeunes.
*Marjolaine*

**3**

Notre ville est petite. Il n'y a pas de gare ni de gare routière. Il y a la place du marché, l'église, un petit supermarché, un musée d'art, un théâtre et un cinéma, mais il n'y a pas de jardin public ni de centre de sport. C'est trop tranquille et pour les jeunes il n'y a pas beaucoup de choses à faire! Mais il y a des avantages.
*Didier*

un avantage – advantage
un inconvénient – disadvantage

## lire 5 Qui parle? Damien, Marjolaine ou Didier?

**1** *C'est bien si on aime faire du shopping.*

**2** *C'est bien si on aime la culture.*

**3** *C'est bien si on aime faire des promenades.*

## lire 6 Quels sont les avantages et les inconvénients? Copiez et complétez la grille en anglais.

| | Advantages | Disadvantages |
|---|---|---|
| Damien | | |
| Marjolaine | | |
| Didier | | |

## parler 7 Vidéoconférence. Préparez une présentation: *Ma ville.*

Chez nous, il y a ...
Il n'y a pas de ...
C'est tranquille/vivant/joli/intéressant/ennuyeux ...

## écrire 8 Décrivez votre ville à votre correspondant(e) français(e).

La ville où j'habite est ... et ...
Il y a ... , mais il n'y a pas de ...
C'est (assez vivant), mais ...
Il y a des avantages. Par exemple, il y a ... / c'est très ...
Il y a des inconvénients. Par exemple, il y a ... / il n'y a pas de ... / ce n'est pas ... / c'est trop ...

# 3 Mon quartier Talking about your area
## Giving opinions using *trop de / assez de*

écouter **1** **Écoutez et notez. Ils aiment ou ils n'aiment pas où ils habitent? (1–5)**

| | |
|---|---|
| ✔✔ | aime bien |
| ✔ | aime |
| – | bof |
| ✘ | n'aime pas |

**Expo-langue**

**loin du/de la/de l'/des** = far from
**près du/de la/de l'/des** = near to

**trop de** = too much/many (of)
**assez de** = enough (of)
**pas assez de** = not enough (of)

écouter **2** **Écoutez encore une fois. Qu'est-ce qui ne va pas? Choisissez la bonne phrase.**

C'est trop loin ...

**a** du collège **b** du centre-ville **c** de ses amis **d** du cinéma **e** de la campagne

lire **3** **Lisez les textes et répondez aux questions.**

Chez moi, c'est trop calme. Il n'y a pas assez de choses à faire pour les jeunes, mais c'est bien si on aime les animaux!
*Julien*

Où j'habite, c'est génial, mais il y a beaucoup de monde et trop de circulation. Il n'y a pas assez d'espaces verts et c'est trop bruyant, mais on est près des commerces.
*Sarah*

Où j'habite, ce n'est pas assez grand. Il n'y a pas assez de bus et je suis trop loin de mes copai mais il n'y a pas beaucoup de pollution ou de bruit.
*Didier*

Chez moi, il y a toujours trop de bruit et de pollution parce que les véhicules circulent jour et nuit.
*Umit*

Autour de chez moi, il y a beaucoup de maisons. Le centre-ville est à 3km, mais il n'y a pas assez de transports publics. On est trop loin des commerces, mais il y a des espaces verts.
*Clémence*

bruyant – noisy

Qui habite ...
1 en centre-ville?
2 à la campagne?
3 dans un village?
4 en banlieue?
5 près d'une autoroute?

Qui parle?
6 C'est trop bruyant d'habiter près du centre commercial.
7 C'est trop pollué à cause des poids lourds.
8 Ce n'est pas assez animé ici.
9 Je suis trop loin de mes amis.
10 On est trop loin des magasins.

écrire **4** **C'est comment? Écrivez une phrase pour chaque image.**

1

2

3

4

5

6

7

## parler 5 À deux. Posez et répondez aux questions.

- Où habites-tu?
- C'est comment?
- Tu aimes y habiter?
- Pourquoi?
- Quels sont les avantages?
- Quels sont les inconvénients?

## lire 6 Trouvez la bonne image pour chaque texte.

a

b

c

d

e

**1**

J'habite en centre-ville. Notre appartement est au-dessus de la boulangerie. Ça sent bon, mais c'est trop près des commerces, il y a trop de monde. C'est trop bruyant.
*Luc*

**2**

J'habite en banlieue. Il y a beaucoup de grands immeubles en béton et il n'y a pas assez d'espaces verts où on peut jouer. Pour aller en ville, il faut prendre le bus.
*Constance*

**3**

J'habite à la campagne. Notre maison est très vieille et nous avons un beau jardin avec des fleurs et des plantes, mais je suis trop loin de la ville et de tous mes copains. En plus, il n'y a pas de bus.
*Thibault*

**4**

J'habite dans une petite ville. Notre maison donne sur la place où je fais du vélo le soir et où les adultes jouent à la pétanque. C'est très joli, mais en été il y a trop de touristes.
*Carole*

## lire 7 Répondez aux questions en anglais.

Who ...
1 lives in an old house?
2 lives above a shop?
3 lives in a house on the village square?
4 lives in a block of flats?
5 would like somewhere to play?
6 finds it too far from the town?
7 finds it too noisy?
8 finds it too busy in summer?

au-dessus de – above
trop de monde – too many people
le béton – concrete
la pétanque – bowls (French style)

## écrire 8 Écrivez un paragraphe sur votre maison et votre quartier.

J'habite (une grande maison / un petit appartement) (en ville / banlieue).
La maison (est près / est loin) (du centre / du collège / des commerces).
Chez nous, c'est (génial / trop calme / très bruyant).
Il y a (beaucoup / trop) de (circulation / bruit).
Il n'y a pas assez (de commerces / d'espaces verts).
C'est trop loin (de la gare / du cinéma / de mes copains).

# 4 Ma ville préférée

**Talking about towns in France and the UK**
**Using *on peut* + infinitive**

**écouter 1** **Écoutez. C'est quel genre de ville?**

1 Boulogne-sur-Mer
2 Le Havre
3 Annecy
4 Strasbourg
5 Nice
6 Lyon
7 Marseille
8 Carcassonne

une ville historique

un port de pêche

une ville touristique

une ville commerçante

un port de commerce

une station balnéaire

une ville industrielle

**parler 2** **À deux. Trouvez des exemples près de chez vous.**

- ■ (Blackpool) est une station balnéaire.
- ● (Manchester) est …

**lire 3** **Qu'est-ce qu'on peut y faire? Lisez le texte et choisissez a, b ou c pour compléter chaque phrase.**

Annecy est une très belle ville située au bord d'un grand lac et près de la frontière suisse. C'est une ville historique et touristique. Le paysage est magnifique.

En été, on peut faire des sports comme:
- la planche
- la voile
- le canoë-kayak
- l'escalade
- le VTT

En hiver, on peut faire:
- du ski
- du snowboard
- de la luge

Pour ceux qui n'aiment pas le sport, on peut:
- lécher les vitrines dans les centres commerciaux
- visiter le château
- visiter la vieille ville et les musées
- se reposer au bord du lac où il y a de grands espaces verts

En plus, on peut:
- se balader dans les montagnes qui entourent le lac
- visiter la région

lécher les vitrines – to window shop (lit.: to lick the shop windows)

1 Annecy est (a) une ville touristique. (b) une ville industrielle. (c) un port de pêche.
2 Elle se trouve au bord (a) de la mer. (b) d'un lac. (c) d'une rivière.
3 Elle est entourée (a) d'une forêt. (b) de grandes villes. (c) de montagnes.
4 La ville est (a) moderne. (b) vieille. (c) fortifiée.
5 En été, on peut faire (a) de la planche. (b) du ski. (c) du patin à glace.
6 En hiver, on peut faire (a) de la natation. (b) de la luge. (c) du surf.
7 On peut (a) visiter la citadelle. (b) aller à la plage. (c) faire du shopping.

## Expo-langue →→→→

Grammaire 195

You use **on peut** + the infinitive to say what you can do.
**On peut faire** du patin à glace. = You can do/go ice skating.

parler **4** **À deux. Qu'est-ce qu'on peut faire? Posez et répondez aux questions.**

■ À Annecy, est-ce qu'on peut (jouer au tennis)?
● Oui, on peut jouer au tennis.

écrire **5** **Écrivez un paragraphe:** ***Ma ville préférée.***

Ma ville préférée est ...
C'est une (grande/petite) ville (historique/moderne).
Il y a une cathédrale / un musée / un château ...
On peut:

- faire le tour de la ville
- visiter les monuments / le château / les sites touristiques
- faire du shopping / du sport
- jouer au tennis
- aller à la piscine / au cinéma

parler **6** **À deux. Jeu de mémoire. Ajoutez une autre activité à chaque fois.**

■ Je suis allé(e) à Annecy et j'ai visité le château.
● Je suis allé(e) à Annecy, j'ai visité le château et j'ai nagé dans le lac.
■ Je suis allé(e) à Annecy, j'ai visité le château, j'ai nagé dans le lac et ...

écrire **7** **Imaginez que vous avez passé une semaine à Annecy avec votre famille. Qu'est-ce que vous avez fait?**

L'année dernière, je suis allé(e) à Annecy. Il faisait beau et j'ai (fait ... / joué ... / nagé), etc.

# Contrôle oral Your local area

You are giving a presentation about your home town (or nearest town) and area to a group of students from France. You'll have to talk about the points in the list below and you may also have to answer unexpected questions about this topic.

The following points are suggestions of the information you can include:

1 where your town is located and what sort of town it is
2 how long you have lived there
3 what there is to see and do in the town
4 other activities you can do in the area
5 an activity that you've done recently in your town or area
6 whether you like living there and why/why not
7 where you would ideally like to live and why.

**1 You will hear the first part of a model presentation. Below are some of the sentences Sayed uses to cover points 1–3 in the task above. Listen and choose the correct word(s) to complete each sentence.**

1 C'est une grande ville historique dans *le nord / le sud / l'ouest* de l'Angleterre.
2 J'y habite depuis *trois / quatre / cinq* ans.
3 C'est une destination très populaire pour les *jeunes / touristes / parents*.
4 Il y a beaucoup de magasins, des musées et une belle *plage / cathédrale / église*.
5 Il y a beaucoup de *monuments / choses à faire / espaces verts* ici.
6 On peut faire le tour de la ville, visiter les sites historiques, faire *de la voile / du shopping / du ski* et aller au cinéma ou au théâtre.

**2 Listen to the second part of Sayed's presentation and fill in the gaps.**

York est située dans le Yorkshire. C'est une très (1) ______ région, avec des rivières et des montagnes. Donc on (2) ______ faire du canoë-kayak, (3) ______ à la pêche, faire de l'escalade et du parapente. (4) ______ les Yorkshire Moors aussi, où on peut faire des randonnées ou (5) ______ du cheval. Je suis (6) ______ sportif et j'adore faire des activités en plein air. Dimanche (7) ______, j'ai fait une grande randonnée dans les Moors avec ma famille. C'était fatigant, mais c'était (8) ______. Ensuite, on a (9) ______ un pique-nique. Le week-end (10) ______, on va faire du VTT dans les Yorkshire Dales.

en plein air – in the open air

Il y a | aller | fait | assez | prochain | belle | peut | chouette | dernier | faire

**3 Now listen to the final part of Sayed's presentation.**

1 Correct the mistakes in these sentences. The mistakes are in bold.

a J'aime ma ville, parce que c'est un endroit **historique** et animé.

animé(e) – lively

b Mais à mon avis, il y a trop de touristes en **hiver**.

c Je voudrais habiter en **Espagne**, où il fait plus chaud!

d J'aime retrouver mes **parents** en ville.

e On peut aller au **stade**, au café ou au centre de loisirs, par exemple.

f La campagne, c'est trop **bruyant** le soir.

2 What is the unexpected question the examiner asks Sayed?

**4 Now it's your turn! Prepare and give your presentation to your teacher or partner.**

- Use the Grade Studio and your answers to Exercises 1–3 to help you.
- Make sure you introduce your presentation, as Sayed did.
- Try to predict what unexpected questions you might be asked.
- Record your presentation. Ask a partner to listen to it and say how well you performed.

Award each other one star, two stars or three stars for each of these categories:

- pronunciation
- confidence and fluency
- range of tenses
- variety of vocabulary and expressions
- using longer sentences
- taking the initiative.

What do you need to do next time to improve your performance?

## GradeStudio

Make sure you cover the basics!

- Use a range of simple **structures**. Sayed uses: *je m'appelle* (my name is), *j'habite* (I live), *c'est* (it is), *il y a* (there is/there are), *je suis* (I am), *j'adore* (I love), *j'aime* (I like), *je préfère* (I prefer).
- Include a simple **opinion** by using *c'est* + an adjective, e.g. Sayed says *C'est amusant!* (It's fun!).

To achieve a Grade C, you need to use a wider **range of structures** and **different tenses**. Sayed uses:

- ***on peut* + an infinitive** to say what you can do, e.g. *On **peut faire** du canoë-kayak, **aller** à la pêche, **visiter** les sites historiques* … (You can go canoeing, go fishing, visit historical places …)
- the **perfect tense** to say what he did: ***J'ai fait** une randonnée avec ma famille* (I went hiking with my family)
- ***c'était* + an adjective** to say what it was like: ***C'était fatigant**, mais **c'était chouette*** (It was tiring, but it was great)
- the **near future tense** to say what he and other people are going to do: *Je **vais parler** de ma ville* (I'm going to talk about my town), *On **va faire** du VTT* (We're going to go mountain-biking)
- **adjectives**: some adjectives go in front of the noun and some go after it. They must agree with the noun they describe, e.g. *C'est une **grande** ville **historique*** (It's a big, historical town). (See page 190 for help.)

To increase your marks, use:

- ***trop de*** (too much/too many) to give an opinion, e.g. Sayed says: *À mon avis, il y a **trop de** touristes en été* (In my opinion, there are too many tourists in summer)
- less common **connectives**, like *donc* (so) and *de plus* (what's more).

### Épate l'examinateur!

- To really impress your examiner, use *J'y habite depuis* … to say how long you have been living there, e.g. *J'y habite depuis cinq ans* (I've been living there for five years).

## Le Périgord

### Bienvenue en Périgord, pays magique

Office du tourisme du Périgord: réserver votre hôtel, organiser votre visite

**Vous cherchez où dormir?**
Hôtels; campings; chambres d'hôte; gîtes; auberges de jeunesse

Cliquez (ici) pour les meilleurs hébergements de la région.

**Vous avez faim?**
Dégustez les meilleurs produits de la région: vins, viandes, pâtés, fromages, etc.

Cliquez (ici) pour un grand choix de restaurants, brasseries, snacks et buffets.

**Où voulez-vous aller?**
Visitez les sites: les anciennes villes; les châteaux; les musées; les cathédrales; les sites préhistoriques; le parc animalier; le parc d'attractions.

Cliquez (ici) pour la liste des sites.

**Qu'est-ce que vous voulez faire?**
Faites du sport: tennis, équitation, natation, golf, canoë, pêche, VTT.

Cliquez (ici) pour la liste des activités et loisirs.

**Vous voulez vous déplacer?**

Horaire de bus et train: (téléchargez l'horaire)

Plans et cartes: (consultez la carte) (téléchargez la carte)

**Commentaires des visiteurs**

*«Nous avons passé deux semaines fantastiques ici. J'ai fait beaucoup de sport: j'ai joué au tennis avec mon frère, je suis allé à la pêche avec mon père et nous avons fait du canoë. Nous sommes allés à la piscine presque tous les jours. Nous avons visité l'ancienne ville, un château et une grotte préhistorique. Le soir, nous avons fait un barbecue ou nous avons dîné au restaurant. C'était impeccable!»*

**Damien (Lille)**

**1 Find the French equivalent of these phrases in the text and copy them out.**

1 Are you looking for somewhere to sleep?
2 bed and breakfasts
3 Try the best products
4 Click here
5 bus and train timetable
6 We spent two great weeks here
7 We went to the swimming pool
8 We ate in the restaurant

**2 This style of writing uses the *vous* form to 'talk' to the person reading the web page. Find ...**

1 three examples of the *vous* form
2 five examples of the imperative to make suggestions. (The imperative is made from the *vous* form without the *vous*.)

**3 Answer these questions briefly in English.**

1 Where in Périgord can you book your hotel?
2 Name one thing you can eat or drink in the area.
3 Name one type of historical place you can visit.
4 If you want to catch a bus, what can you download from the web page?
5 How long did Damien and his family stay in the area?
6 What activity did he and his brother do together?
7 Where did they go almost every day?
8 Name one thing they did in the evenings.

**4 You might be asked to design a web page or write a brochure for your local town or area as a controlled assessment task. Use the Grade Studio to help you prepare.**

## GradeStudio

Make sure you cover the basics!

- Organise your page to look like a web page. Break up the text with **headers**. Look at the headers on the web page opposite and choose which ones you could use for your area.
- Choose the right **vocabulary** to talk about the town or area you are promoting. You can use some lists, but not too many!

To achieve a Grade C, you need to use the main tenses and adjectives.

- Use a **visitor's review** to show you can write longer sentences and use other persons (*je/nous*) and tenses.
- Use the **perfect tense with *avoir*** to say what you did and the **perfect tense with *être*** to say where you went.
- Make sure that your **adjectives** agree with the nouns: *la ville* and *la région* are both feminine words!

To increase your marks:

- use the ***vous* form** of the verb and the **imperative** correctly:
  *Vous organisez – Organisez!*
  *Vous réservez – Réservez!*
- make sure you write **plural nouns** correctly: *les châteaux, les bâtiments, les produits*. Remember that the adjective must be in the plural too: *vieux, historiques, régionaux*.

### Épate l'examinateur!

- Use *nous* in the perfect tense, making sure you make the past participle agree if you use a verb with *être*, as Damien does: *nous sommes allé**s***.

**5 Now design a web page or a brochure for your own town or a tourist area you know well.**

- Adapt the text on page 62.
- Choose words and phrases from it which are relevant to the area you are writing about.
- If you need words which are not in the book, e.g. 'a transport museum', remember they might be similar to English, but expressed in a different way: *un musée des transports*.
- Write longer descriptions of some of your local sights.

**Introduction**

Make a nice header for your web page.
What are the main characteristics of the area you have chosen?
What is special about it?
Is it a tourist area, a seaside town, a historic area, a modern town, etc?
Can you convey some of that in your header?

**Main paragraphs**

Choose which 'questions' you are going to use from the text.
Write one or two sentences about each.
Add a list of subheaders, including words to 'click on' for each one.

**Conclusion**

Write a review by a visitor to the area demonstrating your ability to use other persons and tenses.

**Check what you have written carefully. Check:**

- gender of any nouns you have used: *le château, le musée*
- agreement of adjectives (gender and number) with the noun they describe: *sites historiques*
- plurals of nouns (most make the plural by adding *-s*, but nouns ending in *-eau* make the plural with *-x*: *le château – les châteaux*)
- verb endings
  – the perfect tense with *avoir*: *j'ai fait ..., nous avons fait ...*
  – the perfect tense with *être*: *je suis allé(e) ..., nous sommes allé(e)s ...*

## Ma maison — *My house*

| | | | |
|---|---|---|---|
| le balcon | *balcony* | la salle de bains | *bathroom* |
| le garage | *garage* | les toilettes (f) | *toilet* |
| le jardin | *garden* | l'entrée (f) | *entrance/hall* |
| le salon | *sitting room* | au rez-de-chaussée | *on the ground floor* |
| la cave | *cellar* | au (premier) étage | *on the (first) floor* |
| la chambre (de mes sœurs) | *(my sisters') bedroom* | au sous-sol | *in the basement* |
| | | Il y a ... | *There is ...* |
| la cuisine | *kitchen* | grand(e) | *big* |
| la douche | *shower* | petit(e) | *small* |

## Ma chambre — *My bedroom*

| | | | |
|---|---|---|---|
| J'ai ma propre chambre. | *I have my own bedroom.* | une table | *a table* |
| | | Je n'ai pas de télé. | *I don't have a TV.* |
| Je partage une chambre avec ... | *I share a room with ...* | je range mes vêtements/ affaires | *I put away my clothes/things* |
| Dans ma chambre, j'ai ... | *In my room I have ...* | dans une commode | *in a chest of drawers* |
| un lit | *a bed* | D'habitude, ... | *Usually ...* |
| deux lits superposés | *bunkbeds* | je lis dans ma chambre | *I read in my room* |
| un ordinateur | *a computer* | je fais mes devoirs | *I do my homework* |
| un placard | *a cupboard* | Je me couche vers (21h30). | *I go to bed around (9.30).* |
| un poste de télévision | *a television set* | | |
| un lecteur DVD | *a DVD player* | Hier soir, j'ai écouté de la musique. | *Last night I listened to music.* |
| une armoire | *a wardrobe* | | |
| une étagère | *a bookshelf* | | |

## Où j'habite — *Where I live*

| | | | |
|---|---|---|---|
| J'habite ... | *I live in ...* | au bord de la mer | *at the seaside* |
| Il/Elle habite ... | *He/She lives in ...* | J'y habite depuis (trois) ans. | *I've lived there for (three) years.* |
| un appartement | *a flat* | | |
| un chalet | *a chalet* | Il/Elle est ... | *It is ...* |
| un immeuble | *a block of flats* | près du collège | *near school* |
| une ferme | *a farm* | loin du collège | *far from school* |
| une maison | *a house* | à deux minutes du collège | *two minutes from school* |
| vieux/vieille (vieil) | *old* | | |
| beau/belle (bel) | *beautiful, lovely* | J'y vais ... | *I go there ...* |
| moderne | *modern* | en bus | *by bus* |
| en ville | *in town* | en car de ramassage | *by school bus* |
| en centre-ville | *in the town centre* | en/à vélo | *by bike* |
| en banlieue | *in the suburbs* | en voiture | *by car* |
| dans un village | *in a village* | à pied | *on foot* |
| à la campagne | *in the country* | | |

## Ma ville / My town

| | |
|---|---|
| Qu'est-ce qu'il y a? | What is there? |
| Chez nous, il y a ... | Where I live, there's/ there are ... |
| le centre de loisirs | leisure centre |
| le centre de sport | sports centre |
| le château | castle |
| le cinéma | cinema |
| le jardin public | park |
| le marché | market |
| le musée | museum |
| le parc d'attractions | theme park |
| le stade | stadium |
| la grande surface | hypermarket |
| la gare | (train) station |
| la gare routière | bus station |
| la patinoire | ice rink |
| la piscine (découverte) | (open-air) swimming pool |
| la place | square |
| l'église (f) | church |
| l'espace vert (m) | green space, park |
| Il n'y a pas de (cinéma). | There aren't any (cinemas). |
| Il y a des avantages (m). | There are advantages. |
| Il y a des inconvénients (m). | There are disadvantages. |
| C'est ... | It's ... |
| ennuyeux | boring |
| intéressant | interesting |
| joli | pretty |
| (trop) bruyant | (too) noisy |
| (très) vivant | (very) lively |

## Mon quartier / My area

| | |
|---|---|
| Il y a trop de pollution. | There's too much pollution. |
| Il y a beaucoup de circulation. | There's a lot of traffic. |
| Il n'y a pas de transports publics. | There's not any public transport. |
| Il n'y a pas assez de bus/ d'espaces verts. | There are not enough buses/green spaces. |
| C'est trop bruyant/calme. | It's too noisy/quiet. |
| C'est trop loin ... | It's too far ... |
| de mes amis | from my friends |
| du centre-ville | from the town centre |
| du collège | from school |
| de la gare | from the station |
| des commerces (m) | from the shops |
| C'est trop près ... | It's too near ... |
| de l'autoroute (f) | to the motorway |

## Les genres de ville / Types of town

| | |
|---|---|
| une ville commerçante | a commercial town |
| une ville historique | a historic town |
| une ville industrielle | an industrial town |
| une ville touristique | a tourist town |
| une station balnéaire | a seaside resort |
| un port de commerce | a commercial port |
| un port de pêche | a fishing port |

## En ville / In town

| | |
|---|---|
| On peut ... | You can ... |
| aller à la piscine/ au cinéma | go to the swimming pool/to the cinema |
| jouer au tennis | play tennis |
| faire du shopping | go shopping |
| faire du ski/du parapente | go skiing/paragliding |
| faire du sport/du vélo | do sport/go cycling |
| faire de la natation | go swimming |
| faire de l'escalade/ de l'équitation | go rock-climbing/ horse-riding |
| visiter la cathédrale/ les sites touristiques | visit the cathedral/ places of interest |
| Je suis allé(e) à Annecy. | I went to Annecy. |
| J'ai visité le château. | I visited the castle. |
| J'ai nagé dans le lac. | I swam in the lake. |
| J'ai fait le tour de la ville. | I did a tour of the town. |
| J'ai joué au tennis. | I played tennis. |

# 4 Allons-y!

## C'est où? Finding the way
## Asking where places are using *où est?* and *où sont?*

Déjà vu 1

**lire 1** **Reliez les mots et les images.**

***Exemple:*** **1 e**

**1** la piscine **2** les toilettes **3** le stade **4** le parc **5** la patinoire **6** les magasins **7** le centre commercial **8** l'église **9** la bibliothèque **10** le musée **11** l'hôpital **12** la gare

**a**

**b**

**c**

**d**

**e**

**f**

**g**

**h**

**i**

**j**

**k**

**l**

Déjà vu 1

**écouter 2** **Écoutez et mettez les images dans le bon ordre. (1–10)**

***Exemple:*** c, …

**parler 3** **À deux. Testez votre partenaire! Une personne couvre les mots de l'exercice 1. L'autre pose des questions.**

*In pairs. Test your partner! One person covers the words in Exercise 1. The other asks questions.*

- ■ **h**, qu'est-ce que c'est?
- ● Le gare.
- ■ Oui, mais c'est **la** gare. **f**, qu'est-ce que c'est?

Make sure your partner uses the correct definite article (**le**, **la**, **l'** or **les**) with the noun!

Je ne sais pas. – I don't know.

**écouter 4** **Écoutez les directions et regardez le plan. Ils vont où? (1–4)**
*Listen to the directions and look at the map. Where are they going?*

*Exemple:* **1** la gare

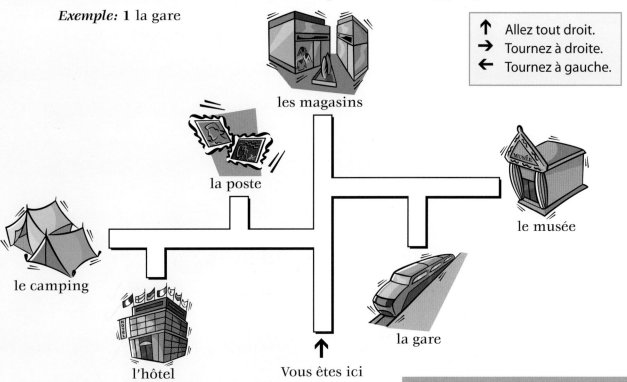

↑ Allez tout droit.
→ Tournez à droite.
← Tournez à gauche.

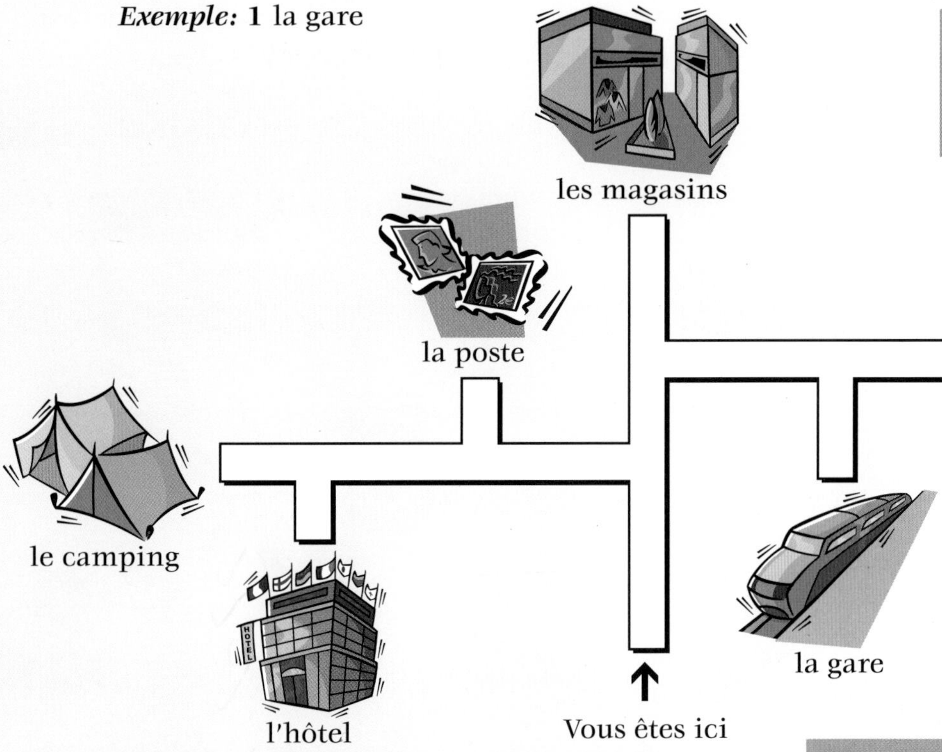


## Expo-langue →→→→
Grammaire 189

Où **est** …? = Where **is** …? Où **sont** …? = Where **are** …?
Où est le centre commercial? = Where is the shopping centre?
Où sont les toilettes? = Where are the toilets?

When a word ends in **–t** in French, the **–t** is silent:
Allez tout droi**t**.

But if there is an **–e** after the **–t**, you pronounce the **–t**:
Tournez à droi**te.**

**parler 5** **À deux. Faites un dialogue. Changez les détails en bleu.**

- ■ Pardon. Où **est la poste**, s'il vous plaît?
- ● **Allez tout droit, tournez à gauche, puis tournez à droite.**
- ■ Pouvez-vous répéter, s'il vous plaît?
- ● **Allez tout droit, tournez à gauche, puis tournez à droite.**
- ■ Merci beaucoup.
- ● De rien.

**écrire 6** **Utilisez le plan de l'exercice 4 pour répondre aux questions. Écrivez les directions.**

*Exemple:* **1** Allez tout droit, tournez à droite, puis tournez encore à droite.

**1** Où est la gare, s'il vous plaît?
**2** Où est l'hôtel, s'il vous plaît?
**3** Où est le camping, s'il vous plaît?
**4** Où sont les magasins, s'il vous plaît?

tournez **encore** à droite – turn right **again**

# On fait les magasins! Shopping for food
## Using *du, de la, de l'* and *des*

**lire 1** **Regardez les listes d'achats et trouvez les cinq bonnes images pour chaque liste.**
*Look at the shopping lists and find the five correct pictures for each list.*

**1**
pommes de terre
bananes
confiture
poisson
beurre

**2**
tomates
pain
fromage
raisins
eau minérale

**3**
jus d'orange
œufs
poulet
salade

**4**
petits pois
jambon
fraises
chips
yaourt

***Exemple:*** **1** l, …

a

b

c

d

e
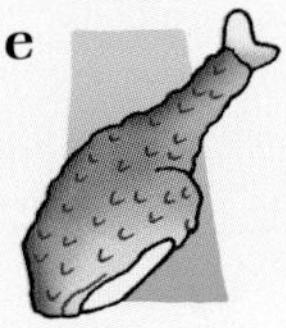
f

g

h

i
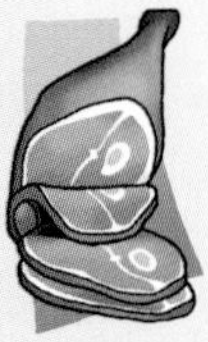
j

k
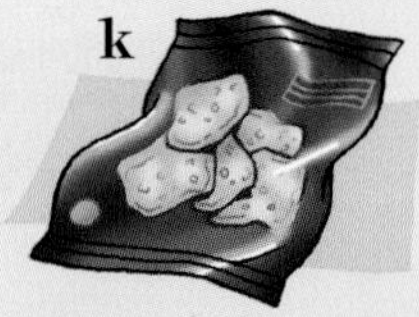
l

m

n

o

p

q

r

s
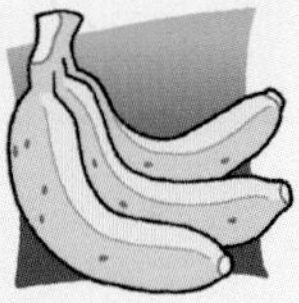
t

**écouter 2** **Écoutez. On parle de quelle liste? (1–4)**

### Expo-langue

To say 'some' in French, you use **du**, **de la**, **de l'** or **des**.

| masculine singular | feminine singular | in front of a vowel sound | plural |
|---|---|---|---|
| **du** fromage = some cheese | **de la** confiture = some jam | **de l'**eau minérale = some mineral water | **des** chips = some crisps |

But after containers or quantities, you just use **de**:
un paquet **de** chips = a packet of crisps
un kilo **de** pommes = a kilo of apples

Déjà vu 2

**écrire 3** **Qu'est-ce que vous voudriez acheter (a) pour un pique-nique et (b) pour le dîner? Écrivez deux phrases.**

*What would you like to buy (a) for a picnic and (b) for dinner? Write two sentences.*

Pour un pique-nique je voudrais acheter du pain, des chips, ...
Pour le dîner ...

**lire 4** **Reliez les deux parties des phrases. Il y a plusieurs possibilités.**

*Match the two parts of the phrases. There are several possibilities.*

***Exemple:*** **1** h

une tranche – a slice

| | | | |
|---|---|---|---|
| **1** | un kilo de ... | **a** | jambon |
| **2** | 500 grammes de ... | **b** | raisins |
| **3** | 250 grammes de ... | **c** | lait |
| **4** | un paquet de ... | **d** | petits pois |
| **5** | quatre tranches de ... | **e** | fraises |
| **6** | une boîte de ... | **f** | chips |
| **7** | une bouteille de ... | **g** | jus d'orange |
| **8** | un litre de ... | **h** | pommes de terre |

**écouter 5** **Écoutez. Qu'est-ce qu'on achète? C'est combien? Copiez et complétez la grille. (1–4)**

| | achat | quantité | prix |
|---|---|---|---|
| 1 | *pommes* ...... | *1 kilo* ...... | ...... € |
| 2 | | | |
| 3 | | | |
| 4 | | | |

**parler 6** **À deux. Faites des dialogues. Utilisez les idées des cases A, B et C.**

- ■ Bonjour, monsieur/mademoiselle. Je peux vous aider?
- ● Je voudrais **A** ______, s'il vous plaît.
- ■ Très bien, monsieur/mademoiselle. Et avec ça?
- ● Je prends **B** ______ aussi, s'il vous plaît.
- ■ Voilà, monsieur/mademoiselle. C'est tout?
- ● Oui, c'est tout, merci. C'est combien?
- ■ Ça coûte **C** ______, s'il vous plaît.
- ● Voilà. Merci.

**A**

2 kilos 

et une 

**B**

500 grammes 

et cinq tranches 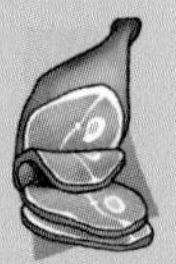

**C**

**7,50€**

écouter **1** **Écoutez et trouvez la bonne image. (1–7)**

***Exemple:*** **1** c

**a**

À l'arrêt d'autobus

**b**

Dans le parc

**c**

Devant le cinéma

**d**

Derrière la boîte

**e**

En face de la gare routière

**f**

À côté du commissariat de police

**g**

Entre l'hôtel de ville et le syndicat d'initiative

lire **2** **Lisez le texte et répondez aux questions en anglais.**

*Liam*
*L'arrêt d'autobus est en face de l'appartement.*
*Descends du bus devant l'hôtel de ville.*
*Le centre commercial est dans la rue St Jacques.*
*Le cinéma est derrière la gare routière.*
*Les toilettes sont à côté du syndicat d'initiative.*
*On se retrouve à 17h, au café de la Coupole.*
*C'est entre la poste et le musée.*
*Sébastien*

## Expo-langue

You use prepositions to say where things are. Some prepositions are single words (**dans**, **devant**, **derrière**, **entre**).
Others are followed by **du**, **de la**, **de l'** or **des**.
en face **du** cinéma = opposite the cinema
à côté **de la** piscine = next to the swimming pool

**au**, **à la**, **à l'** and **aux** mean 'at the'.
**au** stade = at the stadium
**à l'**arrêt d'autobus = at the bus stop

1. Where is the bus stop?
2. In front of which building should Liam get off the bus?
3. In which street is the shopping centre?
4. Which building is behind the bus station?
5. What is next to the tourist information office?
6. Where are Liam and Sébastien meeting?
7. Where is it?

**parler 3** **À deux. Posez des questions et répondez. Utilisez le texte de l'exercice 2.**

■ Où est le cinéma, s'il vous plaît?
● Derrière la gare routière.

> Où **est** …? – Where **is** …?
> Où **sont** …? – Where **are** …?

**écouter 4** **Écoutez et notez les deux bonnes images pour chaque dialogue. (1–4)**

**a**

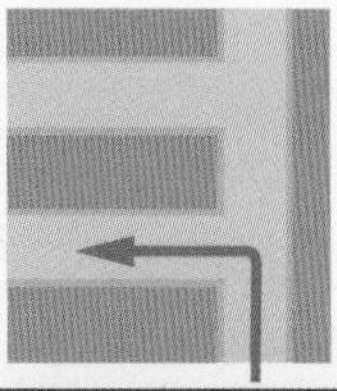

Prenez la première rue à gauche.

**b**

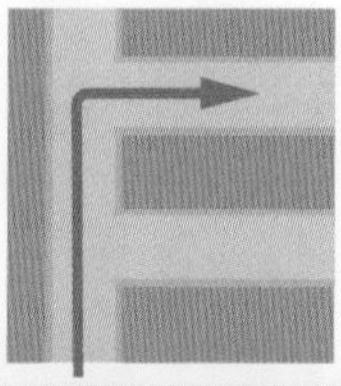

Prenez la deuxième rue à droite.

**c**

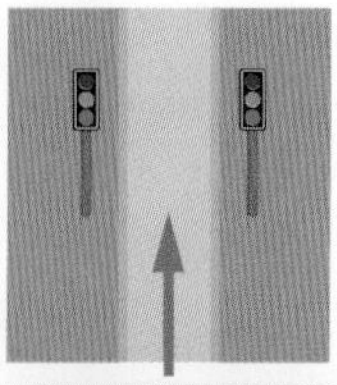

Allez jusqu'aux feux.

**d**

Allez jusqu'au carrefour.

**e**

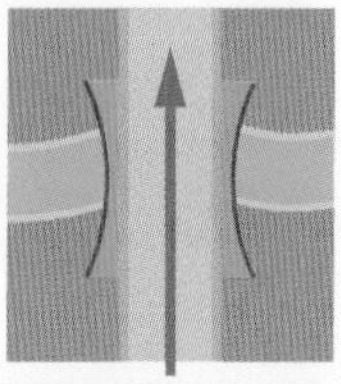

Traversez le pont.

**f**

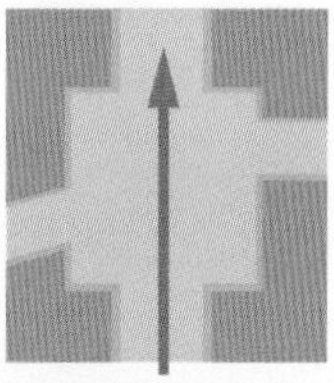

Traversez la place.

> ## Expo-langue
> You use the imperative to tell someone what to do:
> With people you address as **vous**, use the present tense **vous** form minus **vous**:
> **tournez** **traversez** **allez**
>
> The **tu** form is different:
> **tourne** **traverse** **va**

**écouter 5** **Écoutez encore une fois. Est-ce que c'est loin (L) ou près (P)?**

**parler 6** **À deux. Utilisez les images pour faire des dialogues.**

**1**

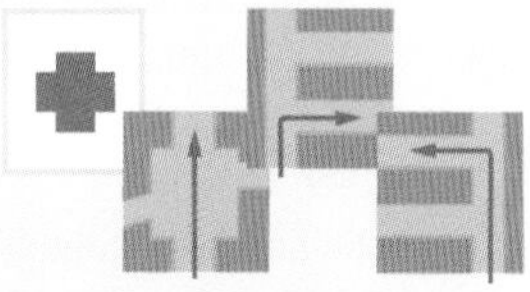

Loin? ✔

**2**

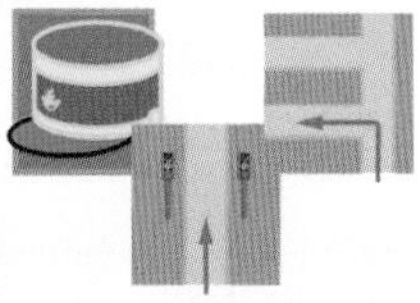

Loin? ✘

**3**

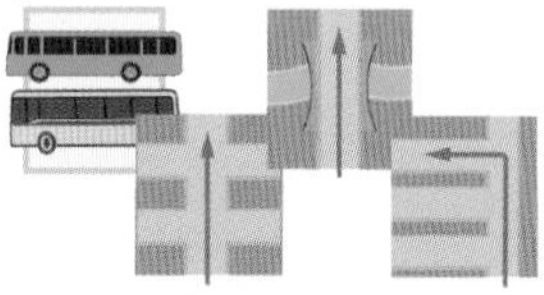

Loin? ✔✔

**4**

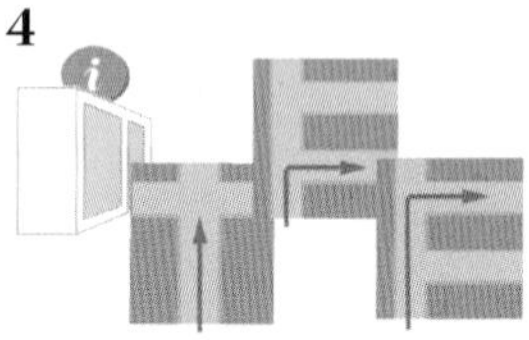



Loin? ✘

*Exemple:* **1**

■ Pardon. Où est l'hôpital, s'il vous plaît?
● Traversez la place, puis prenez la première rue à droite et la deuxième rue à gauche.
■ C'est loin?
● Oui, c'est assez loin.
■ Merci.
● De rien.

> C'est loin? – Is it far?
> Oui, c'est (assez/très) loin. – Yes, it's (quite/very) far.
> Non, ce n'est pas loin. – No, it's not far.
> Non, c'est tout près. – No, it's very near.

**écrire 7** **Écrivez des directions pour un visiteur. Utilisez les images de l'exercice 6.**

*Exemple:*

**1** L'hôpital: Traversez la place, puis prenez la première rue à droite et la deuxième rue à gauche. C'est assez loin.

lire **1 Regardez l'image. Trouvez le bon mot pour chaque numéro.**

une baguette
de la bière
des champignons
du cidre
des framboises
des haricots verts

de l'huile d'olive
de la moutarde
du pâté
des pâtes
du riz
des saucisses
du saucisson

To work out the meaning of new words:
- look for near-cognates of English words (e.g. **cidre**, **riz**)
- look for parts of words you know (e.g. **haricots *verts***)
- be careful with words which are similar (e.g. **pâté/pâtes**; **saucisses/saucisson**).

écouter **2 Écoutez et vérifiez.**

écouter **3 Écoutez. Qu'est-ce qu'il faut acheter pour la fête sur la plage? Écrivez les bons numéros.**

*Exemple:* 2, …

**Expo-langue →→→→** Grammaire 195

You use **il faut** to say that you need something …
Il faut **de la bière.** = We need **beer**.

… or that you need to do something:
Il faut **acheter** des pâtes. = We need **to buy** pasta.

parler **4 À deux. Imaginez que vous préparez une fête. Qu'est-ce qu'il faut acheter?**

■ Qu'est-ce qu'il faut acheter pour la fête?
● Il faut acheter du pâté.
■ Il faut aussi acheter …

## 5 Écoutez et lisez le texte. Puis reliez les magasins et les images.

écouter

*Exemple:* 1 c

En France, il y a beaucoup de magasins spécialisés. Pour acheter de la viande (par exemple, du poulet, du bœuf ou du bifteck), il faut aller à la boucherie. Mais pour acheter du porc, du jambon, des saucisses et du saucisson, il faut aller à la charcuterie. Pour acheter du pain, il faut aller à la boulangerie. Pour des gâteaux, il faut aller à la pâtisserie. Et pour des bonbons et du chocolat, il faut aller à la confiserie. Puis, pour acheter du café, du sucre, de la confiture, etc., il faut aller à l'épicerie. Pour les médicaments (par exemple, de l'aspirine), il faut aller à la pharmacie. Et pour des fruits et des légumes, comme des pêches, des poires, des carottes et des choux-fleurs, il faut aller au marché. Mais, bien sûr, si on veut acheter tout ça en même temps, il faut aller au supermarché!

en même temps – at the same time

1 boulangerie
2 boucherie
3 charcuterie
4 confiserie
5 épicerie
6 marché
7 pâtisserie
8 pharmacie
9 supermarché

a

b
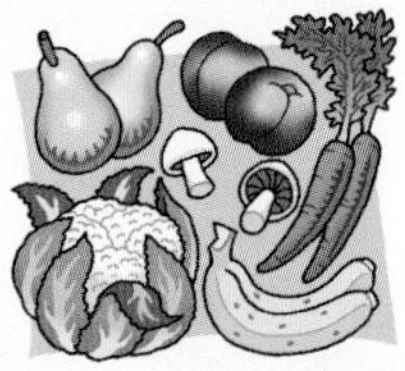
c

d
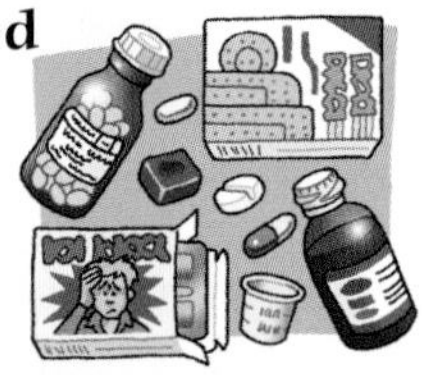
e

f

g
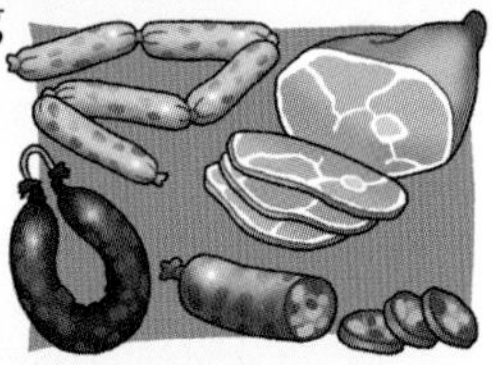
h

i

## 6 Relisez le texte. Trouvez le français.

lire

**1** meat **2** beef **3** steak **4** pork **5** sweets **6** sugar
**7** aspirin **8** peaches **9** pears **10** cauliflower

## 7 Imaginez qu'il n'y a pas de supermarché! Où faut-il aller pour acheter ces choses? Écrivez des phrases.

écrire

*Imagine that there's no supermarket! Where do you have to go to buy these things? Write sentences.*

*Exemple:* Pour acheter un chou-fleur, il faut aller au marché.

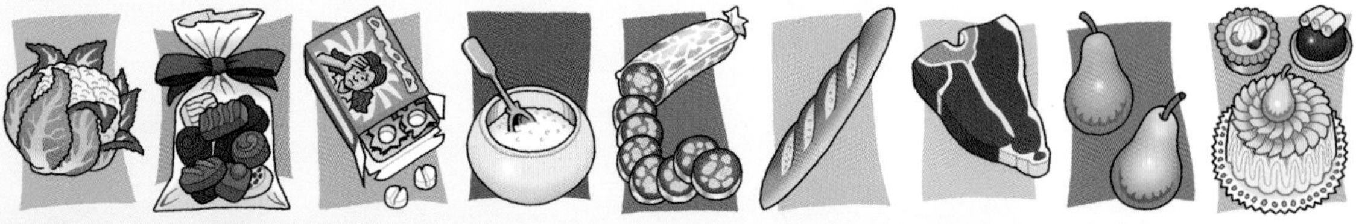

# 3 Bon voyage! Making travel arrangements The 24-hour clock

**écouter 1** **Écoutez et regardez les images. Qui parle? (1–6)**

*Exemple:* 1 David

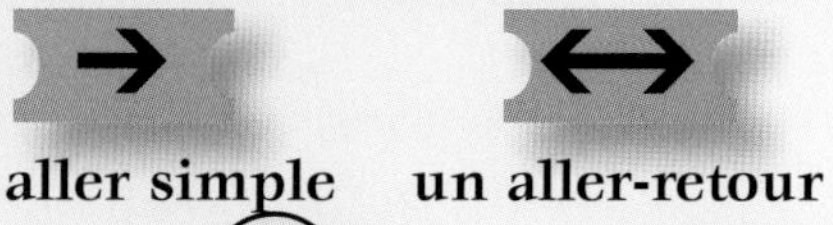

**parler 2** **À deux. Demandez ces billets de train.**

*Exemple:* Un aller simple pour Nice, s'il vous plaît.

**lire 3** **Lisez et complétez le dialogue.**

*Exemple:* 1 aller-retour

- ■ Bonjour, monsieur/mademoiselle. Je peux vous aider?
- ● Un (1) ________ pour <u>Bordeaux</u>, s'il vous plaît.
- ■ Première ou deuxième classe?
- ● (2) ________ <u>classe</u>, s'il vous plaît. C'est combien?
- ■ (3) ________ <u>euros cinquante</u>, s'il vous plaît.
- ● Voilà.
- ■ (4) ________, monsieur/mademoiselle. Au revoir.

Quinze
train
Merci
aller-retour
c'est
Deuxième

**écouter 4** **Écoutez et vérifiez.**

**parler 5** **À deux. Changez les détails soulignés dans le dialogue de l'exercice 3. Utilisez ces détails:**

→ Paris
2ème classe
8,20€

↔ Strasbourg
1ère classe
13€

## lire 6 Reliez la question à la bonne réponse.

1 *Le prochain train pour Lyon part à quelle heure?*
2 *Il arrive à quelle heure?*
3 *Est-ce qu'il faut changer?*
4 *Le train part de quel quai?*

a *Non, c'est un train direct.*
b *Un aller-retour, s'il vous plaît.*
c *Il arrive à 20h15.*
d *Du quai numéro 5.*
e *Deuxième classe.*
f *Il part à 18h30.*

## Expo-langue

Travel times are always given in the 24-hour clock. The hours from midnight to midday are numbered 0–12. The hours from 1 p.m. to 11 p.m. are numbered 13–23.

13h45 = 1.45 p.m. 18h30 = 6.30 p.m. 20h15 = 8.15 p.m.

## écouter 7 Écoutez. Copiez et complétez la grille. (1–3)

| | Départ | Arrivée | Changer? ✔ ✘ | Quai numéro |
|---|---|---|---|---|
| 1 | 11h10 | 13h | ✘ | |
| 2 | 12h15 | | ✔ | |
| 3 | | 21h10 | | 1 |

## parler 8 À deux. Complétez le dialogue.

■ Je peux vous aider, mademoiselle/monsieur?
● Le ______ Paris part ______ heure, s'il vous plaît?
■ À 16 heures, mademoiselle/monsieur.
● ______ arrive ______?
■ Il arrive à 17 heures 30.
● ______ changer?
■ Oui, il faut changer à Rouen.
● ______ quai?
■ Du quai numéro 2, mademoiselle/monsieur.
● Merci. Au revoir.

## parler 9 À deux. Faites un autre dialogue en utilisant les détails sur la page web. Adaptez le dialogue de l'exercice 8.

| Destination | Départ | Arrivée | | Quai |
|---|---|---|---|---|
| Calais | 15h00 | 16h30 | (changer à Rouen) | 3 |
| Rouen | 17h20 | 19h00 | (direct) | 4 |

# 4 C'est la fête! Describing special occasions Using the perfect tense

**écouter 1** **Comment ont-ils fêté leur anniversaire? Écoutez et trouvez la bonne image. (1–8)**
*How did they celebrate their birthdays? Listen and find the right picture.*

*Exemple:* 1 b

a

On a mangé du gâteau d'anniversaire.

b

J'ai reçu beaucoup de cartes et de cadeaux.

c

On a bavardé.

d

J'ai ouvert mes cadeaux.

e

Je suis allé(e) dans un parc d'attractions.

f

J'ai fait une fête.

g

Je suis allé(e) au cinéma avec mes copains/copines.

h

On a dansé jusqu'à minuit.

## Expo-langue →→→→

Grammaire 192 Grammaire 194

You use the perfect tense to talk about what you did.

- Most verbs use part of **avoir** (e.g. **j'ai**) + a past participle (e.g. **dansé**, **mangé**).
- Some verbs have irregular past participles (e.g. **faire** → **fait**).
- A few verbs use part of **être** (e.g. **je suis**) instead of **avoir** (e.g. **je suis allé(e)**).

**j'ai** (I) / **on a** (we):
- **dansé** (danced)
- **reçu** (got)
- **bavardé** (chatted)
- **fait** (had/did/made)
- **invité** (invited)
- **ouvert** (opened)
- **mangé** (ate)
- **regardé** (watched)

**je suis** (I):
- **allé(e)** (went)

**lire 2** **Complétez les textes. Choisissez les bons mots de la case.**

1 Pour mon anniversaire, j'ai fait une grande ______. J'ai invité tous mes copains et tout le monde a dansé jusqu'à minuit.

2 Le jour de mon anniversaire, on est allés au ______. On a vu une nouvelle comédie avec mon acteur préféré.

3 À Noël, j'ai reçu beaucoup de ______. Par exemple, on m'a offert un tee-shirt, deux CD et un jeu d'ordinateur.

4 En février, on est allés à la ______. Il y avait beaucoup de neige, donc on a fait du ski tous les jours.

Use **context** and **grammar** to work out the answers. In number 2 you're looking for a place – they *went* there: ***on est allés***. It's singular – after ***au***. So you can eliminate plural nouns and things that aren't places!

cartes montagne
parc d'attractions fête
cadeaux cinéma gâteau

Lire et écouter

**écouter** **3** **Écoutez et choisissez la bonne réponse: a, b ou c. (1–4)**

**Birthday celebrations**

1 Farid celebrated his birthday by ______.
   (a) going to the cinema
   (b) having a party
   (c) going to a theme park

2 For her birthday, Laure's grandparents gave her ______.
   (a) money
   (b) computer games
   (c) trainers

3 Nicolas ate birthday cake ______.
   (a) at his friend's house
   (b) at a party
   (c) in a restaurant

4 On her birthday, Anna went ______.
   (a) to the cinema
   (b) shopping
   (c) dancing in a club

Beware of 'distractors' – things mentioned in the recording and answer options, but which are not correct.

- Read the question carefully, e.g. in number 2, it doesn't ask you what Laure *bought*, it asks you what her grandparents *gave* her.
- Listen to the whole recording before answering, e.g. in number 1, **cinéma**, **fêté** and **parc d'attractions** are all mentioned, but what does Farid actually say he did?
- Listen out for negatives like **non** and **ne ... pas**. They will tell you what someone *didn't* do and help you eliminate wrong answers.

**lire** **4** **Lisez le texte et répondez aux questions en anglais.**

du foie gras

une bûche de Noël

Noël, c'est ma fête préférée et l'année dernière, je suis allée avec mes parents chez ma grand-mère. Elle habite à Chamonix, à la montagne, donc il y a beaucoup de neige en hiver! On a passé une semaine là-bas.

La veille de Noël (c'est-à-dire le 24 décembre), on a ouvert les cadeaux. J'ai reçu des baskets super de la part de mes parents! Puis le jour de Noël, on a fait un grand repas traditionnel: on a mangé du foie gras, de la dinde et comme dessert, une bûche de Noël. C'était délicieux!

Le 31 décembre, on a fait une grande fête et tout le monde a dansé jusqu'à dix heures du soir, puis on a regardé le feu d'artifice.

Le jour de l'An (c'est-à-dire le premier janvier), on a fait du ski. J'adore ça!

*Léa*

de la dinde

le feu d'artifice

1 Where did Léa spend last Christmas?
2 What is the weather usually like there?
3 How long did Léa stay there?
4 When did they open their presents?
5 Who gave Léa a new pair of trainers?
6 What did Léa think of the Christmas meal?
7 Name one thing they did on New Year's Eve.
8 What does Léa say she loves doing?

- Always read the text carefully and don't jump to conclusions! For example, the answer to question 4 might not be what you would expect.
- Read the questions carefully, too. For example, in the last two paragraphs, several different activities are mentioned. But which took place on New Year's Eve?

écouter **1** **Écoutez et regardez les images. On mentionne les vêtements dans quel ordre?**

*Exemple:* Gabriel: b, c, ...
Lola: ...

**a** un blouson
**b** un bonnet
**c** un costume
**d** un manteau
**e** un sweat à capuche

**f** une casquette
**g** une ceinture
**h** une écharpe
**i** une mini-jupe

**j** des baskets
**k** des bottes
**l** des gants

Some words are 'false friends'. What do **un bonnet** and **un costume** mean in English?

## Expo-langue →→→→

Grammaire 190

Colour adjectives go *after* the noun. Most colours change their ending according to whether the noun they describe is masculine or feminine, singular or plural.

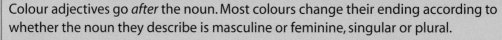

| **un** blouson (masculine singular) | **une** casquette (feminine singular) | **des** gants (masculine plural) | **des** baskets (feminine plural) |
|---|---|---|---|
| bleu/noir/vert | bleu**e**/noir**e**/vert**e** | bleu**s**/noir**s**/vert**s** | bleu**es**/noir**es**/vert**es** |
| rouge/jaune/rose | rouge/jaune/rose | rouge**s**/jaune**s**/rose**s** | rouge**s**/jaune**s**/rose**s** |
| gris | gris**e** | gris | gris**es** |
| blanc | blanc**he** | blanc**s** | blanc**hes** |

**Marron** does not change its ending: une casquette **marron**, des gants **marron**.

parler **2** **À deux. Jeu de mémoire.**

Partner A covers the words in the box beside Exercise 1. Partner B points to the clothes in the picture and Partner A must say them in French, with the colour.

*Exemple:* ■ une mini-jupe rouge ... un manteau noir ...

The endings on colour adjectives are usually silent. But you do pronounce the final consonant in **verte**, **grise** and **blanche**. The feminine plural endings (**vertes**, **grises**, **blanches**) sound the same as the singular.

**3** *écouter* **On achète des vêtements. Écoutez et complétez la grille en anglais. (1–5)**

| | what they want | colour | size |
|---|---|---|---|
| 1 | bomber jacket | | |
| 2 | | | |

quelle taille? – what size?
quelle pointure? – what size? (shoes)
taille trente-cinq – size 35
en petit/moyen/grand – small/medium/large
trop grand/petit – too big/small
trop long/court – too long/short
trop cher – too expensive

**4** *écouter* **Écoutez la deuxième partie des dialogues. Notez les problèmes en anglais. (1–5)**

**5** *lire* **Lisez les textes et répondez aux questions.**

## La mode est-elle importante pour toi?

**Liane**

J'aime lire des magazines de mode. J'adore les grandes marques comme Ralph Lauren. Mais je n'achète pas de vêtements de marque parce que ça coûte trop cher.

**Clément**

La mode est très importante pour moi. Samedi dernier, j'ai acheté un jean Diesel dans les soldes. Et maintenant, j'économise mon argent de poche pour acheter une paire de baskets Nike!

**Natascha**

À mon avis, la mode est complètement ridicule! Je n'achète pas un vêtement parce qu'il est à la mode. Je préfère porter des vêtements confortables.

1 Who isn't interested in fashion?
2 Who is saving up to buy something fashionable?
3 Who can't afford designer clothes?
4 Who recently bought designer clothing in a sale?
5 Who likes reading about fashion?
6 Who thinks comfort is important in clothes?

**6** *écrire* **Imaginez que vous êtes une célébrité très riche. Écrivez une liste de vêtements à acheter, pour votre *personal shopper*!**

- Explain what clothes you would like.
- Specify the colour, size and designer label you want.
- Say what occasion the clothes are for. Use your imagination!

***Exemple:*** Je voudrais un costume noir pour la fête d'Angelina Jolie. Comme marque, je préfère Armani. Je voudrais des baskets blanches Nike aussi, pointure 40. Pour la soirée des Oscars, je voudrais ...

You are shopping for clothes in France. You'll have to cover the following points and you may also have to answer unexpected questions during the role play.

The following points are suggestions of the information you can include:

1 Say what you want to buy and mention any specific details (e.g. colour, size).
2 Say what you like or dislike about the item of clothing offered.
3 Ask a question about the alternative item of clothing offered.
4 Explain why you do or do not want to buy it.
5 Ask a question about another item in the shop and say whether you want to buy it.
6 Say how long you are staying in the area and what you like or dislike about it.
7 Explain what you have done or seen during your visit and what you thought of it.

**1 You will hear the first part of a model role play. Read the teacher's/shop assistant's questions. Then listen and match up the two halves of Rachel's answers.**

**Teacher's questions**

1 Bonjour, mademoiselle. Je peux vous aider?

2 J'ai ce pull-ci en vert. Vous aimez ça?

3 Non, je suis désolé(e). Vous aimez ce pull bleu?

4 Il coûte cinquante euros, mademoiselle. Vous le prenez?

1 Bonjour. Je voudrais un pull vert ou ...
2 J'aime bien la couleur, mais il est trop grand pour moi. Avez-vous ...
3 Il est joli et c'est la bonne taille. Il coûte ...
4 Cinquante euros? Ah, non, merci. C'est ...

**a** ... combien, s'il vous plaît?
**b** ... bleu, en moyen, s'il vous plaît.
**c** ... un peu trop cher pour moi.
**d** ... quelque chose de plus petit de la même couleur, s'il vous plaît?

**2 Listen to the second part of Rachel's role play and fill in the gaps.**

■ Vous voulez autre chose?
● Je cherche une **(1)** ________ ceinture aussi. Avez-vous des ceintures, s'il vous plaît?
■ Oui, voilà. Elles sont à dix euros cinquante. Ça va?
● Oui, ça va, merci. Je prends la ceinture **(2)** ________, s'il vous plaît.
■ Très bien, mademoiselle. Vous passez combien de temps ici?
● Je suis **(3)** ________ pour deux semaines, avec mes parents. J'aime **(4)** ________ la région. Elle est très **(5)** ________ et **(6)** ________ beaucoup de choses à faire.
■ Qu'est-ce que vous avez fait pendant votre visite?
● J'ai **(7)** ________ la cathédrale et le château. Je suis **(8)** ________ au bord de la mer **(9)** ________, où j'ai fait de la planche à voile. **(10)** ________ fantastique!

aussi
jolie
nouvelle
visité
ici
blanche
il y a
allée
C'était
beaucoup

**3 Now listen to the final part of Rachel's role play.**

1 Unjumble the words in bold.

a Je préfère jouer au **nisten**, parce que c'est plus **leafic**.

b L'année prochaine, je vais aller en **genspaE** avec mon **rèfer**.

c On va passer **ixd suroj** à Madrid.

d Mais je voudrais retourner en France **supl drat**.

e Je **sidvauro** aller à Paris pour voir la tour Eiffel.

f Je voudrais **tresivi** le palais de Versailles aussi, parce que j'adore l'**sitrihoe**.

2 What is the unexpected question the teacher asks Rachel?

**4 Now it's your turn! Prepare your answers to the task, then do the role play with your teacher or partner.**

- Use the Grade Studio and the language in Exercises 1–3 to help you.
- Adapt what Rachel said and include your own ideas. You could ask for different items of clothing and colours, give different reasons for buying them, etc.
- Try to predict what the unexpected question will be.
- Record the role play. Ask a partner to listen to it and say how well you performed.

Award each other one star, two stars or three stars for each of these categories:

- pronunciation
- confidence and fluency
- range of tenses
- using longer sentences
- variety of vocabulary and expressions
- taking the initiative.

What do you need to do next time to improve your performance?

## GradeStudio

Make sure you cover the basics!

- Use simple **structures**. Rachel uses: *je voudrais* (I'd like), *j'aime* (I like), *Avez-vous …?* (Have you got…?), *je suis* (I am), *c'est* (it is), *il y a* (there is/there are).
- Include a simple **opinion** by using *c'est* + an adjective.

You could do as Rachel does and make it more interesting by adding *très* (very): *Elle est très jolie* (It's very pretty).

- Make sure you are **polite**. Use *s'il vous plaît* (please) and *merci* (thank you).

To achieve a Grade C:

- show that you can use **pronouns** correctly. The pronoun for 'it' is *il* for masculine nouns and *elle* for feminine nouns, e.g. Rachel says about the jumper (*le pull*): ***Il** est trop grand pour moi* (It's too big for me)
- make **adjectives** agree with the noun they describe, e.g. Rachel says: *Je cherche une **nouvelle** ceinture*
- use **different tenses** correctly. Rachel uses:
  - the **present tense** to say how long she is here for: *Je **suis** ici pour deux semaines*
  - the **perfect tense** to say what she has done: ***Je suis allée** au bord de la mer, J'**ai fait** de la planche à voile*
  - ***c'était* + an adjective** to say what something was like: ***C'était fantastique!***
  - the **near future tense** to say what she is going to do: *Je **vais aller** en Espagne.*

To increase your marks:

- use ***on*** (we) with the correct part of the verb, e.g. ***On va** passer dix jours à Madrid*
- give **reasons** and use **the comparative**, e.g. *Je préfère jouer au tennis parce que c'est **plus facile**.*

### Épate l'examinateur!

- To really impress your examiner, try using ***pour* + an infinitive** to say 'in order to do something', e.g. Rachel says: *Je voudrais aller à Paris **pour voir** la tour Eiffel* (I'd like to go to Paris (in order) to see the Eiffel Tower).

## Mon anniversaire

Mon anniversaire est le vingt-sept juillet. Normalement, je reçois beaucoup de cartes et de cadeaux. Cette année, j'ai reçu une console de jeux. C'est génial parce que j'adore jouer à des jeux vidéo! De plus, j'ai reçu de l'argent, donc j'ai acheté une nouvelle paire de baskets.

D'habitude, le soir de mon anniversaire, je sors avec mes copains. Quelquefois, on va au cinéma ou on fait du bowling. Mais cette année, c'était mon seizième anniversaire et j'ai fait une fête chez moi. J'ai invité tous mes copains. On a mangé du gâteau d'anniversaire, de la pizza et des chips. C'était délicieux! Après, on a dansé jusqu'à minuit.

L'année prochaine, je vais fêter mon anniversaire au Canada! On va passer trois semaines chez mon oncle et ma tante, à Vancouver. Je vais faire des randonnées, aller à la pêche et faire de l'équitation. Un jour, je voudrais aller au Canada en hiver parce que je voudrais faire du ski et du snowboard.

**Tom**

**1 Find the French equivalent of these phrases in the text and copy them out.**

1 Normally, I get lots of cards and presents.
2 This year, I got a games console.
3 So I bought a new pair of trainers.
4 Usually, on the evening of my birthday, I go out with my friends.
5 Sometimes, we go to the cinema.
6 It was my sixteenth birthday.
7 We ate birthday cake.
8 I'm going to celebrate my birthday in Canada.
9 We're going to spend three weeks at my uncle and aunt's.
10 I'm going to go hiking, fishing and horse riding.

**2 Which three sentences in your answers to Exercise 1 are in the present tense? Which three are in the near future tense? Which three are in the perfect tense?**

**3 Answer the questions briefly, in English.**

1 When is Tom's birthday?
2 Why was Tom pleased with the first present he mentions?
3 What other present did he receive?
4 Where did he have his sixteenth birthday party?
5 What was the food like?
6 What did they do after eating the food?
7 At what time of year would he like to go to Canada one day?
8 Why would he like to do this?

**4 You might be asked to write about a special occasion as a controlled assessment task, for example as a blog. Use the Grade Studio to help you prepare to write about your birthday.**

## GradeStudio

Make sure you cover the basics!

- Use simple **structures** correctly. Tom uses: *Mon anniversaire est* … (My birthday is …), *c'est* (it is), *j'adore* (I love), *je sors* (I go out).
- Include a simple **opinion**. You can do this by using *c'est* + an adjective, e.g. Tom says: *C'est génial* (It's great).
- Join your sentences with **simple connectives**. Look at how Tom uses *et* (and), *ou* (or) and *mais* (but).

To achieve a Grade C, you need to show that you can use **different tenses** and **time expressions**, as well as creating **longer sentences**. Tom uses:

- the **present tense** with ***normalement*** and ***d'habitude*** to say what he normally does: *Normalement, je reçois* … (Normally, I get …); *D'habitude, je sors* … (I usually go out …)
- the **perfect tense** with ***cette année*** to say what he did this year: *Cette année, j'ai reçu* … (This year, I got …)
- ***c'était* + an adjective** to say what something was like: *C'était délicieux* (It was delicious)
- the **near future tense** with ***l'année prochaine*** to say what he is going to do next year: *L'année prochaine, je vais fêter mon anniversaire* … (Next year, I'm going to celebrate my birthday …)
- the connectives ***parce que*** (because), ***donc*** (so) and ***de plus*** (what's more) to create longer sentences.

To increase your marks, use:

- ***on*** (we) with verbs in different tenses, e.g. *Quelquefois, on va* … (Sometimes we go …), *on a mangé* … (we ate …), *on va passer* … (we're going to spend …)
- ***je voudrais* + an infinitive** to say what you would like to do, e.g. ***Je voudrais aller*** *au Canada en hiver* (I'd like to go to Canada in winter).

### Épate l'examinateur!

- To really impress your examiner, show that you can use the **partitive article** (*du/de la/de l'/des*) correctly. Tom says: *On a mangé* ***du*** *gâteau d'anniversaire,* ***de la*** *pizza et* ***des*** *chips.*

**5 Now write a blog about your birthday, or another special occasion, for students at your partner school in France.**

- Adapt Tom's text and use language from Unit 4.
- Structure your text carefully, dividing it into logical paragraphs (see blue box).

**Introduction and first paragraph**

*Which special occasion are you writing about? When is it?*
*How do you normally celebrate it?*
*Do you like this special occasion? Why (not)?*

**Second paragraph**

*Describe a past celebration, maybe one that you celebrated differently from normal (explain why).*
*What did you do? What was it like?*

**Third paragraph and conclusion**

*How are you planning to spend the next one, or a different special occasion?*
*What would you ideally like to do and why?*

**Check what you have written carefully. Check:**

- spelling: be careful with words that are not quite the same in English, e.g. *anniversaire, délicieux*
- accents: watch out for the difference between *é*, *è* and *ê*. Some other letters also have accents or a cedilla (e.g. *gâteau, reçois*).
- verbs and tenses: make sure all the parts of the tense are there and that verb endings are correct, e.g. *je fais/j'ai fait/je vais faire; je mange/j'ai mangé/je vais manger.*

| | | | |
|---|---|---|---|
| **Directions 1** | ***Directions 1*** | | |
| Où est ... ? | *Where is ... ?* | Où sont ... ? | *Where are ... ?* |
| le centre commercial | *shopping centre* | les toilettes (f) | *toilets* |
| le camping | *campsite* | les magasins (m) | *shops* |
| la bibliothèque | *library* | tournez à droite | *turn right* |
| la poste | *post office* | tournez à gauche | *turn left* |
| l'hôpital (m) | *hospital* | tournez encore | *turn again* |
| l'hôtel (m) | *hotel* | allez tout droit | *go straight on* |

| | | | |
|---|---|---|---|
| **La liste des achats 1** | ***Shopping list 1*** | | |
| du beurre | *butter* | de l'eau (f) minérale | *mineral water* |
| du fromage | *cheese* | des bananes (f) | *bananas* |
| du jambon | *ham* | des chips (f) | *crisps* |
| du jus d'orange | *orange juice* | des fraises (f) | *strawberries* |
| du pain | *bread* | des œufs (m) | *eggs* |
| du poisson | *fish* | des petits pois (m) | *peas* |
| du poulet | *chicken* | des pommes de terre (f) | *potatoes* |
| du yaourt | *yogurt* | des pommes (f) | *apples* |
| de la confiture | *jam* | des raisins (m) | *grapes* |
| de la salade | *salad* | des tomates (f) | *tomatoes* |

| | | | |
|---|---|---|---|
| **Faire des achats** | ***Going shopping*** | | |
| Je voudrais ... | *I'd like ...* | une boîte | *a tin* |
| un kilo | *a kilo* | une bouteille | *a bottle* |
| cinq cents grammes | *500 grams (half a kilo)* | deux tranches | *two slices* |
| deux cent cinquante grammes | *250 grams* | un litre | *a litre* |
| | | C'est combien? | *How much is it?* |
| un paquet | *a packet* | C'est tout. | *That's everything.* |

| | | | |
|---|---|---|---|
| **Les endroits** | ***Locations*** | | |
| à l'arrêt de bus | *at the bus stop* | à côté du commissariat de police | *beside the police station* |
| dans le parc | *in the park* | | |
| devant le cinéma | *in front of the cinema* | entre l'hôtel de ville et le syndicat d'initiative | *between the town hall and the tourist office* |
| derrière la boîte | *behind the night-club* | | |
| en face de la gare routière | *opposite the bus station* | | |

| | | | |
|---|---|---|---|
| **Directions 2** | ***Directions 2*** | | |
| prenez ... | *take ...* | jusqu'aux feux | *to/as far as the lights* |
| la première rue à droite | *the first road on the right* | traversez ... | *cross ...* |
| | | le pont | *the bridge* |
| la deuxième rue à gauche | *the second road on the left* | la place | *the square* |
| | | C'est loin? | *Is it far?* |
| allez ... | *go ...* | Oui, c'est (assez/très) loin. | *Yes, it's (quite/very) far.* |
| jusqu'au carrefour | *to/as far as the crossroads* | Non, ce n'est pas loin. | *No, it's not very far.* |
| | | Non, c'est tout près. | *No, it's very near.* |

| | | | |
|---|---|---|---|
| **La liste des achats 2** | ***Shopping list 2*** | | |
| Il faut ... | *We need ...* | du cidre | *cider* |
| Il faut acheter ... | *We need to buy ...* | du pâté | *pâté* |

| | | | |
|---|---|---|---|
| du riz | *rice* | des champignons (m) | *mushrooms* |
| du saucisson | *salami-style sausage* | des framboises (f) | *raspberries* |
| du sucre | *sugar* | des haricots (m) verts | *green beans* |
| de la bière | *beer* | des gâteaux (m) | *cakes* |
| de la moutarde | *mustard* | des pâtes (f) | *pasta* |
| de la viande | *meat* | des poires (f) | *pears* |
| de l'aspirine (f) | *aspirin* | des saucisses (f) | *sausages* |
| de l'huile (f) d'olive | *olive oil* | un chou-fleur | *a cauliflower* |
| des bonbons (m) | *sweets* | une baguette | *a baguette* |

## Les magasins — *Shops*

| | | | |
|---|---|---|---|
| la boucherie | *butcher's shop* | la charcuterie | *pork butcher's/ delicatessen* |
| le marché | *market* | | |
| le supermarché | *supermarket* | la confiserie | *sweetshop* |
| la boulangerie | *baker's shop* | la pâtisserie | *cake shop* |
| | | l'épicerie (f) | *grocer's shop* |

## Bon voyage! — *Have a good journey!*

| | | | |
|---|---|---|---|
| un aller-retour | *return ticket* | Il arrive à quelle heure? | *When does it arrive?* |
| un aller simple | *single ticket* | Est-ce qu'il faut changer? | *Do you have to change?* |
| première classe | *first class* | | |
| deuxième classe | *second class* | Le train part de quel quai? | *Which platform does the train leave from?* |
| le prochain train | *the next train* | | |
| Il part à quelle heure? | *When does it leave?* | | |

## Les fêtes — *Special occasions*

| | | | |
|---|---|---|---|
| Mon anniversaire, c'est le (3 mai). | *My birthday's on the (3 May).* | On a dansé. | *We danced.* |
| J'ai fait une fête. | *I had a party.* | On a mangé du gâteau d'anniversaire. | *We ate birthday cake.* |
| J'ai reçu beaucoup de cartes. | *I received lots of cards.* | Je suis allé(e) ... | *I went ...* |
| J'ai ouvert mes cadeaux. | *I opened my presents.* | au cinéma/dans un parc d'attractions | *to the cinema/to a theme park* |
| On a bavardé. | *We chatted.* | | |

## Les vêtements — *Clothes*

| | | | |
|---|---|---|---|
| Je voudrais ... | *I'd like ...* | une mini-jupe | *a mini-skirt* |
| un blouson | *a bomber jacket* | des bottes (f) | *boots* |
| un bonnet | *a (beanie) hat* | des baskets (f) | *trainers* |
| un costume | *a suit* | des gants (m) | *gloves* |
| un manteau | *a coat* | C'est trop ... | *It's too ...* |
| un sweat à capuche | *a hoodie* | grand/petit | *big/small* |
| une casquette | *a (baseball) cap* | court/long | *short/long* |
| une ceinture | *a belt* | cher | *expensive* |
| une écharpe | *a scarf* | | |

## Les couleurs — *Colours*

| | | | | | |
|---|---|---|---|---|---|
| rouge | *red* | vert(e) | *green* | marron | *brown* |
| jaune | *yellow* | gris(e) | *grey* | clair/foncé | *light/dark* |
| bleu(e) | *blue* | blanc(he) | *white* | | |
| noir(e) | *black* | rose | *pink* | | |

# 5 Au collège

## L'emploi du temps Talking about school subjects Telling the time

Déjà vu

**lire 1 Trouvez le bon symbole pour chaque matière.**
*Find the right symbol for each subject.*

**1** l'allemand
**2** l'anglais
**3** le dessin
**4** l'espagnol
**5** le français
**6** la géographie
**7** l'histoire
**8** l'informatique
**9** les maths
**10** la musique
**11** les sciences
**12** le sport (l'EPS)
**13** la technologie

**écouter 2 Que font-ils aujourd'hui? Écoutez et mettez les images de l'exercice 1 dans le bon ordre. (1–2)**
*What subjects do they have today? Put the pictures from exercise 1 in the right order.*

***Exemple:*** **1** l, f, …

**lire 3 Que fait Nathan aujourd'hui? Mettez les livres dans le bon ordre.**

Ce matin, j'ai un cours de maths suivi d'un cours d'anglais. Puis c'est la récré et après la récré, j'ai un cours de français et un cours de sciences. Ensuite, c'est la pause de midi. Je déjeune à la cantine. Cet après-midi, j'ai un cours de techno, un cours d'espagnol et finalement, un cours de sport.

suivi(e) de – followed by

Déjà vu

**écrire 4 Que faites-vous aujourd'hui? Utilisez ces expressions.**
*What subjects do you have today? Include these expressions in your writing.*

ce matin – this morning
suivi(e) de – followed by
cet après-midi – this afternoon
puis – then
après – after
ensuite – next

lire **5** **Quelle heure est-il? Choisissez la bonne montre.**

*What time is it? Choose the right watch.*

**a** **b** **c** **d** **e**

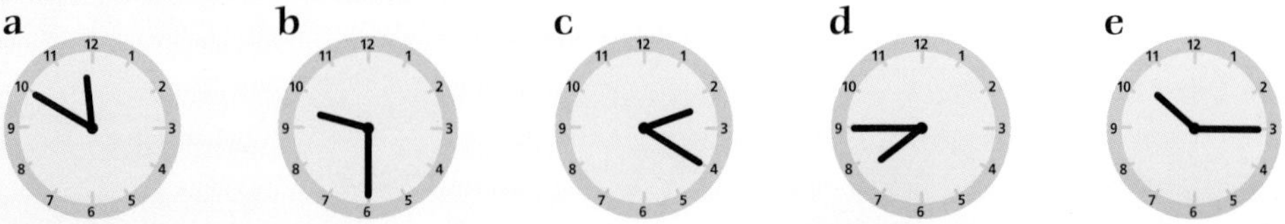

Il est …

1 huit heures moins le quart.
2 neuf heures et demie.
3 dix heures et quart.
4 midi moins dix.
5 deux heures vingt.

## Expo-langue

**Telling the time**

huit **heures** = eight **o'clock**
huit heures **et quart** = **quarter past** eight
huit heures **et demie** = **half past** eight
neuf heures **moins le quart** = **quarter to** nine
midi = midday

**The 24-hour clock**

| | |
|---|---|
| 8h15 | huit heures quinze |
| 13h40 | treize heures quarante |
| 14h50 | quatorze heures cinquante |

parler **6** **À deux. Quelle heure est-il? Posez et répondez aux questions.**

*In pairs. What time is it? Ask and answer questions.*

***Exemple:*** **1** ■ Quelle heure est-il?
● Il est neuf heures et quart.

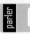

écouter **7** **Écoutez. Quand est-ce qu'ils font du sport? (1–5)**

*When do they have PE?*

***Exemple:*** **1** le mercredi à 11h10 et …

parler **8** **Préparez une présentation:** ***Mon emploi du temps.***

*Prepare a presentation:* ***My timetable.***

Le lundi matin, j'ai un cours de … à … et puis …
Ensuite, c'est la récré … et puis j'ai un cours de …
L'après-midi, je fais …

# 1 C'est comment? Giving opinions about school subjects
## Using the verbs *adorer, aimer, détester*

**écouter 1** **Quelles sont leurs matières préférées? Écoutez et notez les lettres. (1–5)**

*Exemple:* 1 b

Remember to use **le, la, l'** or **les** in front of school subjects.

**lire 2** **Regardez les images. Qui parle?**

Ma matière préférée, c'est le sport parce que le prof est sympa. Je n'aime pas le français parce que c'est ennuyeux.
*Natacha*

Je préfère les maths parce que c'est intéressant, mais je déteste la musique parce que je ne sais pas chanter.
*Philémon*

J'aime la techno parce que c'est très utile. Je n'aime pas l'histoire parce qu'on a trop de devoirs.
*Léonore*

J'aime l'informatique parce que c'est intéressant, mais je n'aime pas les maths parce que c'est trop difficile.
*Élise*

J'aime le dessin parce que je suis fort en dessin, mais je n'aime pas les sciences parce que je suis faible en sciences.
*Martin*

**écouter 3** **Écoutez. Comment trouvent-ils les matières et pourquoi? Copiez et complétez la grille. (1–3)**

✔ bien
– pas mal / bof
✘ nul

**a** C'est intéressant.
**b** C'est ennuyeux.
**c** C'est facile.
**d** C'est trop difficile.
**e** C'est très utile.
**f** On a trop de devoirs.
**g** Le prof est trop sévère.
**h** Le prof est sympa.
**i** Je suis fort(e).
**j** Je suis faible.

| | maths | sport | anglais | sciences |
|---|---|---|---|---|
| 1 | – *f* | | | |
| 2 | | | | |
| 3 | | | | |

écrire **4** **Faites la liste de vos matières et donnez votre opinion.**

*Exemple:* Je n'aime pas les maths parce que c'est trop difficile.

Use intensifiers when expressing your opinions.

| | |
|---|---|
| **assez** – quite | **trop** – too |
| **très** – very | **un peu** –a bit |

## Expo-langue

**Verbs which convey opinion**

adorer → j'adore
aimer → j'aime
je n'aime pas
détester → je déteste
préférer → je préfère

parler **5** **À deux. Posez et répondez aux questions.**

- Aimes-tu les maths / l'anglais / le français / la musique / le sport, etc.?
- Oui, j'aime ... / Non, je n'aime pas ...
- Pourquoi?
- Parce que c'est ... / le prof est ... / on a ... / je suis ...

lire **6** **C'est quel prof? Reliez les textes et les images.**

1 Mme Amblard est prof de sciences. Elle est petite et très sévère. Elle nous donne trop de devoirs.
2 Mme Récamier est prof d'anglais. Elle n'est pas très sympa. Elle parle trop vite et elle s'impatiente si on ne comprend pas.
3 M. Thomazeau est prof d'informatique. Ses cours sont toujours intéressants.
4 M. Vialliet est prof de maths. Ses cours sont ennuyeux. Il n'est pas très sympa.

**a**

**b**

**c**

**d**

écrire **7** **Votre corres vous a écrit. Écrivez-lui une réponse.**

*Qu'est-ce que tu aimes comme matières et qu'est-ce que tu n'aimes pas et pourquoi? Et tes profs?*

Ma matière préférée, c'est ... parce que ...
J'aime aussi ... parce que ...
Je n'aime pas ... parce que ...
Mon prof de ... est ...

# 2 *Ma journée* Talking about your daily routine
## Using reflexive verbs to say what you do

**lire 1 Une journée scolaire. Lisez les textes et trouvez la bonne réponse.**

Le matin, je me réveille à six heures, puis je me lève, je me douche et je m'habille. Ensuite, je prends mon petit déj', je finis mes devoirs et je sors de la maison à sept heures et quart pour prendre le car de ramassage.
*Damien*

Mon père me réveille à six heures et demie et je me lève à sept heures. Ensuite, je me douche, je m'habille, je mange un bol de céréales et papa m'amène au collège à huit heures moins vingt. Je suis toujours pressée le matin.
*Mélinda*

Mon réveil sonne à sept heures moins le quart et je me lève à sept heures. Puis je me lave, je m'habille et je prends mon petit déj avant de partir à huit heures moins dix. Je vais au collège à pied.
*Ambre*

Je me lève à sept heures, je me précipite dans la salle de bains, je me lave la figure, je saisis une tartine et sors en courant pour prendre le bus. Je suis toujours en retard le matin!
*Félix*

1 Mélinda se lève à (*7h/6h30*).
2 Félix mange (*des céréales/du pain*).
3 Damien sort à (*6h45/7h15*).
4 Mélinda (*se lève/se couche*) à 7h.
5 Félix va au collège (*en bus/en vélo*).
6 Ambre habite (*près du/loin du*) collège.

Je suis pressé(e) – I'm in a hurry
une tartine – a slice of bread and butter with (e.g.) jam
en retard – late

**parler 2 À deux. Que faites-vous le matin?**

***Exemple:*** Je me réveille à sept heures moins le quart ... **et ... puis ... Ensuite ...**

### Expo-langue →→→→ Grammaire 186

Reflexive verbs always have a reflexive pronoun before the verb.

**se** lever – to get up
je **me** lève = I get up (lit: I get myself up)
tu **te** lèves = you get up
il/elle **se** lève = he/she gets up

More reflexive verbs:
se coucher = to go to bed
s'habiller = to get dressed
se laver = to get washed
se précipiter = to rush

**écouter 3 Écoutez. Ils se lèvent et se couchent à quelle heure? Copiez et complétez la grille. (1–5)**

| | se lève | | se couche | |
|---|---|---|---|---|
| | journée scolaire | week-end | journée scolaire | week-end |
| 1 | 6h30 | | | |
| 2 | | | | |
| 3 | | | | |

## lire 4 Comment vont-ils au collège? Trouvez la bonne image.

a

b

c

d

e

1 *Le collège est à deux minutes de chez moi. J'y vais à pied.*

2 *Le collège est près du bureau de mon père. Il m'amène au collège en voiture.*

3 *J'habite en banlieue et le collège est en ville. J'y vais en bus.*

4 *C'est loin de chez moi. J'y vais en car.*

5 *Je n'aime pas prendre le bus. Je vais au collège en vélo, sauf quand il pleut!*

sauf – except

## parler 5 À deux. Posez et répondez aux questions.

- Tu te lèves à quelle heure pour aller au collège?
- Et le week-end?
- Et tu te couches à quelle heure en semaine?
- Et le week-end?
- Comment vas-tu au collège?

## écrire 6 Une journée scolaire. Écrivez une réponse à Arthur.

*Cher corres,*

*D'habitude, je me réveille à six heures et demie. Puis je me lève, je me douche et je mets mon jean et mon sweat. Ensuite, je prends mon petit déj et je sors de la maison à sept heures et demie. Je vais au collège en vélo.*

*Je rentre à seize heures trente, je fais mes devoirs et je me couche à neuf heures et demie. Et toi, que fais-tu? Décris-moi ta journée!*

*Arthur*

Use Arthur's letter as a model and try to include **et**, **puis** and **ensuite**.

# 3 Vive la différence! Comparing schools in England and France Negative expressions

If you know what a listening passage is going to be about, you can try to predict what will be said. You should also look at the questions before listening to the recording. This conversation is about schools in England and France.

- What are they likely to talk about?
- Which words are they likely to use when comparing things to say something is **more …** or **less …**?

écouter **1** **Quelles différences y a-t-il entre le collège en Angleterre et le collège en France? Écoutez et choisissez: a, b ou c.**

1 Jean-Paul went to an English school for ______.
(a) one week (b) two weeks (c) a term
2 He found the English school ______.
(a) boring (b) interesting (c) OK
3 The English school was ______.
(a) smaller (b) bigger (c) about the same size
4 The French school begins at ______.
(a) 7:55 (b) 8:00 (c) 8:05
5 Jean-Paul thinks that, compared to France, maths in England is ______.
(a) easier (b) more difficult (c) about the same
6 His English partner is doing a course in ______.
(a) sport (b) music (c) Spanish

écouter **2** **Écoutez encore une fois et écrivez *plus* ou *moins* dans les blancs.**

En Angleterre …
1 le collège est ______ grand.
2 les cours commencent ______ tôt.
3 la journée est ______ longue.
4 les vacances sont ______ longues.
5 il y a un ______ grand choix de matières.

## Expo-langue

**Comparing two things**

plus = more C'est plus grand. = It's bigger.
moins = less C'est moins grand. = It's smaller.
mieux = better C'est mieux. = It's better.
pire = worse C'est pire. = It's worse.
aussi (grand) que = as (big) as

écouter **3** **Porter un uniforme, pour ou contre? Qui est pour (P) et qui est contre (C)? (1–6)**

- Listen to the voices. How much can you tell from the tone of voice?
- Listen for the 'opinion' words/phrases:
  *à mon avis/selon moi/je trouve que/je pense que*
- Listen for the positive words and expressions to indicate a favourable opinion:
  *C'est super/cool/bien/une bonne idée/génial.*
- Listen for the disparaging words to indicate a negative opinion:
  *Beurk, c'est stupide/moche/ridicule.*

## lire 4 Lisez et trouvez les expressions négatives.

Depuis un an j'habite en Angleterre et je fréquente un collège anglais. Ce n'est pas facile parce que les profs parlent trop vite pour moi. Souvent je ne comprends pas les autres élèves parce qu'ils ont un fort accent!

Le collège est moins grand que mon ancien collège en France. Il y a seulement 800 élèves. En France, il y avait 1200 élèves. Ici, il y a au maximum 30 élèves dans chaque classe. Je trouve ça mieux.

Heureusement, les maths, c'est plus facile ici parce que j'ai déjà beaucoup étudié en France l'année dernière. En plus, il y a un plus grand choix de matières. On peut faire de la musique pop ou du théâtre en cours facultatif. Je n'ai jamais fait de théâtre au collège en France et ici je ne fais plus de physique!

En France, les cours commencent à huit heures. Ici, les cours commencent à neuf heures, il ne faut pas se lever aussi tôt qu'en France. Super! Les cours sont moins longs et les journées aussi et il n'y a jamais de cours le samedi.

*Damien*

Watch out for negatives – it's easy to miss them. If you don't notice them, you will think the sentence means the exact opposite!

**Recognising negative expressions**

- **ne/n'** usually comes before the verb and tells you that there is going to be a negative statement.
- Sometimes the **ne** is omitted, especially in answer to a question.
  - Pas aujourd'hui. – Not today.
  - Jamais de la vie! – Never in my life!
  - rien de bon – nothing good
- ne … pas – not
  ne … plus – no longer/not any more
  ne … jamais – never
  ne … rien – nothing

## lire 5 Lisez encore une fois et répondez aux questions en anglais.

1 How long has Damien been going to an English school?
2 What does he say about the teachers?
3 Give one piece of information about the size of the English school.
4 What does Damien think of the smaller class size?
5 Name one subject he can do in England that he did not do in France.
6 At what time do lessons start in France?
7 What does Damien say about the length of lessons in England?
8 What does he say about Saturdays?

# 4 Respectez les règles! Talking about school pressures
## Using *il faut* and *il est interdit de* + infinitive

**écouter 1 Écoutez et lisez.**

**Il faut …**

1 être à l'heure

2 apporter son matériel

3 bien se tenir en classe

4 faire ses devoirs

5 apprendre ses leçons

6 cacher ses tatouages

**✗ Il est interdit de/d'…**

7 porter des bijoux et du maquillage

8 utiliser son portable en classe

9 faire l'imbécile en classe

10 mâcher du chewing-gum/bubble-gum

11 dire des gros mots

12 fumer

Si vous ne respectez pas les règles du collège, vous pouvez recevoir:
- une retenue (une colle)
- une convocation pour vos parents
- un avertissement

un avertissement – warning
une convocation – meeting
une retenue – detention

**écouter 2 Écoutez. Ils ont transgressé quelle règle? (1–6)**

**parler 3 À deux. Il faut ou il ne faut pas?**

*Exemple:* **1** Il ne faut pas porter de bijoux.

1

2

3

4

5

6

7

8

### Expo-langue →→→→ Grammaire 195

**Il faut** + infinitive means 'You have to/must'.
Il faut éteindre son portable. = You have to switch off your mobile.

**Il est interdit de** + infinitive means 'It is forbidden to'.
Il est interdit de fumer. = Smoking is forbidden.
You can also say **Il ne faut pas …** (You mustn't …).
Il ne faut pas fumer. = You mustn't smoke.

## écrire 4 Faites une liste de dix règles pour votre collège.

Il faut ... Il est interdit de ...

## lire 5 Choisissez les quatres phrases correctes.

*Les contrôles sont imminents et je suis stressé. Je révise mais j'oublie toujours ce que j'apprends. Mes parents ne peuvent pas m'aider. Qu'est-ce que je peux faire? Mes copains ont le même problème. Je ne veux pas redoubler.*

*Toby*

Pour éviter le stress il faut ...

- bien organiser votre travail
- réviser régulièrement
- manger sainement
- faire de l'exercice
- se coucher de bonne heure

*Nicolas*

1 Toby is seeking advice.
2 He is worried about his exams.
3 His exams are in the distant future.
4 He has trouble remembering what he has learned.
5 His friends don't understand his situation.
6 He wants to repeat the year.
7 His parents can't help him.
8 He is advised to avoid exercise.

## écrire 6 Écrivez des conseils à Toby.

Il faut ... Il ne faut pas ...

## écouter 7 Écoutez. De quoi parlent-ils? (1–4)

**a** Eating
**b** Relaxing
**c** Sleeping
**d** Exercising
**e** Revising regularly
**f** Organising your work

## parler 8 À deux. Que faites-vous pour bien apprendre?

■ Mangez-vous sainement?
● Je mange ...
● Je mange trop de ...
● Je ne mange pas assez de ...
■ Organisez-vous bien votre travail?
● Oui. D'habitude, je révise régulièrement.
● Non. Je révise au dernier moment.
■ Faites-vous de l'exercice?
● D'habitude, je fais de l'exercice deux fois par semaine.
● Oui. Je fais .../Je joue ...
■ Vous vous couchez de bonne heure?
● Oui. D'habitude, je me couche à/vers ...
● Non. Je ne me couche pas tôt.

# 5 *Qu'est-ce que tu vas faire?* Talking about your plans

## *je vais, je veux* and *je voudrais* + infinitive

écouter **1** **Qu'est-ce qu'ils vont faire? (1–6)**

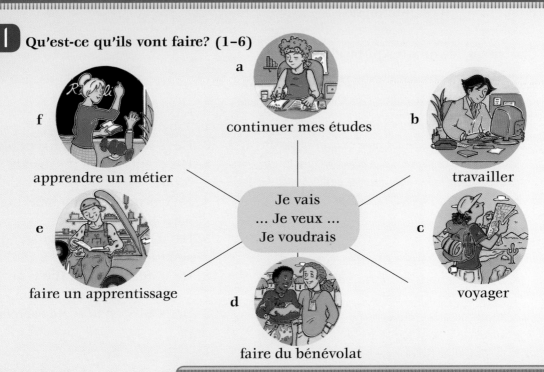

**a**

continuer mes études

**b**

travailler

**c**

voyager

**d**

faire du bénévolat

**e**

faire un apprentissage

**f**

apprendre un métier

Je vais
... Je veux ...
Je voudrais

### Expo-langue

To talk about your plans, you can use **je vais, je veux** or **je voudrais** + an infinitive:

**Je vais quitter** le collège. = I'm going to leave school.

**Je veux faire** un apprentissage. = I want to do an apprenticeship.

**Je voudrais aller** à l'étranger. = I'd like to go abroad.

lire **2** **Reliez les phrases.**

1 Je voudrais aider les gens malades.
2 Je voudrais être cultivateur et travailler en plein air.
3 Je voudrais travailler avec les mains. Je suis manuel.
4 J'aime travailler en équipe.
5 Je veux travailler avec les petits enfants.
6 J'aime travailler avec mes mains et les machines.

a Je veux être réceptionniste dans un hôtel.
b Je veux être menuisier.
c Je veux être garagiste.
d Je veux travailler dans une école maternelle.
e Je veux travailler dans un hôpital.
f Je veux être vigneron et faire du vin.

en équipe – in a team

écouter **3** **Écoutez. Que disent-ils? Copiez et complétez les phrases.**

1 Je voudrais ______ en Afrique.
2 Je veux ______ pour devenir mécanicien.
3 Je vais ______ dans l'informatique.
4 Je voudrais ______, par exemple menuisier.
5 Je veux ______.
6 Je voudrais ______ au lycée.

**lire 4** **Lisez le texte et répondez aux questions.**

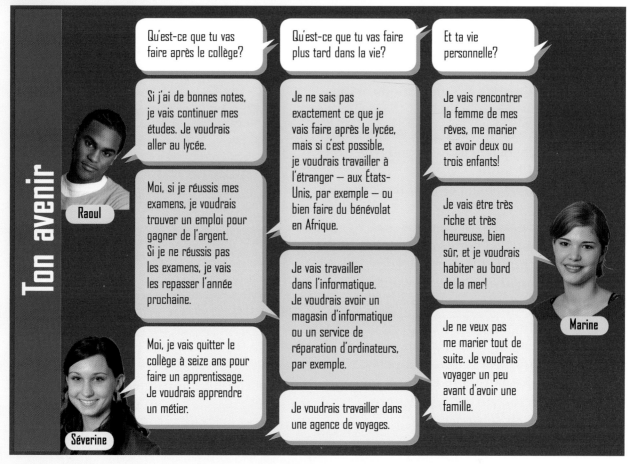

## Ton avenir

Qu'est-ce que tu vas faire après le collège?

Si j'ai de bonnes notes, je vais continuer mes études. Je voudrais aller au lycée.

Moi, si je réussis mes examens, je voudrais trouver un emploi pour gagner de l'argent. Si je ne réussis pas les examens, je vais les repasser l'année prochaine.

Moi, je vais quitter le collège à seize ans pour faire un apprentissage. Je voudrais apprendre un métier.

Qu'est-ce que tu vas faire plus tard dans la vie?

Je ne sais pas exactement ce que je vais faire après le lycée, mais si c'est possible, je voudrais travailler à l'étranger – aux États-Unis, par exemple – ou bien faire du bénévolat en Afrique.

Je vais travailler dans l'informatique. Je voudrais avoir un magasin d'informatique ou un service de réparation d'ordinateurs, par exemple.

Je voudrais travailler dans une agence de voyages.

Et ta vie personnelle?

Je vais rencontrer la femme de mes rêves, me marier et avoir deux ou trois enfants!

Je vais être très riche et très heureuse, bien sûr, et je voudrais habiter au bord de la mer!

Je ne veux pas me marier tout de suite. Je voudrais voyager un peu avant d'avoir une famille.

Qui veut ...

1 apprendre un métier?
2 continuer ses études?
3 faire du bénévolat?
4 avoir des enfants?
5 avoir beaucoup d'argent?
6 voyager?

**parler 5** **Préparez une présentation:** ***Parler de l'avenir.***

Je vais ...
Je veux ...
Je voudrais ...

**écrire 6** **Votre corres pose la question: «Quels sont tes projets d'avenir?» Écrivez une réponse. Utilisez les phrases des exercices 1–4. Mentionnez votre vie personnelle.**

*Your penfriend asks you about your plans for the future. Write a reply. Use phrases from Exercises 1–4. Mention your personal life.*

L'année prochaine, je vais ...
Je voudrais travailler ...
Je veux être ...
Je vais continuer ...
Plus tard, je veux ... Je voudrais ...

Controlled assessment presentation

You are giving a presentation about your school to a group of students from France. You'll have to talk about the points in the list below and you may also have to answer unexpected questions about this topic.

The following points are suggestions of the information you can include:

1 what your school is like (e.g. size, facilities)
2 how the school day is organised (e.g. times, number of lessons)
3 which your favourite or least favourite day is and why
4 what you wear to go to school
5 the good and bad points of school uniform
6 what you think of the school rules
7 what after-school activities you have done this year (e.g. clubs, sports).

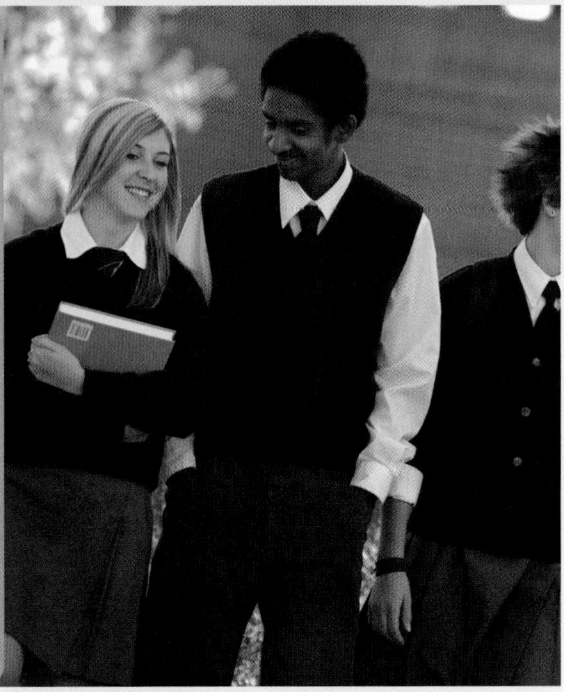

**1 You will hear the first part of a model presentation. Listen to Kevin cover the first three points in the task above and choose the correct word(s) to complete each sentence.**

1 C'est un grand collège d'environ *huit cents / mille / deux mille* élèves.
2 Les cours commencent à *neuf heures moins le quart / neuf heures / neuf heures et quart* et ils finissent à trois heures et demie.
3 La récré est à dix heures et demie et nous avons une *heure / demi-heure / heure et quart* pour le déjeuner.
4 Le matin, j'ai *trois / quatre / cinq* cours et l'après-midi, j'ai *deux / trois / quatre* cours.
5 Ma journée préférée, c'est le *mardi / mercredi / jeudi* parce que j'ai un cours de sport et un cours de *français / dessin / maths.*
6 J'aime ça parce que je suis très sportif et le prof de dessin est *marrant / gentil / sympa.*

**2 Listen to the second part of Kevin's presentation and fill in the gaps.**

Il faut porter un uniforme à mon collège. Je dois (**1**) ______ un pantalon gris, une chemise (**2**) ______, un pull rouge et une veste grise. À mon avis, porter un uniforme scolaire, c'est pratique. Mais je déteste (**3**) ______ uniforme parce qu'il est assez moche et (**4**) ______ démodé.

Il y a aussi (**5**) ______ règles au collège. Par exemple, il est interdit de fumer et il ne (**6**) ______ pas utiliser son portable en classe. Je trouve que c'est normal et je suis (**7**) ______ avec ça. Mais il y a des règles ridicules aussi. Par exemple, il est (**8**) ______ porter des baskets au collège: il faut porter des chaussures (**9**) ______. Moi, je préfère porter des baskets parce que c'est plus (**10**) ______.

faut | noires | d'accord | porter | un peu | interdit de | notre | confortable | blanche | trop de

**3 Now listen to the final part of Kevin's presentation.**

1 Note the order in which Kevin uses these phrases.

a Cette année, j'ai joué de la batterie dans l'orchestre et j'ai chanté dans le chœur.
b Je voudrais travailler comme graphiste plus tard, parce que j'aime dessiner.
c Sinon, je vais repasser mes examens l'année prochaine.
d Je voudrais être très riche et heureux, bien sûr!
e Si je réussis mes examens, je vais étudier le dessin et la technologie.

2 What is the unexpected question the examiner asks Kevin?

**4 Now it's your turn! Prepare your presentation, then present it to your teacher or partner.**

- Use the Grade Studio and your answers to Exercises 1–3 to help you.
- Base your talk on the points in the task, but if you have something more interesting to say about this topic, take the initiative and say it!
- Try to predict what the unexpected question will be.
- Record the presentation. Ask a partner to listen to it and say how well you performed.

Award each other one star, two stars or three stars for each of these categories:

- pronunciation
- confidence and fluency
- range of tenses
- variety of vocabulary and expressions
- using longer sentences
- taking the initiative.

What do you need to do next time to improve your performance?

## GradeStudio

Make sure you cover the basics!

- Use a variety of simple **structures**. Kevin uses: *c'est* (it is), *il y a* (there is/there are), *j'ai* (I have), *j'aime* (I like), *je suis* (I am), *je déteste* (I hate), *je préfère* (I prefer).
- Include a simple **opinion** by using *À mon avis, c'est* + an adjective, e.g. Kevin says about his school uniform: *À mon avis, c'est pratique* (In my opinion, it's practical).
- Try to include a **simple negative**, e.g. Kevin says: *Il n'y a pas de piscine* (There isn't a swimming pool). Think of another negative statement like this you could make.

To achieve a Grade C:

- show that you can refer to **the past** and **the future** correctly. Kevin uses:
  - the **perfect tense** to say what after-school activities he has done this year: *J'**ai chanté** dans le chœur* (I sang in the choir)
  - the **near future tense** to talk about his plans for next year: *Je **vais étudier** le dessin et la technologie* (I'm going to study Design and Technology)
- use ***il faut* + an infinitive** and ***Il est interdit de* + an infinitive** to say what you must and must not do, e.g. *Il faut porter un uniforme* (You have to wear a uniform), *Il est interdit de fumer* (Smoking is forbidden)
- remember, **adjectives** must agree with the noun they describe, and this sometimes changes their pronunciation, e.g. *un pantalon **gris**, une veste **grise***
- include **intensifiers**. Look at how Kevin uses *très* (very), *assez* (quite) and *un peu* (a bit).

To increase your marks:

- use ***je voudrais* + an infinitive** to say what you would like to do, e.g. Kevin says: ***Je voudrais travailler** comme graphiste* (I'd like to work as a graphic designer).

### Épate l'examinateur!

- To really impress your examiner, create a longer sentence with ***si* + the present tense, + the near future tense**, e.g. Kevin says: *Si je réussis mes examens, je vais étudier le dessin et la technologie* (If I pass my exams, I'm going to study Design and Technology).

# Contrôle écrit An article about your school



## Le collège Louis Pasteur

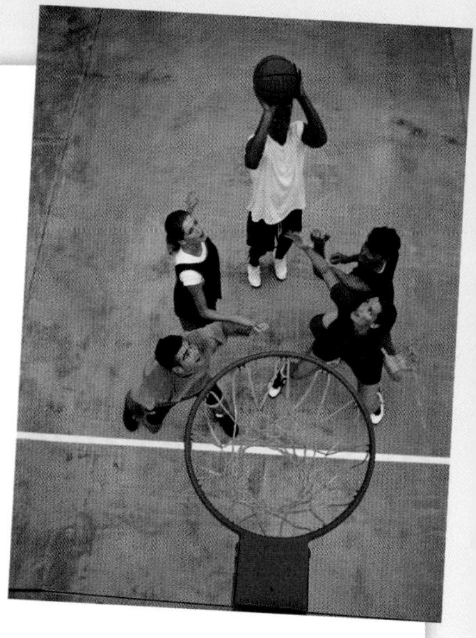

Notre collège s'appelle le collège Louis Pasteur. C'est un collège mixte. Il y a environ 1200 élèves, 60 professeurs et plusieurs surveillants qui sont responsables de la discipline.

Le bâtiment est tout neuf et l'équipement est neuf aussi. Il y a deux salles d'informatique et des ordinateurs dans les salles de technologie et de sciences, mais il n'y a pas de terrain de foot.

Les cours débutent à 8h et finissent à 17h30. D'habitude, un cours dure 55 minutes. À midi, je déjeune à la cantine. Le soir, il y a un club de devoirs où des surveillants ou des élèves de terminale vous aident avec les devoirs.

En France, on ne va pas au collège le mercredi, mais en revanche il y a des cours le samedi matin.

Chaque année, le collège organise des sorties pédagogiques, des stages sportifs et un échange scolaire. Notre collège est jumelé avec un collège de l'Île de la Réunion et un collège des États-Unis.

Cette année, je vais à Paris avec ma classe. On va visiter le musée du Louvre et la Cité des sciences et de l'industrie. L'année dernière, j'ai fait un stage de ski dans les Alpes. C'était vraiment super. L'année prochaine, je voudrais aller à la Réunion avec ma classe.

***Matthieu***

des élèves (m) de terminale – pupils in their last year
des sorties pédagogiques (f) – educational school trips

**1 Find the French equivalent of these phrases in the text and copy them out.**

1 It's a mixed school.
2 Lessons begin at ...
3 usually
4 at midday
5 in the evening
6 on the other hand
7 every year
8 this year

**2 Read the text and use the words below to complete each sentence.**

1 Matthieu's school building is completely ______.
2 His school does not have a ______.
3 At lunchtime, he eats in the ______.
4 After school, there is a club where you can do ______.
5 In France, you don't go to school on ______.
6 Every year, the school organises ______.
7 Matthieu's school is twinned with a school in ______.
8 This year, he is going on a school trip to ______.
9 Last year, he did a course where he learned to ______.

Paris · competitions · school trips · ski · Thursdays · technology · football pitch · America · science lab · canteen · old-fashioned · homework · the Alps · England · athletics · swim · new · Wednesdays

**3 You might be asked to write an article or a brochure about your school as a controlled assessment task. Use the Grade Studio to help you prepare.**

## GradeStudio

Make sure you cover the basics in your written assessment. Show that you can:

- use basic **structures**: e.g. *Notre collège s'appelle* … (Our school is called …), *c'est* (it is)
- say three things that there are using ***il y a …***, e.g. *Il y a environ 1200 élèves* (There are approximately 1200 pupils)
- say one thing that there isn't using ***il n'y a pas de …***, e.g. *Il n'y a pas de terrain de foot* (There isn't a football pitch)
- say something about the **building**: *Il est neuf/vieux/grand/petit.*

To achieve a Grade C, you will need to show evidence of your ability to use **different tenses** correctly.
Look at how Matthieu does this. He uses:

- the **present tense** to talk about what his school is like: *Les cours* ***débutent*** *à 8h* (Lessons begin at 8 a.m.)
- the **perfect tense** to talk about last year: *L'année dernière, j'****ai fait*** *un stage de ski* (Last year, I went on a skiing trip)
- the **near future tense** (*aller* + infinitive) to say what he is going to do later this year: *On* ***va visiter*** *le musée du Louvre* (We are going to visit the Louvre).

Also remember: accuracy gets marks!

- Make sure you have the correct ***–ent*** **ending** on verbs after *ils* or *elles*: *ils jouent*. (Exceptions: *faire – font, aller – vont, être – sont, avoir – ont.*)
- Try to use these **time expressions**: *cette année* (this year), *l'année dernière* (last year) and *l'année prochaine* (next year).

### Épate l'examinateur!

- Use *en revanche* (on the other hand): *On ne va pas au collège le mercredi, mais* ***en revanche*** *il y a des cours le samedi matin.*

**4 Now write an article about your school. Use or adapt phrases from Matthieu's text.**

- If you have to look up words in a dictionary, make sure you choose the right translation! Look carefully at any examples given. Cross-check by looking the French word up in the French–English part of the dictionary.
- Structure your text carefully in paragraphs.

**Introduction**

Give the name of the school and say something about it.
Le collège s'appelle … C'est un collège …
Il y a … élèves.

**Main paragraphs**

Talk about the facilities.
Give details of the length of lessons and the school day.
Les cours débutent/finissent/durent …
Describe the uniform if you have one, including details of the colours.
Mention any special features, such as clubs, events or connections with schools abroad.

**Conclusion**

Talk about the past and the future, mentioning something that you did last year and something that you are going to do next year.

**Check what you have written carefully. Check:**

- spelling and accents
- plural endings: *les cours, les garçons, les filles*
- verb endings, especially for the plural
- verb tenses – use the present tense to say what is happening and what **usually** happens.

# Module 5 Mots

| Les matières | Subjects | | |
|---|---|---|---|
| le dessin | *art/drawing* | l'anglais (m) | *English* |
| le français | *French* | l'espagnol (m) | *Spanish* |
| le sport (l'EPS) | *PE* | l'histoire (f) | *history* |
| la géographic | *geography* | l'informatique (f) | *IT* |
| la musique | *music* | les maths (f) | *maths* |
| la technologie | *technology* | les sciences (f) | *science* |
| l'allemand (m) | *German* | | |

| Ma journée scolaire | My school day | | |
|---|---|---|---|
| J'ai eu un cours de (français). | *I had a (French) class.* | ensuite | *then* |
| | | Quelle heure est-il? | *What time is it?* |
| la récré(ation) | *break* | Il est ... | *It's ...* |
| le lundi matin | *on Monday morning* | trois heures et quart | *quarter past three* |
| ce matin | *this morning* | quatre heures et demie | *half past four* |
| suivi(e) de | *followed by* | cinq heures moins le quart | *quarter to five* |
| cet après-midi | *this afternoon* | | |
| puis | *then* | midi | *12 o'clock/midday* |
| après | *after* | | |

| Mon opinion | My opinion | | |
|---|---|---|---|
| Aimes-tu ... ? | *Do you like ... ?* | Je suis fort(e) en ... | *I'm good at ...* |
| j'adore | *I love* | Je suis faible en ... | *I'm not very good at ...* |
| j'aime (bien) | *I like ... (a lot)* | | |
| je n'aime pas | *I don't like* | On a trop de devoirs. | *We have too much homework.* |
| je préfère | *I prefer* | | |
| je déteste | *I hate* | Le prof est (très sévère). | *The teacher is (very strict).* |
| c'est (très/trop) ... | *it's (very/too) ...* | | |
| difficile | *difficult* | Ma matière préférée, c'est ... | *My favourite subject is ...* |
| ennuyeux | *boring* | | |
| facile | *easy* | | |
| intéressant | *interesting* | | |
| utile | *useful* | | |

| Ma journée | My day | | |
|---|---|---|---|
| je me réveille | *I wake up* | je sors | *I leave* |
| je me lève | *I get up* | je rentre | *I come back* |
| je me douche | *I have a shower* | à sept heures | *at seven o'clock* |
| je m'habille | *I get dressed* | Je vais au collège ... | *I go to school ...* |
| je me lave | *I get washed* | en bus | *by bus* |
| je me précipite | *I rush* | en car de ramassage | *by school bus* |
| je me couche | *I go to bed* | en/à vélo | *by bike* |
| je prends mon petit déjeuner | *I have my breakfast* | en voiture | *by car* |
| | | à pied | *on foot* |
| je finis mes devoirs | *I finish my homework* | | |

## Les différences — *Differences*

| | | | |
|---|---|---|---|
| plus | *more* | C'est ... | *It's ...* |
| moins | *less* | super/cool/génial | *great* |
| mieux | *better* | bien | *OK* |
| pire | *worse* | une bonne idée | *a good idea* |
| C'est plus grand. | *It's bigger.* | stupide | *stupid* |
| C'est moins grand. | *It's smaller.* | moche | *awful* |
| C'est mieux. | *It's better.* | ridicule | *ridiculous* |
| C'est pire. | *It's worse.* | un gaspillage | *a waste* |
| aussi (grand) que | *as (big) as* | ne ... pas | *not* |
| à mon avis | *in my opinion* | ne ... plus | *no longer/not any more* |
| selon moi | *in my opinion* | | |
| je trouve que ... | *I think that ...* | ne ... jamais | *never* |
| je pense que ... | *I think that ...* | ne ... rien | *nothing* |

## Les règles — *Rules*

| | | | |
|---|---|---|---|
| Il faut ... | *You have to ...* | une retenue / une colle | *detention* |
| Il ne faut pas ... | *You mustn't ...* | être stressé(e) | *to be stressed* |
| Il est interdit de ... | *You're not allowed to ... / It is forbidden to ...* | J'oublie toujours ce que j'apprends. | *I always forget what I learn.* |
| | | redoubler | *to retake a year at school* |
| un avertissement | *warning* | | |
| une convocation | *meeting* | | |

## Plus tard, ... — *In the future ...*

| | | | |
|---|---|---|---|
| Je vais ... | *I'm going ...* | être garagiste | *to own a garage* |
| Je veux ... | *I want ...* | faire un apprentissage | *to do an apprenticeship* |
| Je voudrais ... | *I'd like ...* | | |
| apprendre un métier | *to learn a profession* | faire du bénévolat | *to do voluntary work* |
| avoir des enfants | *to have children* | travailler | *to work* |
| avoir beaucoup d'argent | *to have lots of money* | voyager | *to travel* |
| avoir un magasin | *to have a shop* | l'année prochaine | *next year* |
| continuer mes études (f) | *to carry on studying* | | |

# 6 Il faut bosser!

## L'argent, l'argent — Discussing jobs and money / Talking about how often things happen

Déjà vu

écouter **1** **Qu'est-ce qu'ils font pour aider à la maison? Trouvez la bonne phrase pour chaque image. Puis écoutez pour vérifier. (1–8)**

*What do they do to help at home? Listen and find the right sentence for each picture.*

1

2

3

4

5

6

7

8

Je fais la vaisselle.
Je garde mon petit frère.
Je lave la voiture.
Je passe l'aspirateur.
Je range ma chambre.
Je sors la poubelle.
Je vide le lave-vaisselle.
Je mets la table.

écouter **2** **Écoutez encore une fois. On fait ça quand? Notez la bonne lettre. (1–8)**

***Exemple:*** **1 h**

- **a** tous les jours – every day
- **b** tous les soirs – every evening
- **c** tous les week-ends – every weekend
- **d** tous les samedis matins – every Saturday morning
- **e** tous les matins – every morning
- **f** toutes les semaines – every week
- **g** une fois par semaine – once a week
- **h** de temps en temps – from time to time

Déjà vu

parler **3** **Faites un sondage sur les tâches ménagères. Demandez à au moins cinq personnes.**

*Do a survey on household chores. Ask at least five people.*

| | fais vaisselle | garde sœur/ frère | lave voiture | passe aspirateur | range chambre | sors poubelle | vide lave-vaisselle | mets table |
|---|---|---|---|---|---|---|---|---|
| 1 | ✔ | | | | ✔ | | | |
| 2 | | | | | | | | |
| 3 | | | | | | | | |
| 4 | | | | | | | | |
| 5 | | | | | | | | |

■ Qu'est-ce que tu fais pour aider à la maison?
● Je fais la vaisselle tous les matins et je range ma chambre une fois par semaine.

**lire** **4** **Lisez cet article sur l'argent de poche. Mettez les personnes dans l'ordre. Commencez par celle qui en reçoit le plus.**

*Read this article about pocket money. Put the people in order. Start with the one who gets the most.*

## *Tu reçois combien d'argent de poche?*

Je ne reçois pas d'argent de poche.
**Natacha**

Mon père me donne dix euros par semaine.
**Benoît**

Ma mère me donne quinze euros toutes les deux semaines.
**Lucie**

Mes parents me donnent trente-cinq euros par mois.
**Thierry**

Je reçois cinq euros par semaine comme argent de poche.
**Alima**

**écouter** **5** **L'argent de poche. Écoutez. Copiez et complétez la grille en anglais. (1–5)**

| | amount of pocket money | buys ... (or saves) |
|---|---|---|
| 1 | 5€ per week | f, ... |
| 2 | | |
| 3 | | |

je reçois – I get
il/elle me donne – he/she gives me
ils me donnent – they give me
par mois – per month
par semaine – per week

a 
des bonbons ou des chocolats

b 
des magazines

c 
des cadeaux

d 
du maquillage

e 
du matériel scolaire

f 
des CD ou des DVD

g 
des jeux de console

h 
des baskets

i 
Je fais des économies.

**écrire** **6** **Regardez les images. Imaginez que vous êtes Sayed ou Chloé. Écrivez des phrases.**

Pour aider à la maison, je mets la table tous les soirs et je ...
Je reçois ... comme agent de poche. Avec mon argent, j'achète ... et ...

**Sayed**
20€ par mois

**Chloé**
10€ par semaine

**écouter** **1** Écoutez. Trouvez la bonne image. (1–8)

*Exemple*: **1** d

**a**

Je fais du baby-sitting.

**b**

Mon petit boulot, c'est dans un supermarché.

**c**

Je livre des journaux.

**d**

J'ai un petit job dans un fast-food.

**e**

Je travaille dans une épicerie.

**f**

J'ai un petit boulot dans un salon de coiffure.

**g**

Je travaille dans un centre de loisirs.

**h**

J'ai un petit job dans une ferme.

**lire** **2** Lisez et répondez aux questions en anglais.

Who …

1 starts at 4 p.m. and finishes at 6 p.m.?
2 earns 13,50€?
3 works every Saturday?
4 earns 5€ an hour?
5 works every weekend?
6 works from 9 a.m. until midday?
7 works seven hours a week?

Je travaille tous les samedis. Je gagne vingt euros.
**Abdul**

Je travaille sept heures par semaine. Je gagne cinq euros de l'heure.
**Nathalie**

Je travaille de neuf heures à midi. Je gagne treize euros cinquante.
**Luc**

Je travaille tous les week-ends. Je gagne quatre euros de l'heure.
**Sophie**

Je commence à seize heures et je finis à dix-huit heures. Je gagne douze euros.
**Benjamin**

**écrire** **3** Écrivez des phrases pour Marine, Hugo et Yasmina.

*Exemple:* **1** Marine: Je travaille cinq heures par semaine. Je gagne …

**1 Marine**
5h. par s.
15€

**2 Hugo**

6€ de l'h.

**3 Yasmina**
t. l. mercredis
18€

**écouter 4** **Écoutez. Copiez et complétez la grille en français. (1–4)**

| | job | jours/horaire | salaire |
|---|---|---|---|
| 1 | *supermarché* | *samedis 9h–13h* | *4€ de l'heure* |
| 2 | | *vendredi 19h–22h30* | |
| 3 | | | *4,50€ de l'heure* |
| 4 | *livre des journaux* | | |

It is often helpful to try to predict what you might hear. What words might you expect to hear for each of the gaps in the grid above?

**écouter 5** **Écoutez encore une fois. Notez les opinions. C'est positif (P), négatif (N) ou tous les deux (D)?**

**parler 6** **À deux. Faites des dialogues en utilisant les détails ci-dessous.**

- ■ As-tu un petit job?
- ● Oui, je travaille dans un salon de coiffure.
- ■ Tu travailles quand?
- ● Je travaille tous les ... , de ... à ...
- ■ Tu gagnes combien?
- ● Je gagne ... C'est ...

**A**

Samedi 9h–12h
18€
☺ chouette

**B**

Dimanche 10h–14h30
4,50€ de l'heure
☹ nul

**C**

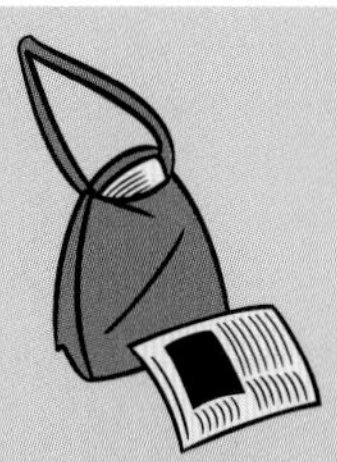

Tous les jours 6h30–7h30
14€ par semaine
😐 pas mal

**écrire 7** **Si vous avez un petit job, décrivez-le. Sinon, utilisez les détails de l'exercice 6. Écrivez un paragraphe.**

*If you have a part-time job, describe it. If not, use the details from Exercise 6. Write a paragraph.*

***Exemple:***
J'ai un petit job/boulot dans un café. Je travaille tous les samedis, de 14 heures à 17 heures 30. Pour ça, je gagne sept livres de l'heure. Ce n'est pas mal, mais c'est un peu ennuyeux.

livres (f) – pounds

**lire 1** **C'est quel métier? Reliez les mots et les images.**

***Exemple:*** **1** f

1 chef (*ou* cuisinier/cuisinière)

2 infirmier/infirmière

3 garçon de café (*ou* serveur)/serveuse

4 médecin

5 coiffeur/coiffeuse

6 agent de police

7 fermier/fermière (*ou* agriculteur/agricultrice)

8 chauffeur de poids lourd

9 boulanger/boulangère

10 facteur/factrice

11 caissier/caissière de supermarché

12 mécanicien/mécanicienne

**a**

**b**

**c**

**d**

**e**

**f**

**g**

**h**

**i**

**j**

**k**

**l**

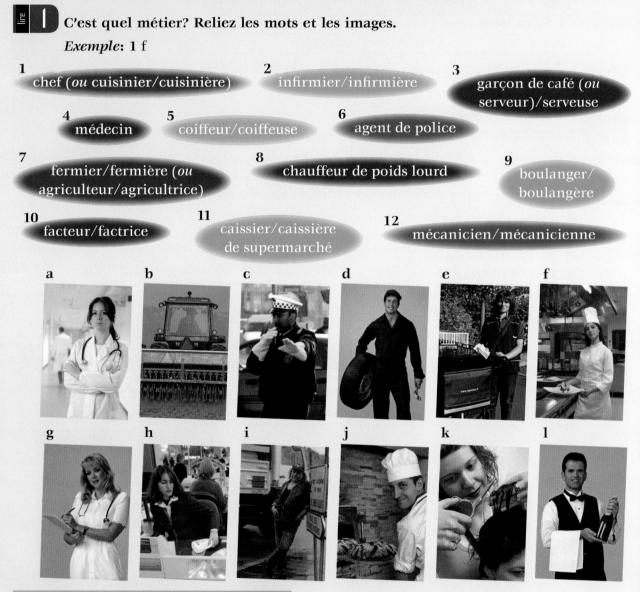

The different endings on the masculine and feminine versions of some jobs affect their pronunciation. What is the difference in sound between **–eur** (as in **coiffeur**) and **–euse** (as in **coiffeuse**)?
What about between **–ier** (**fermier**) and **–ière** (**fermière**)?

You should be able to work out most of these words without using a dictionary. Look for:

- (near-)cognates: **mécanicien**, **fermier**
- words which remind you of other words you know: **boulanger/boulangerie**, **coiffeur/salon de coiffure**.

**écouter 2** **Écoutez. On parle de quel(s) métier(s)? Parfois, il y a deux métiers possibles. (1–8**
*Which job(s) are they talking about? Sometimes there are two possible jobs.*

***Exemple:*** **1** coiffeuse

## lire 3 Lisez les phrases et trouvez des métiers possibles pour chaque personne. Il y a plusieurs possibilités.

les gens (m) – people

*Exemple*: Blanche: mécanicienne ou …

**Blanche**: Je voudrais faire un métier manuel.

**Mohammed**: Je voudrais travailler avec des animaux.

**Julie**: Je ne voudrais pas travailler dans un bureau.

**Sébastien**: Je voudrais travailler en équipe.

**Nabila**: Je voudrais aider les gens malades.

**Élodie**: Je voudrais avoir beaucoup de contact avec les gens.

**Pauline**: Je voudrais gagner beaucoup d'argent.

**Ahmed**: Je ne voudrais pas travailler le soir ou le week-end.

### Expo-langue

As well as using **je voudrais** with a noun (e.g. **Je voudrais un kilo de pommes**), you can use it with the infinitive of another verb to say what you would like or not like to do.
Je voudrais **gagner** beaucoup d'argent. = I'd like to earn lots of money.
Je ne voudrais pas **travailler** le week-end. = I wouldn't like to work weekends.

## écouter 4 Quel est l'avantage et l'inconvénient de chaque métier? Écoutez et notez les deux bonnes lettres. (1–6)

*Exemple:* 1 j, …

1 caissière de supermarché
2 chauffeur de poids lourd
3 médecin
4 coiffeur
5 factrice
6 agent de police

| | |
|---|---|
| **a** C'est bien payé. | **g** On voyage beaucoup. |
| **b** C'est fatigant. | **h** On doit travailler le samedi. |
| **c** C'est intéressant et varié. | **i** On travaille en plein air. |
| **d** C'est monotone. | **j** On a beaucoup de contact avec les gens. |
| **e** C'est créatif. | **k** Les horaires sont longs. |
| **f** C'est stressant. | **l** Ce n'est pas bien payé. |

## parler 5 Vidéoconférence. Préparez vos réponses à ces questions.

- Quel métier voudrais-tu faire? Pourquoi?
- Quel métier ne voudrais-tu pas faire? Pourquoi?

*Exemple:* Je voudrais travailler comme fermier/fermière parce que j'aime les animaux et on travaille en plein air.
Je ne voudrais pas travailler comme serveur/serveuse parce que ce n'est pas très bien payé et on doit travailler le soir ou le week-end.

## écrire 6 Choisissez deux ou trois métiers et expliquez pourquoi vous voudriez / ne voudriez pas faire ces métiers. Écrivez un paragraphe.

# 3 C'est de la part de qui?

## Making telephone calls
## Using polite language

**lire 1** **Lisez les phrases utilisées pour parler au téléphone. Reliez le français et l'anglais.**

***Exemple*: 1 e**

1. C'est de la part de qui?
2. Peut-il me rappeler demain, s'il vous plaît?
3. Il n'est pas là en ce moment.
4. Quel est votre numéro de téléphone?
5. Ça s'écrit comment, s'il vous plaît?
6. Je voudrais parler à Monsieur Lepage, s'il vous plaît.
7. Vous voulez laisser un message?
8. Allô. Ici Cécile Moreau.

**a** How do you spell that, please?

**b** Do you want to leave a message?

**c** I'd like to speak to Mr Lepage, please.

**d** Can he call me back tomorrow, please?

**e** Who's calling?

**f** Hello, Cécile Moreau speaking.

**g** He's not here at the moment.

**h** What's your telephone number?

**écouter 2** **Écoutez. Vous entendez les phrases de l'exercice 1 dans quel ordre?**

*Listen. In what order do you hear the sentences from Exercise 1?*

***Exemple*:** 8, ...

### Expo-langue

When you are talking to an adult you don't know very well, you should use the polite words for 'you' (**vous**) and 'your' (**votre**). French people also use the words **monsieur**/**madame**/**mademoiselle** to be polite.

**écouter 3** **Écoutez encore une fois. Vous entendez combien d'exemples de *vous, votre, monsieur* ou *madame*?**

*Listen again. How many examples of* ***vous, votre, monsieur*** *or* ***madame*** *do you hear?*

Here is a rough guide to pronouncing the letters of the alphabet in French:

| | | | | | |
|---|---|---|---|---|---|
| A AH | F EFF | K KAH | O OH | S ESS | W DOOBL-VAY |
| B BAY | G DJAY | L ELL | P PAY | T TAY | X EEX |
| C SAY | H ASH | M EM | Q COO | U OO | Y EE-GREK |
| D DAY | I EE | N EN | R ERR | V VAY | Z ZED |
| E EUH | J DJEE | | | | |

**parler 4 À deux. Complétez la conversation. Utilisez les phrases de l'exercice 1.**

- ■ Allô. ______ Pascal(e) Dubois.
- ● Je ______ Madame Renault, ______.
- ■ ______ pas là ______. ______ part de qui?
- ● Je m'appelle ______.
- ■ ______ numéro de téléphone?
- ● ______
- ■ ______ message?
- ● ______ rappeler demain, ______?
- ■ Bien sûr, monsieur/mademoiselle. Merci. ______ revoir.

In French, telephone numbers are normally given as groups of numbers, e.g. 020 8759 3146 would be given as:

| | | | | | |
|---|---|---|---|---|---|
| le 0 | 20 | 87 | 59 | 31 | 46 |
| le zéro | vingt | quatre-vingt-sept | cinquante-neuf | trente et un | quarante-six. |

**lire 5 Lisez l'annonce et notez les lettres des mots qui manquent.**

*Exemple:* 1 j

**Animateurs en club de vacances (Guadeloupe)**
À temps partiel (après-midi ou matin) ou à temps complet. Goût pour le sport essentiel. Langue étrangère appréciée (anglais ou espagnol).

a natation
b Monsieur c anglais
d travaille e vacances f faire
g magasin h football i parle
j Madame

Manchester,
le 23 janvier

(1) ______/Monsieur

J'ai vu votre annonce dans le journal et je voudrais poser ma candidature pour le poste d'animateur en club de (2) ______ (à temps complet) en Guadeloupe.

J'ai déjà travaillé dans un centre de loisirs. J'aime (3) ______ du sport. Je fais de la (4) ______ et je joue au (5) ______ et au tennis. Je suis britannique, donc je parle (6) ______, et je (7) ______ bien français aussi.

Veuillez trouver ci-joint mon CV.

Je vous prie d'agréer, Madame ou (8) ______, l'expression de mes salutations sincères.

*Shane Cassidy*

**écrire 6 Choisissez une des annonces. Écrivez une lettre pour poser votre candidature. Adaptez la lettre de l'exercice 5.**

*Choose one of the adverts. Write a letter applying for the job. Adapt the letter from Exercise 5.*

Madame/Monsieur,
J'ai vu votre annonce dans le journal et je voudrais poser ma candidature pour le poste de ...

**Opérateurs d'attractions**
Disneyland© Resort Paris
Goût pour le sport et langue étrangère appréciée

**Hôtel Mirabeau, Nice**, recherche:
- Chef qualifié(e) (temps complet)
- Serveurs/euses (temps partiel)

**écouter** **1** Écoutez et lisez. Qui parle? (1–6)

*Exemple:* 1 Ryan

Mon stage en entreprise

Lydie: J'ai fait mon stage dans un bureau.

Yann: J'ai fait mon stage dans un salon de coiffure.

Shazia: J'ai passé dix jours dans une école maternelle.

Ryan: J'ai fait mon stage dans un garage Citroën.

Amélie: J'ai passé deux semaines dans une banque.

Hakim: J'ai fait mon stage dans un cabinet de vétérinaire.

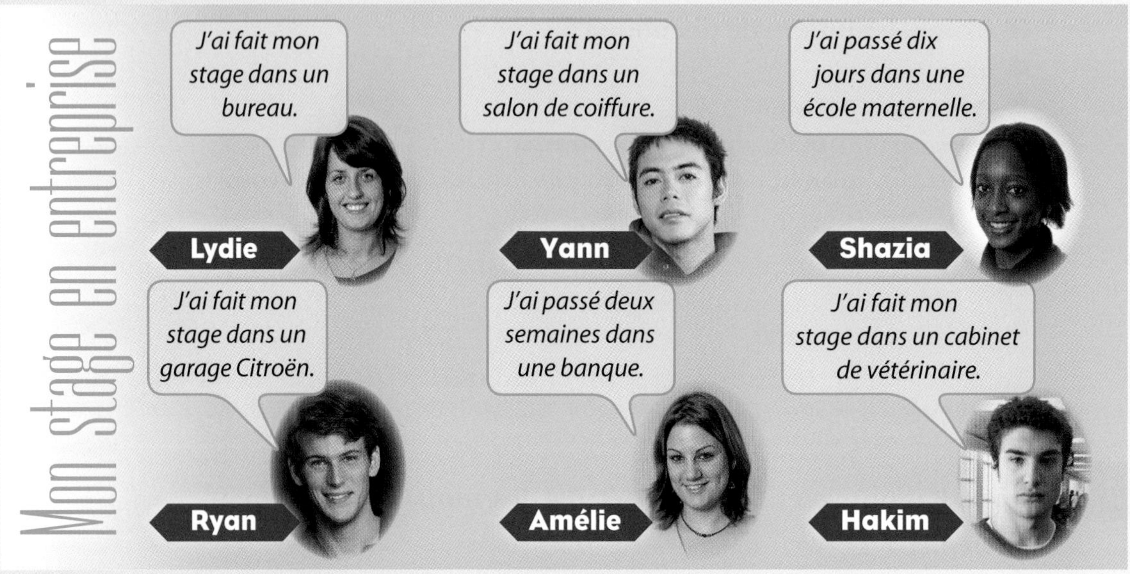

**lire** **2** Trouvez la bonne image pour chaque personne de l'exercice 1.

a   b   c   d   e   f

## Expo-langue →→→→

*Grammaire* **192**

To say where you did your work experience, or how long you spent there, you use the perfect tense:

J'**ai fait** mon stage en entreprise dans un bureau. = I did my work experience in an office.

J'**ai passé** deux semaines dans un garage Renault. = I spent two weeks in a Renault garage.

**écrire** **3** Regardez les images et écrivez des phrases.

*Exemples:* 1 J'ai fait mon stage en entreprise dans un magasin de vêtements.
2 J'ai passé …

un centre de loisirs

un hôtel

un magasin de vêtements

une agence de voyages

une ferme

**lire 4 Lisez les phrases et devinez qui parle (de l'exercice 1).**

1 Je devais jouer avec les enfants.

2 Je devais aider les mécaniciens.

3 Je devais travailler sur ordinateur et compter l'argent.

4 Je devais préparer le café pour les clients et les coiffeuses et je devais passer l'aspirateur.

5 Je devais répondre au téléphone et noter les rendez-vous pour les animaux.

6 Je devais faire des photocopies et classer des fiches.

## *Expo-langue*

To say what you had to do, you use the imperfect tense of **devoir** + an infinitive:

| | |
|---|---|
| Je **devais** | **classer** des fiches / **aider** les mécaniciens / **noter** les rendez-vous. |
| I had to | do the filing / help the mechanics / make appointments. |

**écouter 5 Écoutez et vérifiez. Notez l'opinion aussi. C'était positif (P), négatif (N) ou tous les deux (D)? (1–6)**

**parler 6 À deux. Faites des dialogues en utilisant les détails en anglais. Inventez les opinions.**

***Exemple:* A**

- ■ Où as-tu fait ton stage en entreprise?
- ● J'ai fait mon stage en entreprise dans un salon de coiffure.
- ■ Qu'est-ce que tu devais faire?
- ● Je devais aider les coiffeuses et passer l'aspirateur.
- ■ C'était comment?
- ● C'était chouette.

Use the language you know to adapt the phrases from Exercise 4, e.g. Make coffee for the **customers.** → Make coffee for the **mechanics.**

**A** Hairdresser's
Help hairdressers
Do vacuuming

**B** Office
Answer phone
Do photocopying

**C** Vet's
Do filing
Make appointments

**D** Renault garage
Help mechanics
Make coffee for mechanics

C'était chouette / génial / intéressant / ennuyeux / nul. – It was great / fantastic / interesting / boring / awful.
Ce n'était pas mal. – It wasn't bad.

# Contrôle oral An interview for a job in France

You are being interviewed for a summer job at a sports and activity centre for children in France. You'll have to talk about the points in the list below and may also have to answer unexpected questions during the role play.

Your teacher will take the part of the interviewer.

The following points are suggestions of the information you can include:

1 what sports you play
2 what other free-time activities you do
3 whether you have a part-time job (e.g. where? when? what you do?)
4 what your opinion is of your part-time job and why
5 what work experience you have done and what it was like
6 why you are interested in the job at the sports and activity centre in France
7 what your plans are for the future (e.g. further study? job? career?).

**1 You will hear the first part of a model role play. Listen to Liam's answers to the teacher's first three questions and choose the correct answers.**

**Teacher's questions**

1 Quels sports aimez-vous?  2 Quelles autres activités faites-vous?  3 Avez-vous un petit boulot?

1 Je joue dans l'équipe de mon collège depuis *un an / deux ans / trois ans*.
2 Je fais de la natation *une fois / deux fois / trois fois* par semaine.
3 J'aime beaucoup la musique et je joue *du piano / de la guitare / de la batterie*.
4 J'aime aussi la lecture, surtout les livres *d'aventure / de science-fiction / d'horreur*.
5 J'ai un petit boulot dans *un supermarché / un fast-food / une ferme*.
6 Je travaille tous les samedis de neuf heures à *quatorze / quinze / seize* heures.
7 C'est un peu *difficile / fatigant / ennuyeux*, mais c'est bien payé.

**2 Listen to the second part of Liam's role play and fill in the gaps.**

■ Avez-vous fait un stage en entreprise?
● Oui, j'ai fait mon stage en entreprise l'année (**1**) ______. J'ai (**2**) ______ deux semaines dans une école primaire. Je (**3**) ______ aider les professeurs et jouer au foot ou au basket avec les enfants. (**4**) ______ je devais (**5**) ______ surveiller les enfants pendant la récréation. C'était (**6**) ______ intéressant.
■ Pourquoi voulez-vous travailler dans un centre de sport et d'activités en France?
● Je (**7**) ______ ce poste parce que j'aime travailler en équipe. Je ne voudrais pas travailler seul. (**8**) ______, j'aime beaucoup (**9**) ______ avec les enfants. Et je voudrais travailler en France (**10**) ______ j'adore parler le français!

voudrais
parce que
Quelquefois
très
dernière
travailler
aussi
devais
passé
De plus

surveiller – to supervise

**3 Now listen to the final part of Liam's role play.**

1 Correct the mistakes in the sentences.

a Si je réussis mes examens, je vais **quitter le collège**.

b Après, je vais voyager **au Canada** parce que je veux visiter **Montréal et Toronto**.

c Plus tard, je voudrais travailler dans un **magasin d'informatique**.

d Je suis bien organisé, assez **timide** et très honnête.

e Je ne suis pas **bavard**, j'aime le travail et d'habitude, je m'entends bien avec les autres.

2 What is the unexpected question Liam is asked?

4 Now it's your turn! Prepare your answers to the task opposite, then do the role play with your teacher or partner.

- Use your answers to Exercises 1–3 and the Grade Studio to help you.
- Adapt what Liam says and include your own ideas. Try to predict what the unexpected question will be.
- Record the role play. Ask a partner to listen to it and say how well you performed.

Award each other one star, two stars or three stars for each of these categories:

- pronunciation
- confidence and fluency
- range of tenses
- variety of vocabulary and expressions
- using longer sentences
- taking the initiative.

What do you need to do next time to improve your performance?

## GradeStudio

Aim to cover the basics.

- Use simple **structures**: *je suis* (I am), *je joue* (I play), *j'aime* (I like), *j'adore* (I love), *j'ai* (I have), *c'est* (it is).
- Include an **opinion**, e.g. Liam uses *ce n'est pas mal* (it's not bad), *c'est un peu ennuyeux* (it's a bit boring) and *c'est bien payé* (it's well paid) to describe his job.
- Add simple **intensifiers** like *très* (very) and *assez* (quite) to adjectives and include a **simple negative**, e.g. Liam says: *Je suis **assez** patient et **très** honnête. Je **ne** suis **pas** paresseux.* (I am quite patient and very honest. I am not lazy.)

To achieve a Grade C, you need to use a range of **connectives** and **different tenses** correctly.

- As well as *et* and *mais*, try to include *aussi* (also), *de plus* (what's more) and *parce que* (because).
- Liam uses:
  - the **present tense** to say what activities he does and to describe his job, e.g. *je **travaille** tous les samedis*
  - the **perfect tense** to say what he did and ***c'était*** to say what it was like, e.g. ***j'ai fait** mon stage en entreprise, **c'était** intéressant*
  - the **near future tense** to talk about his plans for the future, e.g. *Je **vais continuer** mes études.*

To increase your marks, use:

- **time and frequency** expressions, e.g. *tous les samedis* (every Saturday), *plus tard* (later on)
- a phrase with ***si*** (if) in it, e.g. Liam says: *Si je réussis mes examens …* (If I pass my exams). You could also use *si j'ai de bonnes notes* (if I get good marks/grades).
- ***je voudrais* + infinitive** to say what you would like to do, e.g. Liam says: *Plus tard, **je voudrais travailler** dans un centre de loisirs.*

### Épate l'examinateur!

- To really impress your examiner, use ***depuis* + the present tense**, e.g. Liam says: *Je **joue** dans l'équipe de mon collège **depuis** deux ans* (I've been playing in the school team for two years).

## Mon stage en entreprise

J'ai fait mon stage en entreprise en troisième, au mois de mai. Je m'intéresse beaucoup aux voitures, donc j'ai fait mon stage dans un garage Toyota dans ma ville. Le stage a duré deux semaines et c'était génial.

Je devais me lever tous les jours à sept heures et quitter la maison à huit heures. Les horaires de travail étaient de neuf heures à dix-sept heures trente, avec une heure pour le déjeuner.

La plupart du temps, le travail était intéressant et assez varié. J'ai aidé les mécaniciens et une fois, j'ai changé les pneus d'une voiture de rallye! De plus, à la fin de la journée, je devais passer l'aspirateur et quelquefois, je devais aussi préparer le café pour mes collègues.

Je m'entendais bien avec mes collègues au garage. Les mécaniciens étaient sympas et marrants. Mon patron, le propriétaire du garage, était un peu sévère, mais il était content de mon travail.

C'était une expérience positive pour moi et après mes examens GCSE, je vais faire un apprentissage de mécanicien parce que plus tard je voudrais travailler comme mécanicien.

*Lucas*

changer les pneus (m) – to change the tyres
content(e) – happy



**1 Find the French equivalent of these phrases in the text and copy them out.**

1 in Year 10
2 in the month of May
3 the work experience lasted two weeks
4 I had to get up every day
5 leave the house
6 most of the time
7 at the end of the day
8 I got on well with my colleagues
9 my boss, the garage owner
10 a bit strict

**2 Can you identify the tenses of the verbs in numbers 3, 4 and 8 of Exercise 1?**

**3 Answer the questions in English.**

1 Why did Lucas do his work experience in a garage?
2 At what time did he have to get up?
3 At what time did he finish work?
4 Name two things he had to do at work.
5 What did he think of the work? Mention one thing.
6 What were the mechanics like? Mention one thing.
7 What did the garage owner think of Lucas's work?
8 What job would Lucas like to do later in life?

**4 You might be asked to write about your work experience as a controlled assessment task. Use the Grade Studio to help you prepare.**

## GradeStudio

Make sure you cover the basics in your written assessment.
- Show that you know basic **vocabulary** such as *pour* (for), *aussi* (also) and *un peu* (a little).
- Give a simple **opinion**. Lucas uses *c'était génial* and *le travail était intéressant et varié*.
- Use **connectives** to extend your sentences. Use *et* (and), *mais* (but), *ou* (or) and *donc* (so).

To achieve a Grade C, show that you can use **different tenses** correctly.
- Use the **perfect tense** to say what you did, e.g. ***J'ai fait** mon stage* (I did my work experience), *Le stage **a duré*** … (The work experience lasted …), ***J'ai aidé*** … (I helped …).
- To write about your future plans, use ***je vais*** + **infinitive** (I am going to …) or ***je voudrais*** + **infinitive** (I would like to …).

To increase your marks:
- use less common **time expressions**, like *la plupart du temps* (most of the time) and *à la fin de la journée* (at the end of the day)
- say what **other people were like**. Use *il/elle était* + adjective (he/she was …) to say what one person was like; use *ils/elles étaient* + adjective (they were …) to say what more than one person was like. Remember, adjectives must agree with the noun they describe, e.g. *Les mécaniciens étaient sympa**s** et marrant**s***.

### Épate l'examinateur!

- To really impress your examiner, use *Je m'intéresse beaucoup à …* (I'm very interested in …). Note: *à* followed by *le* = *au*, *à* followed by *les* = *aux*, e.g. *Je m'intéresse beaucoup **aux** voitures* (I am very interested in cars).

**5 Now write an account of your work experience.**

- Adapt language from Lucas's text and use language from Unit 4.
- You can impress the examiner with a wide range of vocabulary, but use a dictionary carefully, especially if you need specialised terms such as 'computer parts' (*les pièces d'ordinateur*).
- Organise what you write in logical paragraphs. Use the blue box to guide you.

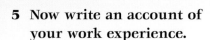

**Introduction**

Background to your work experience:
When did you do it? (In which school year? In which month?)
How long did it last?
Why did you choose to do your work experience in this particular place?

**Main paragraphs**

Say what types of jobs you had to do.
Talk about the other staff and how you got on with them.

**Conclusion**

Say whether you would like to work there or do a similar job in the future.
Say why.

**Check what you have written carefully. Check:**

- spelling and accents
- adjective endings
- gender of nouns (*le/la; un/une*). Remember, some jobs have masculine and feminine forms (e.g. *coiffeur/coiffeuse*). Note: *mon patron/ma patronne* (my boss).
- tense formation. Remember, *je devais*, *je vais* and *je voudrais* are followed by an infinitive (e.g. *travailler, finir, faire*).

## Les tâches ménagères / *Household chores*

| | | | |
|---|---|---|---|
| Je fais la vaisselle. | *I do the washing-up.* | Je range ma chambre. | *I tidy my bedroom.* |
| Je garde mon petit frère / ma petite sœur. | *I look after my little brother/sister.* | Je sors la poubelle. | *I take the dustbin out.* |
| Je lave la voiture. | *I wash the car.* | Je vide le lave-vaisselle. | *I empty the dishwasher.* |
| Je passe l'aspirateur. | *I do the vacuuming.* | Je mets la table. | *I lay the table.* |

## La fréquence / *How often*

| | | | |
|---|---|---|---|
| tous les jours | *every day* | tous les samedis matins | *every Saturday morning* |
| tous les matins | *every morning* | toutes les semaines | *every week* |
| tous les soirs | *every evening* | une fois par semaine | *once a week* |
| tous les week-ends | *every weekend* | de temps en temps | *from time to time* |

## L'argent de poche / *Pocket money*

| | | | |
|---|---|---|---|
| Pour aider à la maison, ... | *To help at home, ...* | du matériel scolaire | *school equipment* |
| ma mère/mon père me donne ... | *my mother/my father gives me ...* | des baskets (f) | *trainers* |
| mes parents me donnent ... | *my parents give me ...* | des bonbons (m) | *sweets* |
| je reçois ... | *I get ...* | des CD (m) | *CDs* |
| comme argent de poche | *as pocket money* | des chocolats (m) | *chocolates* |
| par semaine | *per week* | des cadeaux (m) | *presents* |
| par mois | *per month* | des DVD (m) | *DVDs* |
| Avec mon argent, j'achète ... | *With my money, I buy ...* | des jeux de console (m) | *console games* |
| du maquillage | *make-up* | des magazines (m) | *magazines* |
| | | Je fais des économies. | *I save.* |

## As-tu un petit job? / *Do you have a part-time job?*

| | | | |
|---|---|---|---|
| J'ai un petit job/boulot. | *I've got a part-time job.* | Je livre des journaux | *I deliver newspapers.* |
| Je travaille dans ... | *I work in ...* | Je travaille ... | *I work ...* |
| un fast-food | *a fast-food restaurant* | tous les (samedis) | *every (Saturday)* |
| un centre de loisirs | *a leisure centre* | de (9h) à (17h30) | *from (9) until (5.30)* |
| un supermarché | *a supermarket* | sept heures par semaine | *seven hours a week* |
| un salon de coiffure | *a hairdresser's* | Je gagne (5 euros/livres) de l'heure. | *I earn (5 euros/pounds) an hour.* |
| une épicerie | *a grocer's shop* | C'est chouette/nul/pas mal. | *It's great/rubbish/not bad.* |
| une ferme | *a farm* | | |
| Je fais du baby-sitting. | *I do babysitting.* | | |

## Les métiers / *Jobs/Professions*

| | | | |
|---|---|---|---|
| l'agent de police (m/f) | *policeman/policewoman* | le coiffeur / la coiffeuse | *hairdresser* |
| l'agriculteur / l'agricultrice | *farmer* | le cuisinier / la cuisinière | *cook (e.g. in a canteen)* |
| le fermier / la fermière | *farmer* | le facteur / la factrice | *postman / postwoman* |
| le boulanger / la boulangère | *baker* | le garçon de café | *waiter* |
| le caissier / la caissière | *cashier / checkout operator* | l'infirmier / l'infirmière | *nurse* |
| le / la chauffeur de poids lourd | *lorry driver* | le mécanicien / la mécanicienne | *mechanic* |
| le / la chef | *chef (in a restaurant)* | le / la médecin | *doctor* |
| | | le serveur / la serveuse | *waiter / waitress* |

## L'avenir / *The future*

| | | | |
|---|---|---|---|
| Je voudrais ... | *I would like ...* | travailler ... | *to work ...* |
| Je ne voudrais pas.... | *I wouldn't like ...* | comme (fermier) | *as (a farmer)* |
| aider les gens malades | *to help sick people* | dans un bureau | *in an office* |
| avoir beaucoup de contact avec les gens | *to have a lot of contact with people* | en équipe | *in a team* |
| faire un métier manuel | *to do a manual job* | le soir / le week-end | *in the evenings / at weekends* |
| gagner beaucoup d'argent | *to earn a lot of money* | | |

## Les avantages et les inconvénients / *Advantages and disadvantages*

| | |
|---|---|
| C'est / Ce n'est pas bien payé. | *It's / It's not well paid.* |
| C'est créatif/fatigant/monotone/stressant/varié. | *It's creative/tiring/monotonous/stressful/varied.* |
| Les horaires sont longs. | *The hours are long.* |
| On a beaucoup de contact avec les gens. | *You have a lot of contact with people.* |
| On voyage beaucoup. | *You travel a lot.* |
| On travaille en plein air. | *You work in the open air.* |
| On doit travailler le samedi. | *You have to work on Saturdays.* |

## Au téléphone / *On the telephone*

| | |
|---|---|
| Je voudrais parler à ... | *I'd like to speak to...* |
| Peut-il/elle me rappeler demain? | *Can he/she call me back tomorrow?* |

## Je voudrais poser ma candidature ... / *I'd like to apply ...*

| | | | |
|---|---|---|---|
| Monsieur/Madame | *Dear Sir or Madam* | un goût pour le sport | *a liking for sport* |
| J'ai vu votre annonce dans le journal ... | *I saw your advert in the newspaper ...* | j'ai déjà travaillé | *I have already worked* |
| le poste | *job* | Veuillez trouver ci-joint mon CV. | *Please find my CV attached.* |
| à temps partiel | *part-time* | Je vous prie d'agréer l'expression de mes salutations sincères | *Yours sincerely* |
| à temps complet | *full-time* | | |
| une langue étrangère | *a foreign language* | | |

## Les stages en entreprise / *Work experience*

| | | | |
|---|---|---|---|
| J'ai fait mon stage en entreprise dans ... | *I did my work experience in ...* | un garage (Citroën) | *a (Citroën) garage* |
| J'ai passé deux semaines dans ... | *I spent two weeks in ...* | un hôtel | *a hotel* |
| | | un magasin de vêtements | *a clothes shop* |
| | | une agence de voyages | *a travel agency* |
| un bureau | *an office* | une banque | *a bank* |
| un cabinet de vétérinaire | *a vet's surgery* | une école maternelle | *a nursery school* |
| un centre de loisirs | *a leisure centre* | une ferme | *a farm* |

## Ce que je devais faire / *What I had to do*

| | | | |
|---|---|---|---|
| Je devais ... | *I had to ...* | noter les rendez-vous | *book appointments* |
| aider les mécaniciens | *help the mechanics* | travailler sur ordinateur | *work on the computer* |
| classer des fiches | *do the filing* | répondre au téléphone | *answer the telephone* |
| compter l'argent | *count the money* | C'était ... | *It was ...* |
| faire des photocopies | *do photocopying* | chouette / génial | *great* |
| préparer le café pour les clients | *make coffee for customers* | ennuyeux | *boring* |
| | | intéressant | *interesting* |
| jouer avec les enfants | *play with the children* | nul | *rubbish* |
| passer l'aspirateur | *do the vacuuming* | Ce n'était pas mal. | *It wasn't bad.* |

# 7 Tourisme

## La météo Talking about the weather
## Using the present and near future tenses

Déjà vu

écouter **1** **Écoutez. Quel temps fait-il? Copiez et remplissez la grille.**
*What's the weather like? Copy and fill in the grid.*

**a** Il pleut.

**b** Il y a du vent.

**c** Il neige.

**d** Il y a du brouillard.

| | aujourd'hui |
|---|---|
| au nord | d |
| au sud | |
| dans le centre | |
| à l'ouest | |
| à l'est | |
| dans les Alpes | |
| dans les Pyrénées | |
| à Paris | |

**e** Il y a du soleil.

**f** Il fait froid.

**g** Il fait chaud.

**h** Il y a des orages.

Déjà vu

parler **2** **À deux. Quel temps fait-il en France?**
*Work in pairs. What's the weather like in France?*

- ■ Au nord, il y a du brouillard.
- ● Au sud, ...

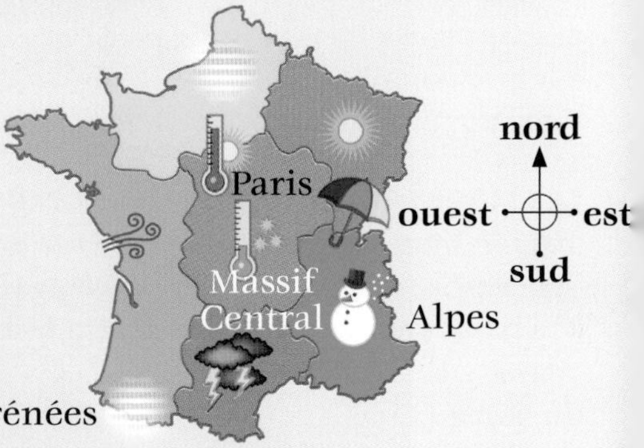


écrire **3** **Reliez et complétez les phrases.**

1 N'oublie pas tes lunettes de soleil, ...
2 Prends un parapluie, ...
3 Mets ton bonnet et tes gants, ...
4 Ne sors pas, ...
5 Mets un pull, ...
6 Fais attention, ...
7 Bois de l'eau, ...

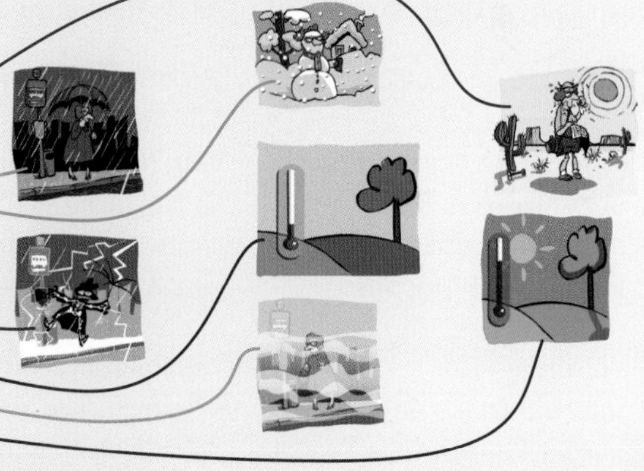

## lire 4

**C'est quelle saison? Complétez les phrases avec le bon mot.**
*Which season is it? Complete the sentences with the correct word.*

1 En ________, il y a du vent et les feuilles tombent des arbres.
2 En ________, il fait froid et il neige.
3 Au ________, la neige fond et les fleurs poussent.
4 En ________, il fait chaud et il y a des orages de temps en temps.

printemps

été

automne

hiver

## lire 5

**La météo pour demain. Trouvez les deux bonnes images pour chaque région.**

1 la région parisienne
2 le nord
3 l'est
4 l'ouest
5 le sud
6 le Massif Central

**Demain**

Dans la région parisienne,il va y avoir du soleil et il va faire chaud.
Au nord, il va faire froid et il va y avoir du brouillard dans la journée.
À l'est, il va faire froid et il faut compter sur la neige en altitude.
À l'ouest, un vent fort venant de l'Atlantique va souffler et il y a un fort risque d'averses.
Sur la côte sud, il va y avoir des orages pendant la matinée et de belles éclaircies dans l'après-midi.
Sur le Massif Central, il va faire chaud, mais il va y avoir des averses.

a

b
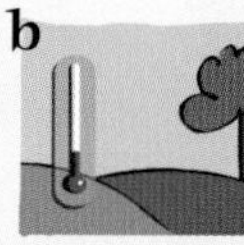
c

d

e

f

g

h

### Expo-langue →→→→

Grammaire 188

To say what the weather is going to be like in the future, use the *near future tense*.
Il **va pleuvoir**. = It is going to rain.
Il **va faire** beau. = It is going to be fine.

il faut compter sur …
– you should expect …
souffler – to blow
un (fort) risque de – a (strong) risk of
les averses (f) – showers
les éclaircies (f) – bright spells

## écouter 6

**Écoutez. Quel temps va-t-il faire demain? Copiez et complétez la grille. Utilisez les images de l'exercice 5.**

| | demain |
|---|---|
| au nord | |
| au sud | |
| dans le centre | |
| à l'ouest | |
| à l'est | |
| dans les Alpes | |
| à Paris | |

## écrire 7

**Écrivez la météo pour la Grande-Bretagne pour aujourd'hui et demain.**

**Aujourd'hui**

À l'ouest, il y a …

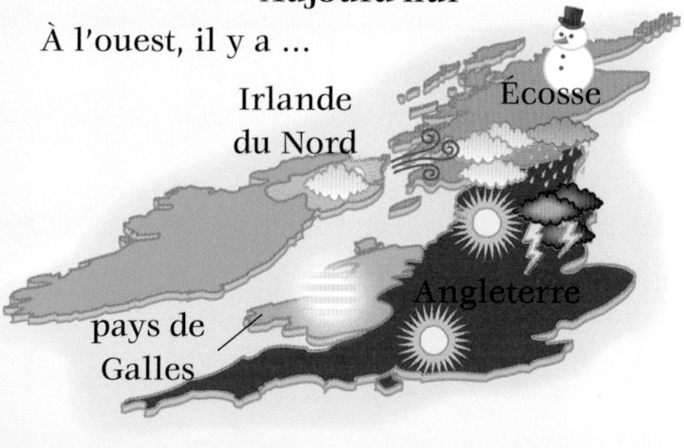


**Demain**

À l'est, il va y avoir …

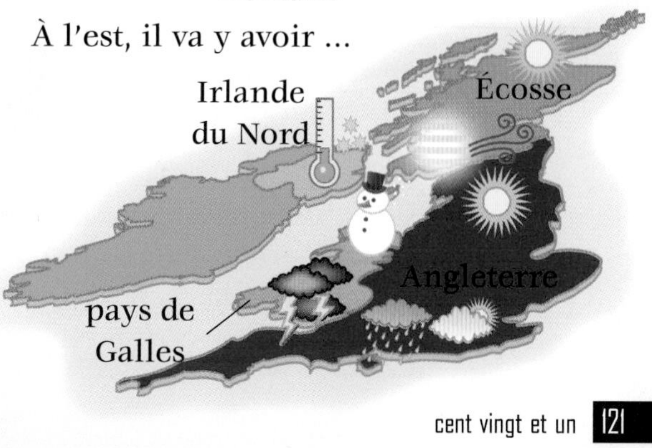

# 1 Mes projets pour les vacances

**Making holiday plans**
**Using *on* to say what 'we' are going to do**

**lire 1** **Lisez et trouvez la bonne photo pour chaque personne.**

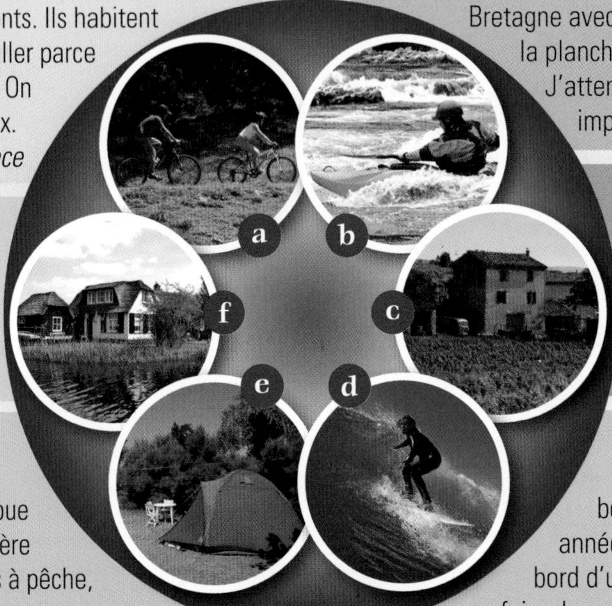


Pendant les grandes vacances, mon frère et moi allons chez mes grands-parents. Ils habitent à la campagne. On adore y aller parce qu'on aime aider à la ferme. On donne à manger aux animaux.
*Florence*

Cette année, je vais au bord de la mer. On va faire du camping. On y va chaque année avec mes cousins.
*Hugo*

Pendant les grandes vacances, je vais chez mon père et ma belle-mère. On loue un gîte en Dordogne. Mon père apporte toujours des cannes à pêche, des vélos et des kayaks.
*Théo*

Cette année, je vais faire un stage sportif en Bretagne avec un copain. On va faire de la planche à voile et du surf. J'attends les vacances avec impatience!
*Lou*

On va faire du camping à la campagne. Mes parents sont fanas de VTT et on va faire des balades à vélo.
*Christian*

D'habitude, pendant les grandes vacances, on va au bord de la mer, mais cette année on va louer un gîte au bord d'un lac avec mes cousins. On va faire des randonnées. Quelle horreur!
*Amélie*

**lire 2** **Relisez. Copiez et complétez la grille en anglais.**

| | where? | who with? | does what? | when?<br>a) usually<br>b) this year |
|---|---|---|---|---|
| **Florence** | | | | |
| **Hugo** | | | | |
| **Théo** | | | | |
| **Lou** | | | | |
| **Christian** | | | | |
| **Amélie** | | | | |

## Expo-langue →→→

Grammaire 186 · Grammaire 187 · Grammaire 188

You use:
1 **on** and the present tense to talk about what 'we' are **doing**
2 **on** and the near future to talk about what 'we' are **going to do**.

**On** is followed by the same form of the verb as **il/elle: on joue/fait/va**
1 **D'habitude**, on fait des randonnées. = **Usually** we go walking.
On loue un gîte. = We rent a holiday house.
2 **Cette année**, on va faire du vélo. = **This year**, we are going to go cycling.
On va aller au bord de la mer. = We are going to go to the seaside.

## écouter 3 On va où? Écoutez et choisissez les bonnes images pour chaque personne. (1–3)

*Exemple:* **1 a, g, …**

On va où?

**a** 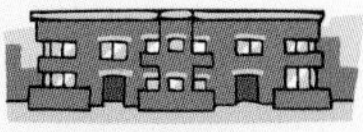

**b** 

**c** 

**d** 

Qu'est-ce qu'on fait?

**e** 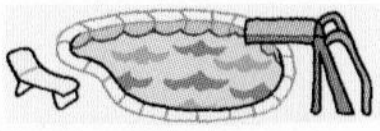

**f** 

**g** 

**h** 

C'est comment?

**i** ✗

**j** OK

**k** ✓

**l** ✓✓

## parler 4 Parlez de vos projets de vacances.

<table>
<tr><td>D'habitude, on</td><td>va</td><td rowspan="2">au bord de la mer/à la campagne/chez mes grands-parents<br>à Paris/à Londres/en Espagne/<br>en France/aux États-Unis</td><td rowspan="2">avec mes parents/<br>mon copain/ma copine/ma classe.</td></tr>
<tr><td>Cette année, on</td><td>va aller</td></tr>
<tr><td>D'habitude, on</td><td>fait</td><td rowspan="2">du sport/du VTT/de la natation/<br>de l'équitation.</td><td rowspan="2"></td></tr>
<tr><td>Cette année, on</td><td>va faire</td></tr>
<tr><td>D'habitude, on</td><td>joue</td><td rowspan="2">au foot/basket/tennis/volley.</td><td rowspan="2"></td></tr>
<tr><td>Cette année, on</td><td>va jouer</td></tr>
<tr><td colspan="4">On va rester à la maison parce que …</td></tr>
</table>

## écrire 5 Écrivez un paragraphe sur Françoise, Vincent et vous-même.

| | Françoise | Vincent |
|---|---|---|
| Où vont-ils?<br>Françoise/Vincent va … |  |  |
| Avec qui?<br>Elle/Il va avec … |  |  |
| Que font-ils?<br>Elle/Il fait/joue … | 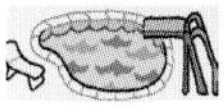   |    |
| C'est comment?<br>Elle/Il adore/aime/déteste … | ✓✓ | ✓ |

Et toi? Où vas-tu? Qu'est-ce que tu vas faire? Avec qui? C'est comment?

# 2 Camping de la Forêt Talking about camping holidays Saying what you and others do using *nous*

## Pour vos vacances en Ardèche

Le camping est situé au bord de la rivière et dans une immense forêt naturelle.

*Sur le camping*

- ◎ piscine 150m$^2$
- ◎ pataugeoire
- ◎ mini-marché et snack
- ◎ salle de jeux
- ◎ mini-golf et ping-pong
- ◎ aire de jeux pour les enfants
- ◎ terrain de pétanque et de volley
- ◎ randonnées
- ◎ location de vélos, kayak et canoë

- ✲ commerces à 1 km
- ✲ supermarché à 4 km
- ✲ équitation à 15 km
- ✲ rafting à 7 km
- ✲ gorges de l'Ardèche à 15 km
- ✲ safari à 20 km

lire **1** **Trouvez les expressions dans le dépliant.**

1 bowls area
2 children's play area
3 games room
4 small shop
5 walks/hikes
6 paddling pool
7 shops
8 horse-riding
9 canoe hire

lire **2** **Qu'est-ce qu'on pourrait y faire? Vos parents veulent en savoir plus sur le camping.**
*What could you do there? Your parents want to know more about the campsite.*

Tell them:
1 where it is situated
2 what there is for young children to do
3 five things that you could do if you stayed there
4 why you think they would like to go there.

écouter **3** **Camping des Sapins. Écoutez l'information sur le camping et choisissez la bonne réponse, a, b ou c.**

| | | | |
|---|---|---|---|
| 1 Taille: | (a) grand | (b) moyen | (c) petit |
| 2 Situation: | (a) mer | (b) campagne | (c) montagne |
| 3 Hébergement: | (a) caravanes | (b) tentes | (c) chalets |
| 4 Distance des commerces: | (a) 2 minutes | (b) 5 minutes | (c) 7 minutes |
| 5 Équipements: | (a) piscine | (b) pataugeoire | (c) chiens |

### Expo-langue →→→→

Grammaire 186 Grammaire 187

When you are talking about yourself *and* someone else, you use the **nous** form. This almost always ends in **–ons** in the present tense. (Exception: **être – nous *sommes*, nous *sommes* allé(e)s.**)

| jouer | faire | aller | avoir | être | se reposer |
|---|---|---|---|---|---|
| nous jou**ons** | nous fais**ons** | nous all**ons** | nous av**ons** | nous **sommes** | nous nous repos**ons** |

- Reflexive verbs add an extra **nous**: **nous *nous* reposons**
- Note:
  nous mangeons
  nous nageons
  nous logeons = we stay

## lire 4 Lisez et choisissez a, b ou c pour compléter chaque phrase.

*Chaque année, nous allons en vacances avec nos parents et nos grands-parents. Nous passons les vacances au camping de la Forêt au bord de l'Ardèche, une rivière dans le sud de la France. Nous louons un petit chalet en bois. Mes parents et mes grands-parents dorment dans le chalet et mon frère et moi dormons sous une tente qu'on met à côté du chalet. Il y a une grande piscine avec un toboggan. Le matin, nous retrouvons nos amis à la piscine et nous décidons ce que nous allons faire dans la journée. D'habitude, le matin, nous faisons une balade en vélo ou nous jouons au volley ou au basket. À midi, nous rentrons déjeuner avec nos parents et puis l'après-midi, nous nous baignons, nous faisons du kayak ou du canoë ou nous nous reposons au bord de la rivière. C'est cool!*

*Ludo*

ils – they
leur(s) – their

**1** Il va en vacances avec …
(**a**) ses copains. (**b**) ses parents. (**c**) sa classe.

**2** Ils vont …
(**a**) au bord de la mer. (**b**) à la campagne. (**c**) en montagne.

**3** Ils passent les vacances …
(**a**) dans un camping. (**b**) dans une auberge de jeunesse. (**c**) dans un hôtel.

**4** Les frères dorment …
(**a**) dans un chalet. (**b**) sous une tente. (**c**) dans une auberge.

**5** Ils font des balades en vélo avec …
(**a**) leurs parents. (**b**) leurs accompagnateurs. (**c**) leurs copains.

**6** Chaque année, ils vont …
(**a**) au même camping. (**b**) dans un camping différent.
(**c**) chez leurs grands-parents.

## écouter 5 Écoutez et trouvez les verbes qui manquent.

Chaque année, nous (**1**) ________ les vacances au bord de la mer. Nous (**2**) ________ en Bretagne où nous (**3**) ________ une caravane sur un camping à deux minutes de la plage. D'habitude, le matin nous (**4**) ________ au volley ou au tennis et l'après-midi, nous (**5**) ________ ou nous (**6**) ________ de la planche à voile ou nous nous (**7**) ________. Le soir, nous (**8**) ________ souvent au restaurant.

allons
dînons
faisons
jouons
louons
nageons
passons
reposons

## parler 6 À deux. Faites des dialogues.

■ Où allez-vous en vacances?
● Nous allons **a**  **b** 

■ Où logez-vous?
● Nous logeons **a**  **b** 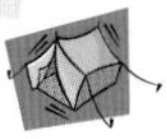

■ Qu'est-ce qu'il y a au camping?
● Il y a une **a**  **b** 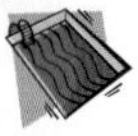

■ Quels sports faites-vous?
● Nous jouons au **a**  **b** 

■ Faites-vous des balades?
● Oui, nous faisons des balades **a** en  **b** à 

■ Où dînez-vous?
● Nous dînons **a** au  **b** à la 

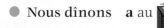

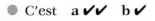

■ C'est comment?
● C'est **a** ✔✔ **b** ✔

# 3 Visitez la Côte d'Amour, Bretagne

**Describing a destination**
**Using the superlative**

La station balnéaire de la Baule est située sur une des plus belles plages d'Europe, neuf kilomètres de sable fin et blond.

Dans un rayon de 25 km, vous trouvez 50 plages, 30 espaces verts, six ports de pêche et de plaisance, plus de 100 courts de tennis, un grand terrain de golf, des kilomètres de sentiers pédestres, pistes cyclables et allées cavalières et des clubs où l'on peut apprendre ou pratiquer la voile et la planche à voile.

La ville est desservie par le train, le TGV direct à partir de Paris.

Le climat est doux.

*Visitez également:*

- Le Croisic: le premier port français pour la pêche à la crevette rose
- Guérande: une cité médiévale et ses remparts

*Gastronomie*

Dégustez les saveurs et recettes de Bretagne

- Les crustacés et les coquillages: huîtres, coquilles St Jacques, langoustines, homards …
- La fameuse galette bretonne: une crêpe salée
- Les pommes de terre de la région
- Le gâteau au beurre et le gâteau aux pommes
- Le cidre de la région

les allées (f) cavalières – bridle paths (for horse riding)
desservie par – served by (the town has direct rail connections)
la crevette rose – pink prawn
les homards (m) – lobsters
salé(e) – salted (i.e. savoury)

lire **1** **Lisez et trouvez les mots.**

1 Find five French words in the text which are spelt the same as an English word.
2 Find words which are related to these English words: pedestrian, cycle, cavalry, climate, ramparts.
3 Find five more words which begin like a related English word.

- **Check the context.** Before you answer the questions on a passage like this one, decide what sort of text it is, as this will help you to understand it better. Look for clues: read the titles, look at the layout, look at the photograph. What do they tell you?
- **Read for gist.** Think of what sort of language you would expect to find. For example, in a tourist brochure like this, you'd expect information on places of interest, local sights and – particularly in France – food and drink!
- **Read for detail.** Use what you already know about the way French works to deduce the meaning of words you don't know. Check if:
  - it's a noun, adjective, verb, etc.
  - it's related to an English word you know
  - any part of it is like an English word that would make sense in this context.
- You won't need to understand every word to answer the questions!

**lire 2** **Choisissez le bon mot pour compléter chaque phrase.**

1 La Baule is a French ______ resort.
2 In the area, you can learn to ______.
3 The weather in the region is usually ______.
4 The main industry in Le Croisic is ______.
5 You can visit Guérande, which is a ______ town.
6 One of the food specialties of the region is ______.

historic | cheese | mountain | modern | climb | seaside | hot | fishing | ski | mild | sail | wine | seafood

**écouter 3** **Écoutez et répondez aux questions en anglais.**

1 Where do Luc and his parents go each year?
2 Where do they stay?
3 List three things they do.
4 What else does Luc like about the area?

**écouter 4** **Réécoutez et complétez les phrases en anglais.**

1 They go there because ______.
2 They stay there because ______.
3 His favourite sport is ______.
4 His favourite dish is ______.

You will have to answer different sorts of listening questions in your GCSE exam, but however the questions are phrased, you can always make sure you get as many answers right as possible by following a few simple rules.

- Read all the statements or questions first, so that you have an overall understanding of the context.
- Read the statements again and predict what words you are likely to hear.
- If you are sure of the answers, do them straight away; but if you are not sure, remember you will hear the recording a second time. Make notes beside the ones you don't know if that would be helpful.
- Check you have understood the statement or question. There may be one key word that you might have missed when you read it the first time!
- When you have finished all the questions, go through your answers again and check you have crossed out any notes you have made.

**écouter 5** **Écoutez Franck et choisissez la bonne réponse.**

1 Franck spent his holidays in ______.
(a) Spain (b) France (c) Italy
2 He stayed ______.
(a) in a cottage (b) in a hotel
(c) on a campsite
3 He went fishing in his ______ boat.
(a) uncle's (b) aunt's (c) father's
4 He ate sardines grilled by his ______.
(a) mother (b) uncle (c) father

## Expo-langue

**The superlative**

To say something is 'the biggest', 'the longest', 'the most expensive', etc., you use the superlative. You form this by putting **le/la plus** before an adjective.
l'appartement **le plus cher** = the most expensive apartment

The adjective has to agree with the noun.
la plage **la plus longue** = the longest beach
les pommes **les plus délicieuses** = the most delicious apples

à la pizzeria

au Quick

à la brasserie

à la crêperie

**parler 1** **À deux. Discutez. Qu'est-ce qu'on peut manger et boire?**

- ■ Qu'est-ce qu'on peut manger au Quick?
- ● On peut manger ...
- ■ Et qu'est-ce qu'on peut boire?
- ● On peut boire ...

du poisson
un hamburger
une crêpe au jambon
une pizza
une mousse au chocolat
du pâté
des frites
du poulet et des pommes de terre

du coca
du café
de l'eau
de la bière
de l'Orangina
du jus d'orange

**écrire 2** **Faites des listes.**

***Exemple:*** Au Quick, on peut manger/boire ...

**lire 3** **Lisez et décidez. Où déjeunent-ils?**

**a** *Une pizza jambon fromage et des spaghettis à la bolognaise.*

**b** *Je voudrais une crêpe au chocolat avec de la crème Chantilly.*

**c** *Je voudrais la soupe en entrée et comme plat principal, du poulet avec des frites.*

**d** *Deux hamburgers, une mousse au chocolat et une glace à la vanille.*

**écouter 4** **Écoutez. Ils veulent déjeuner. Copiez et complétez la grille. (1–4)**

| | où? | manger? | boire? |
|---|---|---|---|
| 1 | | | |
| 2 | | | |
| 3 | | | |
| 4 | | | |

## Expo-langue

To say what you want, you can use **je veux** (I want), but to be more polite, you can use **je voudrais** (I would like).

## lire 5 Lisez le menu. Reliez les questions et les réponses.

**Menu à prix fixe 15€** – *entrée + plat + dessert + boisson*

| Entrées | Plats | Desserts | Boissons |
|---|---|---|---|
| *Soupe du jour* | *Poulet frites* | *Mousse au chocolat* | *Eau minérale* |
| *Salade verte* | *Jambon haricots verts* | *Glace* | *Jus d'orange* |
| *Crudités* | *Spaghettis à la bolognaise* | *Tarte aux pommes* | *Coca* |

1 Avez-vous réservé?
2 Combien êtes-vous?
3 Voulez-vous boire quelque chose?
4 Plate ou gazeuse?
5 Qu'est-ce que vous voulez comme entrée?
6 Et comme plat principal?
7 Et comme dessert?

a Plate.
b Je prends une mousse au chocolat.
c Non, avez-vous de la place?
d Je voudrais une salade verte.
e Je voudrais de l'eau minérale.
f Nous sommes quatre.
g Je voudrais le poulet frites.

## parler 6 À deux. Posez et répondez aux questions.

■ Où veux-tu déjeuner?
● Je voudrais aller **a** au  **b** à la 

■ Qu'est-ce que tu veux boire?
● Je voudrais **a**  **b** 

■ Qu'est-ce que tu prends comme entrée?
● Je voudrais **a**  **b** 

■ Qu'est-ce que tu prends comme plat principal?
● Je voudrais **a**  **b** 

■ Qu'est-ce que tu prends comme dessert?
● Je voudrais **a**  **b** 

## écouter 7 Écoutez. C'est comment? (1–6)

**a** trop sucré(e)

**b** trop salé(e)

**c** trop sec/sèche

**d** pas assez de sauce

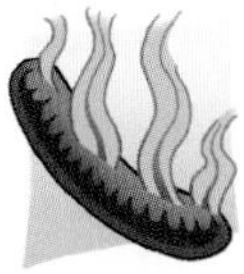
**e** trop cuit(e)

**f** délicieux/euse

## écrire 8 Qu'est-ce que vous avez mangé? C'était comment? Écrivez un paragraphe.

À midi, j'ai déjeuné dans une brasserie.
Comme entrée, j'ai mangé ... et c'était ...
Comme plat principal, j'ai pris ... et c'était ...
Comme dessert, j'ai mangé ... et c'était ...
J'ai bu ... et c'était ...

| | |
|---|---|
| ✔✔ | délicieux /super |
| ✔ | bon |
| – | (ce n'était) pas mal |
| ✘ | trop ... / pas assez ... |

# 5 Plage, mer et soleil Talking about holidays Using past, present and future tenses

**lire 1** **En vacances. Lisez les textes. Copiez et complétez la grille.**

a

b

c

d

e
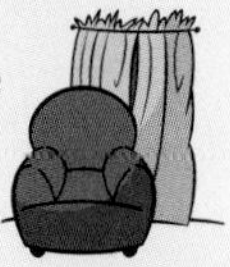
f

g

h

i

j

k

l

J'adore passer les vacances au bord de la mer. J'aime nager dans la mer ou dans une piscine et j'aime jouer au volley avec mes copains. Ce que je n'aime pas, c'est visiter un musée ou faire du shopping. Et je n'aime pas rester à la maison. Regarder la télé, c'est nul! L'année dernière, je suis allé en Bretagne et j'ai nagé et fait de la planche à voile.
**Vincent**

Je déteste les vacances en famille. Je n'aime pas me reposer sur la plage. Ce que j'aime, c'est apprendre un nouveau sport. Je veux faire un stage de parapente, de l'escalade ou de la randonnée en haute montagne. J'aime les sports d'aventure! Ma passion, c'est faire du VTT. L'année dernière, je suis allée au bord de la mer avec ma famille. C'était nul!
**Sophie**

un stage – a course

| | aime | n'aime pas | l'année dernière |
|---|---|---|---|
| Vincent | a, … | | |
| Sophie | | | |

## Expo-langue →→→→

- You use the *present* to say what you *do now or generally*.
  D'habitude, je **vais** au bord de la mer. = I usually *go* to the seaside.
- You use the *near future* to say what you *are going to do*.
  Pendant les vacances, je **vais aller** à Paris. = In the holidays, I *am going to go* to Paris.
- You use the *perfect* tense to say what you did.
  L'année dernière, je **suis allé(e)** en Bretagne et j'**ai fait** … = Last year I *went* to Brittany and I …

Grammaire 186
Grammaire 188
Grammaire 192

**parler 2** **À deux. Posez et répondez aux questions.**

- Qu'est-ce que Vincent/Sophie aime faire?
- Et qu'est-ce qu'il/elle n'aime pas faire?
- Où est-il/elle allé(e) l'année dernière?
- Et toi? Qu'est-ce que tu aimes faire?
- Et qu'est-ce que tu n'aimes pas faire?
- Où es-tu allé(e) l'année dernière?

- Vincent/Sophie aime …
- Il/Elle n'aime pas …
- …
- …
- …
- …

**écouter 3** **Les grandes vacances. Écoutez. Copiez et remplissez la grille. Utilisez les images de l'exercice 1. (1–4)**

| | d'habitude | cette année | l'année dernière |
|---|---|---|---|
| 1 | a, | | |
| 2 | | | |

**lire 4** **Lisez les dépliants. Puis lisez les phrases: c'est quel séjour?**

A

## *Séjour sportif à la Martinique*

Plongée sous-marine, kayak, trekking, baignades, équitation au bord de la mer
Excursions, soirées
Ce séjour aux Caraïbes vous permettra de combiner la découverte de l'île et la détente au bord de la mer.
7h de vol de Paris et navette de l'aéroport jusqu'à l'hôtel quatre étoiles
Équipement fourni: combinaison de plongée, bouteilles, sac étanche

B

## Séjour multi-activités Biarritz

Moto, karting, cyclisme, piscine, surf, beach-volley, judo, tennis, foot, excursions dans les Pyrénées
Hébergement hôtel familial deux étoiles
Le transport à l'hôtel est effectué en minibus directement de la gare.
Ce séjour permet aux jeunes d'expérimenter plusieurs sports.
Équipement fourni: vélos, motos, casques, gants et genouillères

C

## Visite culturelle *La découverte de la capitale*

Ce séjour permet aux jeunes de découvrir la capitale à travers les monuments et les quartiers typiques de Paris.
La tour Eiffel, l'arc de Triomphe, Notre-Dame, la Cité des sciences et de l'industrie, visite des quartiers typiques, le parc d'attractions Parc Astérix
Les jeunes sont logés en auberge de jeunesse.
Le transport est effectué en car grand tourisme.

la détente – relaxation
la navette – shuttle bus

1 This is a cultural visit to the capital.
2 This is a water-sports holiday in the Caribbean.
3 This is a multi-activity holiday in the Pyrenees.
4 You will go on a guided tour of the most important sights.
5 The flight from Paris will take seven hours.
6 You will stay in a youth hostel.
7 You will stay in a two-star hotel.
8 Diving equipment will be supplied.

**écouter 5** **Écoutez. Ils vont faire quel séjour? (1–3)**

**écrire 6** **Mes vacances. Votre corres vous pose ces questions.**

- Où passes-tu tes vacances d'habitude?
- Qu'est-ce que tu aimes et qu'est-ce que tu n'aimes pas faire pendant les vacances?
- Où es-tu allé(e) l'année dernière?
- Qu'est-ce que tu vas faire cette année?

Controlled assessment role play

You are working in the tourist information office in your local town. A French tourist who speaks no English asks you for information about the local campsite, as well as about the town itself and the area. You'll have to cover the following points and you may also have to answer unexpected questions during the role play.

The following points are suggestions of the information you can include:

1 Describe the local campsite (e.g. location, facilities).
2 Ask a question about the tourist's holiday. (e.g. How long is he/she staying? What activities does he/she want to do?)
3 Explain what there is to see and do in the town or area.
4 Ask a question about what he/she wants to buy.
5 Say where the best place is to go shopping for what he/she wants.
6 Say which local restaurants you have eaten in and give your opinion of them.
7 Describe a special event which will be taking place locally next week (e.g. a concert, a festival, a sporting event).

**1 You will hear the first part of a model role play. Predict how the sentence halves will match up, then listen to Zoe's role play and check your answers.**

1 Le camping est à ...
2 C'est assez grand: il y a de la place pour ...
3 Il y a une grande piscine aussi et une ...
4 De plus, il y a un petit magasin où on peut acheter ...
5 Le camping se trouve à la campagne, donc ...
6 S'il fait beau, on peut ...
7 Vous restez ...

a ... aire de jeux pour les enfants.
b ... combien de temps, madame?
c ... c'est très tranquille.
d ... 50 tentes.
e ... faire des promenades dans la forêt.
f ... du lait, du pain et des fruits.
g ... 20 minutes d'ici.

**2 Listen to the second part of the role play and fill in the gaps.**

- ■ Qu'est-ce qu'on peut faire ici?
- ● Il y a **(1)** ______ de choses à faire. Il y a l'Aquapark, où on **(2)** ______ faire de la natation et de la plongée. **(3)** ______ vous aimez l'histoire, il y a le château et le musée. Et le soir, **(4)** ______ des restaurants, des cinémas et des boîtes.
- ■ Où est-ce que je peux faire des achats?
- ● Ça **(5)** ______. Que voulez-vous acheter?
- ■ Je dois acheter des provisions et des souvenirs.
- ● Pour les provisions il y a un hypermarché **(6)** ______ d'ici. Il est **(7)** ______ tous les jours. **(8)** ______ les souvenirs, il y a un **(9)** ______ choix de magasins **(10)** ______ centre-ville.

il y a | grand | ouvert | beaucoup | Pour | dépend | Si | peut | au | près

**3 Now listen to the final part of Zoe's role play.**

**1** Unjumble the words in Zoe's answers.

**a** C'est un restaurant **niliate** au centre-ville.

**b** J'ai très bien mangé et l'**enamabic** était sympa.

**c** La semaine prochaine, il y aura un **visfelat** de **quisume**.

**d** Il y a une exposition d'art **renedom** au musée ou on peut visiter le **tahâcue**.

**e** Mais **miedan**, il va faire **abue**!

il y aura – there will be

**2** What is the unexpected question Zoe is asked?

**4 Now it's your turn! Prepare your answers to the task opposite, then do the role play with your teacher or partner.**

- Use the Grade Studio and your answers to Exercises 1–3 to help you.
- Adapt what Zoe said and add new ideas of your own.
- Try to predict what the unexpected question will be.
- Remember, this is a formal situation, so use the ***vous*** form and be polite!
- Record the role play. Ask a partner to listen to it and say how well you performed.

Award each other one star, two stars or three stars for each of these categories:

- pronunciation
- confidence and fluency
- range of tenses
- using longer sentences
- variety of vocabulary and expressions
- taking the initiative.

What do you need to do next time to improve your performance?

## GradeStudio

Make sure you cover the basics!

- Use a variety of simple **words and structures**, e.g. *il y a* (there is), *c'est* (it is), *ici* (here).
- Include a **simple description**. You can do this by using *c'est* + an adjective. To make this more interesting, you can add a **qualifier**, like *très* (very), *assez* (quite) or *un peu* (a bit).

To achieve a Grade C, you need to show you can ask **questions** and use a **variety of tenses and structures**.

- Make sure you know how to ask questions, including using **question words**. Zoe uses *combien de …?* (how many/how much …?) and *que …?* (what …?) to complete this task. What are the other important question words that you need to know?
- Make sure you know your tenses really well! Zoe uses:
  - the **present tense** to describe the campsite and say what there is to do
  - the **perfect tense** to say what restaurants she has been to
  - the **near future tense** to say when the concerts are going to take place.
- Use **other connectives** to make longer sentences. Look back at how Zoe uses *donc* (so) and *de plus* (what's more) in the first part of her role play.
- Use ***on peut* + infinitive** to say what you can do, e.g. Zoe says: *On peut acheter du lait* (You can buy milk).

To increase your marks, use:

- ***où*** (where) to create **longer sentences**, e.g. Zoe says: *Il y a un petit magasin **où** on peut acheter …* (There's a little shop where you can buy …)
- a **sentence beginning with *si*** (if), e.g. Zoe says: ***S'**il fait beau, on peut faire des promenades dans la forêt* (If the weather's fine, you can go for walks in the forest).

### Épate l'examinateur!

- To really impress an examiner, use *il y aura* (there will be), e.g. Zoe says: *La semaine prochaine, il y aura un festival de musique* (Next week, there will be a music festival). Invent a new phrase using *il y aura* for your role play.

# Contrôle écrit Writing about a past holiday

## Mes vacances

L'année dernière, je suis allé en Espagne avec ma famille. Nous y sommes allés en avion.

Nous avons loué un appartement à cinq minutes de la plage. Dans l'appartement, il y avait une cuisine, un salon, une chambre pour mes parents, une salle de bains et un grand balcon. Mon frère et moi, nous avons dormi sur des canapés-lits dans le salon.

Le premier jour, le matin, je me suis levé de bonne heure et je suis allé chercher le pain pour le petit déjeuner. Puis nous avons passé la matinée à la piscine. L'après-midi, nous avons fait une balade en vélo et nous avons joué au tennis. Le soir, nous sommes sortis dîner. J'aime la cuisine espagnole, j'adore les tapas, et on mange beaucoup de poisson. En Espagne, le soir, tout le monde sort se promener et l'ambiance est festive. J'aime ça!

Un jour, nous sommes allés en car dans un parc aquatique où il y avait une piscine à vagues et six toboggans. Le toboggan «noir» était vraiment terrifiant. Un autre jour, on est allés faire du karting. C'était sensass!

D'habitude, je vais en vacances avec ma famille et nous allons au bord de la mer, mais l'année prochaine, je vais faire un stage de sports d'aventure dans les Alpes avec ma classe.

***Vincent***

### Expo-langue → Grammaire 192 Grammaire 194

When talking in the perfect tense about yourself and someone else, you use **nous** + **avons** or **sommes** + the past participle.

When you use **nous** with **sommes** in the perfect, the past participle needs to agree.
nous sommes allé**s** = male or mixed group
nous sommes allé**es** = female group

**1 Find the French equivalent of these phrases in the text and copy them out.**

1 I went to Spain
2 We rented an apartment
3 my brother and I slept on sofa beds
4 I got up
5 We spent the morning ...
6 We went for a bike ride
7 Everybody goes out
8 I am going to do an adventure sports course

**2 Which tenses are the phrases in Exercise 1 in? For each phrase, write 'present', 'perfect' or 'near future'. Look at the perfect ones again. Which verbs use *avoir* and which use *être*?**

**3 Answer the questions briefly in English.**

1 How far was the apartment from the beach?
2 How many rooms did it have (not counting the balcony)?
3 Why did Vincent get up early on the first day?
4 Where did they spend the morning?
5 What does he say the Spanish eat a lot of?
6 According to Vincent, what does everybody do in the evenings in Spain?
7 How did he and his family get to the aquapark?
8 Who is he going on holiday with next year?

**4 You might be asked to write about a past holiday as a controlled assessment task. Use the Grade Studio to help you prepare.**

## GradeStudio

Make sure you cover the basics in your written assessment.

- Make sure you check the **gender** of the nouns and use *un* and *une* correctly: *un appartement, une maison, un salon, une chambre*, etc.
- Use **time expressions** to talk about what you did during the day: *le matin* (in the morning), *l'après-midi* (in the afternoon), *le soir* (in the evening); *la matinée* (the whole morning), *la journée* (the whole day).
- Express **opinions** using *j'aime* and *j'adore* to say what you like and really like.

To achieve a Grade C, you should show that you can use **different tenses** correctly. Use:

- the **present tense** to say what usually happens: *Nous **allons** au bord de la mer* (We go to the coast)
- the **perfect tense** when talking about what happened on your holiday: *Je **suis allé(e)** chercher le pain* (I went to fetch the bread)
- the **near future tense** (*aller* + infinitive) to say what you are going to do in the future: *Je **vais faire** un stage de sport* (I'm going to go on an activity holiday)
- the phrase ***il y avait*** (imperfect) to say what there was: ***Il y avait** un salon* (There was a living room).

To increase your marks, use:

- the ***nous* form** to say what we did: *nous sommes allé(e)s, nous avons fait, nous avons dormi*
- ***on*** as an alternative way of saying what we did: *on est allé(s), on a fait, on a dîné.*

### Épate l'examinateur!

- To really impress your examiner, use the pronoun *y* (there): *Nous y sommes allés* (We went there).

**5 Now write an account of a holiday.**

- Adapt Vincent's text and use language from Unit 5 and the rest of the module.
- Structure your text carefully.
- If you have to look up new words in a dictionary, make sure you choose the correct French word. Look carefully at any example sentences given. Cross-check by looking the French word up in the French–English part of the dictionary. What English translations are given?

**Introduction**

*Did you go away or stay at home?*
*Where did you go?*
*Who with?*
*How did you travel?*
*What did you do there?*
*What did you do if you stayed at home?*

**Main paragraphs**

Accommodation
*Where did you stay?*
*What was it like?*

Activities
*What did you do on the first day?*
*Where did you go?*
*What was it like?*

Personal impressions
*Mention something that you liked, e.g. food and drink, a special event*

**Conclusion**

*What are you going to do next year?*

**Check what you have written carefully. Check:**

- spelling and accents
- tense formation
- verb endings, especially *nous* forms (*-ons*)
- gender and agreement (e.g. adjectives, past participles of *être* verbs).

## La météo

| | | | |
|---|---|---|---|
| Quel temps fait-il? | *What's the weather like?* | Il va faire (chaud). | *It's going to be (hot).* |
| Il fait chaud. | *It's hot.* | Il va y avoir (du vent). | *It's going to be (windy).* |
| Il fait froid. | *It's cold.* | | |
| Il y a du soleil. | *It's sunny.* | Il va (neiger). | *It's going to (snow).* |
| Il y a du brouillard. | *It's foggy.* | au nord | *in the north* |
| Il y a du vent. | *It's windy.* | au sud | *in the south* |
| Il y a des orages. | *It's stormy.* | à l'est | *in the east* |
| Il neige. | *It's snowing.* | à l'ouest | *in the west* |
| Il pleut. | *It's raining.* | dans le centre | *in the centre* |

## Les vacances — *Holidays*

| | | | |
|---|---|---|---|
| les grandes vacances | *the summer holidays* | d'habitude | *usually* |
| je vais ... | *I'm going ...* | cette année | *this year* |
| chez (mes grands-parents) | *to (my grandparents' house)* | On fait ... | *We do ...* |
| | | du sport | *sport* |
| | | du VTT | *mountain-biking* |
| à une ferme | *to a farm* | de la natation | *swimming* |
| au bord de la mer | *to the seaside* | de l'équitation | *horse-riding* |
| à la campagne | *to the countryside* | On joue ... | *We play ...* |
| faire du camping | *camping* | au foot | *football* |
| faire un stage (sportif) | *to do a (sports) course* | au basket | *basketball* |
| | | au tennis | *tennis* |
| louer une caravane/un appartement/un gîte | *to rent a caravan/ apartment/gite* | au volley | *volleyball* |

## Au camping — *At the campsite*

| | | | |
|---|---|---|---|
| Nous allons en vacances ... | *We go on holiday ...* | Nous jouons (au tennis). | *We play (tennis).* |
| en Bretagne | *to Brittany* | Nous faisons des balades à vélo/à cheval. | *We go for bike rides/ horse-riding.* |
| avec nos parents | *with our parents* | | |
| à la campagne | *to the countryside* | Nous dînons (au restaurant). | *We eat (in the restaurant).* |
| au bord de la mer | *to the seaside* | | |
| Nous passons une semaine au camping. | *We spend a week at the campsite.* | Dans le camping, il y a ... | *On the campsite, there's ...* |
| Nous louons un petit chalet. | *We rent a little chalet.* | une pataugeoire | *a paddling pool* |
| | | une aire de jeux | *a children's play area* |
| Nous dormons sous une tente. | *We sleep in a tent.* | | |
| | | un terrain de pétanque | *a bowling area* |
| Nous logeons dans un chalet. | *We stay in a chalet.* | une salle de jeux | *a games room* |

## Un dépliant touristique — *A tourist brochure*

| | | | |
|---|---|---|---|
| | | des sentiers (m) pédestres | *footpaths* |
| la Bretagne | *Brittany* | | |
| une station balnéaire | *a seaside resort* | des pistes (f) cyclables | *cycle paths* |
| est situé(e) sur | *is situated on* | des allées (f) cavalières | *bridle paths* |
| un terrain de golf | *a golf course* | visitez ... | *visit ...* |
| | | dégustez ... | *try ... [food/drink]* |

## On déjeune — *Let's have lunch*

| | |
|---|---|
| à la brasserie | *at the brasserie [informal restaurant]* |
| à la crêperie | *at the creperie [pancake restaurant]* |
| à la pizzeria | *at the pizzeria* |
| au Quick | *at Quick [burger restaurant]* |
| Comme entrée ... | *As a starter ...* |
| Comme plat principal ... | *As a main course ...* |
| Comme dessert ... | *For dessert ...* |
| Comme boisson ... | *To drink ...* |
| je voudrais ... | *I'd like ...* |
| le hamburger (frites) | *burger (and chips)* |
| le pâté | *pâté* |
| le poisson | *fish* |
| le poulet (frites) | *chicken (and chips)* |
| la crêpe (au jambon) | *pancake (with ham)* |
| la pizza | *pizza* |
| la soupe (du jour) | *soup (of the day)* |
| la salade verte | *green salad* |
| les pommes de terre | *potatoes* |
| la mousse au chocolat | *chocolate mousse* |
| la glace | *ice cream* |
| les frites (f) | *chips* |
| les spaghettis (m) (à la bolognaise) | *spaghetti (bolognaise)* |
| un café | *coffee* |
| un coca | *coke* |
| un jus d'orange | *orange juice* |
| une bière | *beer* |
| l'eau (f) | *water* |
| l'Orangina (m) | *Orangina* |
| j'ai déjeuné | *I had lunch* |
| j'ai mangé | *I ate* |
| j'ai pris | *I had* |
| j'ai bu | *I drank* |
| C'était ... | *It was ...* |
| délicieux/super | *delicious* |
| bon | *good* |
| Ce n'était pas mauvais. | *It wasn't bad.* |
| Il/Elle est/était ... | *It is / was ...* |
| trop sucré(e) | *too sweet* |
| trop salé(e) | *too salty* |
| trop cuit(e) | *overcooked* |
| trop sec/sèche | *too dry* |
| Il n'y a/avait pas assez de sauce. | *There isn't/wasn't enough sauce.* |

## En vacances — *On holiday*

| | |
|---|---|
| J'aime / Je n'aime pas ... | *I like / I don't like ...* |
| Il/Elle aime / n'aime pas ... | *He/She likes / doesn't like ...* |
| aller au bord de la mer | *going to the seaside* |
| apprendre un nouveau sport | *learning a new sport* |
| faire du shopping | *going shopping* |
| faire du vélo | *going cycling* |
| faire du volley | *playing volleyball* |
| faire du parapente | *going paragliding* |
| faire de la planche à voile | *going windsurfing* |
| faire de la randonnée | *going hiking* |
| faire de l'escalade | *going rock-climbing* |
| faire un stage (de parapente) | *doing a (paragliding) course* |
| nager | *swimming* |
| regarder la télé | *watching TV* |
| rester à la maison | *staying at home* |
| visiter un musée | *visiting a museum* |
| D'habitude, je vais ... | *Usually I go ...* |
| L'année dernière, je suis allé(e) ... | *Last year I went ...* |
| L'année dernière, il/elle est allé(e) ... | *Last year he/she went ...* |
| Pendant les vacances, je vais aller ... | *In the holidays I'm going to go ...* |
| à Paris | *to Paris* |
| au bord de la mer | *to the seaside* |
| en Bretagne | *to Brittany* |

# 8 Mode de vie

## Ce qu'on mange et ce qu'on boit

**Talking about food and drink**
**Using *du, de la, de l', des***



écouter **1** **Écoutez Nicolas et Amélie. Que mangent-ils et que boivent-ils d'habitude pour le petit déjeuner? Copiez et remplissez la grille. (1–2)**
*Listen to Nicolas and Amélie. What do they usually eat and drink for breakfast? Copy and complete the grid.*

| | journée scolaire | | week-end | |
|---|---|---|---|---|
| | mange | boit | mange | boit |
| Nicolas | | | | |
| Amélie | | | | |

a

des céréales

b

du lait

c

du jus d'orange

d

du chocolat chaud

e
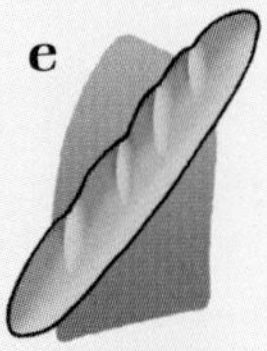
du pain

f

du pain grillé

g

une tartine

### Expo-langue

You use **du**, **de la**, **de l'** and **des** (some) when talking about what you eat and drink. This is known as the partitive article.

| masculine singular | feminine singular | before a vowel | plural |
|---|---|---|---|
| **du** | **de la** | **de l'** | **des** |

Je mange **du** pain grillé. = I eat (some) toast.
Veux-tu **des** céréales? = Do you want (some) cereal?

Je ne bois pas **de** lait. = I don't drink milk.
Je ne veux pas **de** céréales. = I don't want cereal.

When the verb is negative, **du**, **de la**, **de l'** and **des** change to **de**.

Déjà vu 1

parler **2** **À deux. Posez et répondez aux questions.**

- Que manges-tu d'habitude au petit déjeuner avant d'aller au collège?
- Que bois-tu d'habitude au petit déjeuner avant d'aller au collège?
- Et le week-end, que manges-tu d'habitude?
- Et que bois-tu d'habitude le week-end?

Try to use some of these phrases in your answers:
d'habitude – usually | quelquefois – sometimes
Ça dépend. – It depends. | Je préfère ... – I prefer ...
Si je suis pressé(e), ... – If I'm in a hurry, ...
Si je ne suis pas pressé(e), ... – If I'm not in a hurry, ...
Si je suis en retard, ... – If I'm late, ...
Je ne mange rien. – I don't eat anything.

écrire **3** **Qu'est-ce que vous mangez et buvez au petit déjeuner?**
*What do you eat and drink for breakfast?*

D'habitude au petit déjeuner, je mange ... , mais si je suis pressé(e), je ...

lire **4** **À la cantine. Lisez et trouvez ce qu'ils choisissent.**
*In the canteen. Read the texts and find what they choose.*

***Exemple:*** **Coralie** a, ...

a

b

c

d

e
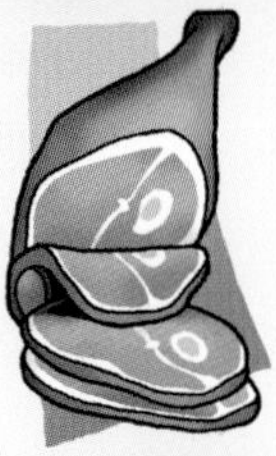
f

g

h
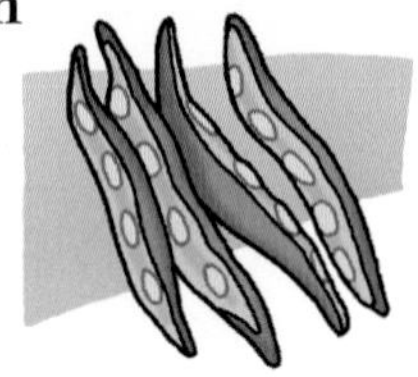
i

j

k

l

À midi, je mange à la cantine. Aujourd'hui, je mange une salade verte, du jambon avec des frites et puis une mousse au chocolat parce que j'adore le chocolat.
*Coralie*

À midi, je rentre à la maison. Aujourd'hui, je mange de la soupe, un hamburger avec des haricots verts et un yaourt.
*Thomas*

À midi, je mange à la cantine. Je prends une salade composée, une pizza, des frites et une pomme comme dessert.
*Sandrine*

écouter **5** **À la cantine. Que mangent-ils et que boivent-ils? Écoutez et notez les lettres des images de l'exercice 4. (1–4)**
*In the canteen. What do they eat and drink? Note the letters of the pictures in Exercise 4.*

parler **6** **Vidéoconférence. Préparez une présentation sur ce que vous mangez et buvez d'habitude pendant une journée scolaire.**

Au petit déjeuner / repas de midi, je mange ... je bois ...

le petit déjeuner – breakfast
le repas de midi – lunch
le goûter – afternoon snack
le dîner – dinner

# Ça ne va pas! Parts of the body and saying where it hurts
## Using *au, à la, à l', aux*

**lire 1** **Identifiez les parties du corps.**
*Identify the parts of the body.*

***Exemple:*** a la tête

le bras
le coude
les dents (f)
le doigt
le dos
l'épaule (f)
le genou
la gorge
la jambe
la main
le nez
les oreilles (f)
le pied
la tête
le ventre

**écouter 2** **Écoutez et vérifiez.**

**écouter 3** **Écoutez. Quelle partie du corps leur fait mal? (1–6)**
*Listen. Which part of their body hurts?*

***Exemple:*** 1 a

**parler 4** **À deux. Choisissez une partie du corps. Votre partenaire devine ce que vous avez.**
*In pairs. Choose a part of the body. Your partner guesses what's wrong with you.*

- ■ Comment vas-tu?
- ● Ça ne va pas.
- ■ As-tu mal **à la tête**?
- ● **Oui./Non.**

### Expo-langue

To say where it hurts, you use **J'ai mal à** + the part of the body.

**à** + **le** → **au**
**à** + **les** → **aux**

J'ai mal **au** genou.
= My knee hurts./I've hurt my knee.
J'ai mal **à la** jambe.
= My leg hurts./I've hurt my leg.
J'ai mal **à l'**épaule.
= My shoulder hurts./I've hurt my shoulder.
J'ai mal **aux** dents. = My teeth hurt./I've got toothache.

**5** écouter

**Chez le médecin. Écoutez et notez a, b ou c pour remplir les blancs pour chaque personne. (1–3)**

*At the doctor's. Listen and note a, b or c to fill the gaps for each person.*

***Exemple:*** Aurélie **1** c

■ Bonjour, **Aurélie/Rémy/Chloé**.
● Bonjour, madame/monsieur.
■ Qu'est-ce qui ne va pas?
● J'ai **(1)** ______ et **(2)** ______.
■ Tu as **(3)** ______. Je te fais une ordonnance.
Va à la pharmacie. Il faut **(4)** ______ **(5)** ______
● Est-ce qu'il faut rester au lit?
■ Non, mais tu ne peux pas aller au collège!
Oui, il faut rester au lit.
● Merci. Au revoir, madame/monsieur.

| | | | |
|---|---|---|---|
| **1** | **(a)** mal à la tête | **(b)** mal au ventre | **(c)** mal à la gorge |
| **2** | **(a)** j'ai vomi | **(b)** je tousse | **(c)** j'ai de la fièvre |
| **3** | **(a)** la grippe | **(b)** une gastrite | **(c)** un rhume |
| **4** | **(a)** prendre les comprimés | **(b)** sucer les pastilles | **(c)** prendre ce sirop |
| **5** | **(a)** 2× par jour | **(b)** 3× par jour | **(c)** 4× par jour |

**6** parler

**Chez le médecin. Faites des dialogues. Adaptez le dialogue de l'exercice 5.**

**7** lire

**Qui écrit? Aurélie, Rémy ou Chloé?**

*Who is writing? Aurélie, Rémy or Chloé?*

Je ne peux pas venir au collège aujourd'hui parce que ...

1 ... j'ai mal à la gorge et le médecin m'a fait une ordonnance pour acheter des pastilles.
2 ... j'ai la grippe – je dois prendre des comprimés et rester au lit!
3 ... j'ai une gastrite, j'ai vomi toute la nuit et le médecin m'a donné un sirop qui est vraiment dégoûtant!

**8** écrire

**Écrivez des textos à votre copain / votre copine.**

*Write text messages to your friend.*

Je ne peux pas aller au collège aujourd'hui parce que ...

# 1 Garder la forme Talking about a healthy lifestyle Using *il faut* to say 'you must/should'

**écouter 1** **C'est bon pour la santé ou pas? Pourquoi? Écoutez et notez en anglais. (1–11)**

*Exemple:*
1 not healthy – full of sugar

1

2

3

4

5

6

7

8

9

10

11

plein de vitamines/de calcium/de sucre – full of vitamins/calcium/sugar
le corps a besoin de protéines – the body needs protein

**lire 2** **Reliez le conseil et la bonne image.**

a

b

c

d

e

f
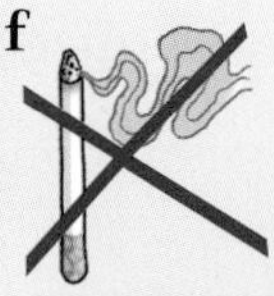
g

h

i
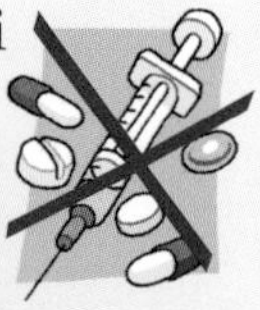

1 Il faut manger cinq fruits ou cinq légumes par jour.
2 Il ne faut pas manger trop de chips ou de bonbons.
3 Il faut se coucher de bonne heure.
4 Il faut boire plus d'eau.
5 Il ne faut pas prendre de drogue.
6 Il faut faire plus de sport.
7 Il ne faut pas prendre le bus; il faut marcher davantage.
8 Il ne faut pas fumer.
9 Il ne faut pas boire de boissons sucrées.

## Expo-langue →→ Grammaire 195

You can use **il faut** with a noun.
Il faut **de la limonade**. – We need some lemonade.
You can also use it with a verb. This is in the infinitive.
Il faut **faire** plus de sport. – You must/need to/should do more sport.
Il ne faut pas **fumer**. – You mustn't/shouldn't smoke.

**écouter 3** **Écoutez. Qu'est-ce qu'il faut faire pour garder la forme? Trouvez la bonne image de l'exercice 2. (1–9)**

**lire 4 Lisez l'interview de Séverine et choisissez a, b ou c pour compléter chaque phrase.**

- **Quel sport fais-tu?**
  * Je fais du judo. Je suis championne junior de ma région.
- **Que fais-tu pour garder la forme?**
  * Je fais une heure de fitness ou de jogging par jour et je mange sainement.
- **Fais-tu un régime?**
  * Non, je mange beaucoup de fruits et de légumes. Je ne mange pas dans les fast-foods. J'évite les graisses et les sucreries.
- **Que bois-tu?**
  * D'habitude, je bois de l'eau minérale. Quelquefois, je bois du coca quand je sors avec mes copains, mais je ne bois pas d'alcool.
- **Combien d'heures d'entraînement fais-tu?**
  * Je fais une heure de judo trois fois par semaine et une heure de fitness ou de jogging chaque jour.
- **Quelles sont les qualités nécessaires pour être champion?**
  * Il faut de la patience, de la concentration et de la discipline.
- **Fumes-tu?**
  * Absolument pas. Dans notre club, c'est défendu de fumer, de boire de l'alcool ou de prendre des drogues.

1 Séverine est (a) sportive. (b) paresseuse. (c) timide.
2 Elle fait (a) du karaté. (b) du judo. (c) du tae-kwando.
3 Elle mange (a) des bonbons. (b) des fruits. (c) des gâteaux.
4 Elle boit (a) de l'eau. (b) de l'alcool. (c) beaucoup de coca.
5 Elle fait (a) quatre heures (b) trois heures (c) une heure et demie d'entraînement par semaine.
6 Pour réussir, il faut (a) se coucher tôt. (b) fumer. (c) être discipliné.

un régime – diet
éviter – to avoid
les graisses (f) – fatty foods
réussir – to succeed

**écouter 5 Écoutez. Que font Jérôme et Sarah pour garder la forme? Copiez la grille et mettez J ou S dans la bonne case. (1–2)**

| | d'habitude | quelquefois | jamais |
|---|---|---|---|
| 1 manger sainement | | | |
| 2 boire de l'eau | | | |
| 3 exercices physiques | | | |
| 4 fumer | | | |
| 5 se coucher tôt | | | |

sainement – healthily

**parler 6 À deux. Posez et répondez aux questions.**

- Que fais-tu pour garder la forme?
- Manges-tu sainement?
- Bois-tu beaucoup d'eau?
- Fais-tu de l'exercice régulièrement?
- À quelle heure tu te couches?

**écrire 7 Donnez des conseils à Adam et à Isabelle!**

Adam, il ne faut pas … il faut …

# 2 La dépendance Discussing addiction and other problems Giving your opinion

**lire 1 Qui est pour (P) et qui est contre (C)?**

1

*Je n'ai jamais fumé. Je trouve ça dégoûtant.*

2

*Les cigarettes coûtent très cher. À mon avis, c'est du gaspillage.*

3

*Selon moi, c'est déstressant! Je fume avec mes copains.*

4
*Selon moi, c'est stupide et je déteste l'odeur des cigarettes.*

5

*Je suis dépendante. Je trouve que fumer me donne confiance.*

6
*Ma tante a fumé et elle est morte d'un cancer des poumons.*

**écouter 2 Écoutez. Qui est pour (P) et qui est contre (C)? (1–5)**

**écouter 3 Réécoutez. Qu'est-ce qu'ils en pensent? Trouvez la bonne phrase pour chaque personne.**

- a C'est un gaspillage.
- b C'est dégoûtant.
- c C'est cool.
- d C'est déstressant.
- e Ça me donne confiance.
- f C'est dangereux.

**Listening for opinion**

- Listen to the tone of voice. Do they sound as if they approve or disapprove?
- Listen for negative expressions using **ne … pas**: Je **ne** pense **pas**.
- Listen for negative words: **dégoûtant**.
- Predict what might be said. Listen for words you would associate with this topic: **gaspillage** (waste), **cancer des poumons** (lung cancer).

**lire 4 Lisez les deux textes. Pour chaque phrase en anglais, écrivez Y (Yann), K (Karim) ou LD (les deux).**

Je n'ai jamais fumé, ce n'est pas bon pour la santé et c'est cher! Je ne veux même pas sortir avec quelqu'un qui fume. Je déteste l'odeur de la fumée sur les vêtements. J'ai une copine qui est dépendante. Elle a arrêté plusieurs fois, mais elle a toujours recommencé.

**Yann**

J'ai arrêté il y a six mois parce que c'est un gaspillage d'argent. Mais c'est difficile, parce que presque tous les élèves de ma classe fument. Pourtant, c'est très dangereux de fumer: mon grand-père est mort d'un cancer des poumons.

**Karim**

1 I don't smoke.
2 I have a friend who can't give up smoking.
3 I know someone who died because of smoking.
4 I stopped smoking because of the cost.
5 I hate the idea of going out with someone who smokes.
6 I am concerned about the health risks of smoking.
7 The smell of smoke bothers me.
8 Lots of my school friends smoke.

**lire 5** **Les problèmes des jeunes. Reliez les personnes et les problèmes.**

1 À mon avis, le problème le plus grave, c'est l'alcoolisme. Beaucoup de jeunes dans ma classe boivent déjà trop.
Damien

2 Selon moi, le plus grand problème est la drogue. J'ai un copain qui prend quelque chose. Il était toujours rigolo, mais maintenant il est toujours de mauvaise humeur.
Lou

3 Je pense que le problème le plus grave, c'est l'anorexie. J'ai des copines qui sont très maigres parce qu'elles ont peur de grossir.
Charlotte

4 Il y a beaucoup de jeunes qui ne font pas assez d'exercice et qui mangent trop. L'obésité est le problème le plus répandu.
Vincent

**a** On mange trop.
**b** On boit trop de boissons alcoolisées.
**c** On risque de devenir dépendant.
**d** On ne mange pas assez.

## Expo-langue

**Giving your opinion**
à mon avis/selon moi = in my opinion
**À mon avis**, le tabagisme est le problème le plus grave. = In my opinion, tobacco is the most serious problem.

Je pense que … =
I think that …
**Je pense que** l'obésité est un problème aussi grave que l'anorexie. = I think that obesity is as bad a problem as anorexia.

**écouter 6** **Quel est le problème le plus grave selon eux? (1–4)**

**a** Drugs **b** Smoking **c** Obesity **d** Anorexia **e** Alcohol

**lire 7** **Lisez et répondez aux questions en anglais.**

**Les problèmes des jeunes**

Dans mon collège, le problème le plus grave, c'est le tabagisme. La plupart des élèves de ma classe fument. Mais selon moi, l'alcoolisme est aussi un grand problème, parce que les jeunes pensent que c'est cool et on se moque de vous si vous buvez un jus d'orange. Un autre problème très dangereux est la drogue, parce que quand on commence c'est très difficile d'arrêter.

Monique

1 According to Monique, what is the most serious problem in her school?
2 Give one reason why she thinks young people drink alcohol.
3 Why does she think drugs are dangerous?

Always read the question *and* the text carefully, e.g. in answer to question 1, three problems are mentioned in the text, but the writer only refers to one as 'the most serious problem'. Which is it?

# 3 Veux-tu te marier? Talking about family relationships and future plans
## Using *je veux* to say what you want to do

**lire 1 Lisez et répondez aux questions.**

*Je ne veux pas me marier parce que je ne veux pas avoir d'enfants. Je veux devenir médecin et voyager. Je veux aller en Afrique et travailler pour Médecins Sans Frontières. Je veux une petite copine, mais pas une femme.*

François

*Plus tard, ma petite copine et moi, nous voulons louer un petit appartement, mais nous ne voulons pas de grand mariage parce que ça coûte trop cher. Plus tard, on veut avoir des enfants et se marier, mais d'abord, il faut gagner de l'argent!*

Nathan

*Plus tard, je veux trouver un petit copain riche. Je suis romantique. Je veux tomber amoureuse. Je veux porter une robe blanche, et être la princesse d'une journée, et puis avoir des enfants et vivre heureuse.*

Zoé

**Expo-langue →** Grammaire 195

To say what you want to do, use **je veux** + the infinitive.

Je **veux voyager**. = I want to travel.

1 Qui veut un grand mariage? Pourquoi?
2 Qui ne veut pas se marier? Pourquoi?
3 Qui ne veut pas de grand mariage? Pourquoi?

**écouter 2 Écoutez et notez. Qui veut se marier? (1–5)**

**1** Christophe **2** Delphine **3** Audrey **4** Mélinda **5** Kévin

**parler 3 Qu'en pensez-vous? Discutez. Utilisez les textes de l'exercice 1.**

- ■ Es-tu romantique?
- ● **Oui, je suis romantique. / Non, je ne suis pas romantique.**
- ■ Veux-tu te marier plus tard?
- ● **Je veux / ne veux pas** … parce que **je suis / j'aime / je n'aime pas** …
- ■ Veux-tu un grand mariage?
- ● **Oui / Non**, parce que …
- ■ Veux-tu avoir des enfants?
- ● **Oui / Non / Ça dépend.**

## lire 4 Trouvez les équivalents français de ces phrases anglaises dans les textes.

1 it's better
2 it's embarrassing
3 it's normal
4 it's not fair
5 it's not serious
6 it's romantic
7 it's sad

*Mes parents sont divorcés. C'est mieux parce qu'ils se disputent quand ils sont ensemble.*

**Luc**

*Mes parents se disputent tout le temps, mais je pense que c'est normal qu'on se dispute. Mon frère et moi, nous nous disputons tout le temps, mais ce n'est pas grave.*

**Sylvie**

*Mes parents se sont séparés. J'habite chez ma mère, dans un petit appartement. J'en ai marre de mon père. Il a une grande maison et une petite amie. Ce n'est pas juste.*

**Hakim**

*Les parents de mon copain se sont séparés. C'est triste, parce qu'il pense que c'est à cause de lui.*

**Sébastien**

*J'habite chez ma mère et son nouveau petit copain. Ils sont toujours amoureux, ils s'embrassent tout le temps. C'est romantique, mais c'est gênant, surtout quand ils le font devant mes amis.*

**Mathilde**

J'en ai marre de … – I am fed up with …
nouveau – new

## lire 5 Indiquez les trois phrases qui sont correctes.

1 Luc n'habite pas chez ses parents.
2 Sylvie ne se dispute pas avec son frère.
3 Hakim n'aime pas son père.
4 Sébastien se dispute avec son copain.
5 Mathilde habite chez son nouveau petit copain.
6 Sylvie pense que les disputes en famille sont graves.
7 Mathilde n'aime pas quand sa mère et son copain s'embrassent devant ses amis.

## parler 6 L'histoire d'un mariage. C'est comment? Complétez les phrases.

*The story of a marriage. What is it like? Complete the sentences.*

1 Ils s'aiment. C'est …
2 Ils se marient. C'est …
3 Ils se disputent. C'est …
4 Ils se séparent. C'est …
5 Ils divorcent. C'est …
6 Son père se remarie.
Ils ont un bébé. C'est …

## écrire 7 Répondez aux questions et écrivez un paragraphe: *Plus tard, …*

- Que veux-tu faire?
- Veux-tu tomber amoureux/amoureuse?
- Veux-tu te marier?
- Veux-tu avoir des enfants?

You are discussing young people's health problems with a student in a partner school in France. You'll have to talk about the points in the list below and may also have to answer unexpected questions about this topic. Your teacher will take the part of the other student.

The following points are suggestions of the information you can include:

1 what health problems young people have (stress, smoking, etc.)
2 whether obesity is a problem for young people
3 what you think about young people and alcohol
4 whether many young people smoke and why they smoke
5 any health problems you have personally experienced
6 what you are going to do to be healthier in the future.

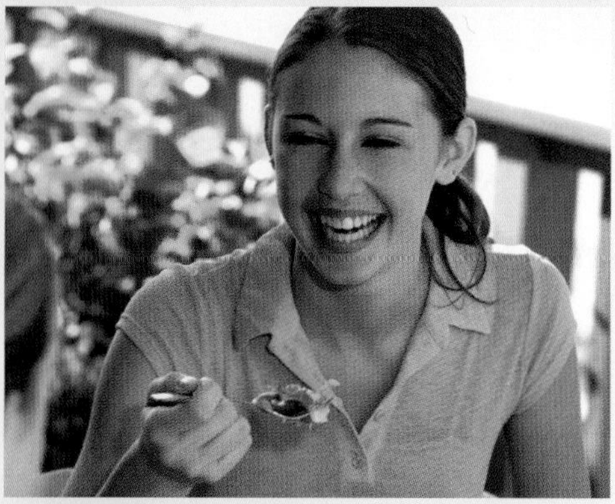

**1 You will hear a model discussion between Darren and his teacher. First, match the two halves of the sentences. Then listen to check.**

1 On fume ...
2 On boit ...
3 On ne fait pas ...
4 Il faut manger ...
5 Il y a des filles ...
6 L'obésité ...
7 Les jeunes sont ...

**a** ... assez d'exercice.
**b** ... cinq portions de fruits et de légumes.
**c** ... de l'alcool.
**d** ... des cigarettes.
**e** ... est un problème grave.
**f** ... qui ne mangent pas assez.
**g** ... stressés par les contrôles.

**2 Listen again and make a list in English of the problems Darren mentions.**

**3 Listen to the second part of Darren's discussion and fill in the gaps.**

■ Et l'alcool?
● Oui, l'alcool est un problème. À mon avis, on (**1**) ________ trop parce qu'on peut (**2**) ________ des canettes et des bouteilles à l'hypermarché. L'alcool n'est pas cher. On boit (**3**) ________ les autres boivent.
■ Est-ce qu'il y a encore beaucoup de jeunes qui fument?
● Oui, (**4**) ________ jeunes fument. On sait que ce n'est pas bon pour la santé, (**5**) ________ on fume. (**6**) ________, on fume parce que les autres se moquent de vous. (**7**) ________ on fume (**8**) ________ on sort avec les copains.
■ Et toi? As-tu eu des problèmes?
● Ah oui, j'ai (**9**) ________ à fumer à l'âge de onze ans. Mais je ne fume plus parce que je sais que ce n'est pas bon pour la santé et (**10**) ________ c'est un gaspillage d'argent.

acheter · boit · commencé · D'abord · en plus · parce que · Puis · trop de · mais · quand

**4 Now listen to the final part of Darren's discussion and answer the questions.**

1 Note two examples of how he uses *Je vais* + infinitive to say what he is going to do.
2 Which adverb does he use to say he eats 'healthily'?
3 How does he say he drinks 'very little' alcohol?
4 What is the unexpected question Darren is asked?
5 Write down the phrase he uses to say 'in my opinion'.
6 Write down the phrase he uses to say 'to have a goal in life'. Look up the spelling of the French word for 'goal' if you don't know it!

**5 Now it's your turn! Prepare your answers to the task opposite, then take part in a discussion with your teacher or partner.**

- Use the Grade Studio and your answers to Exercises 1–4 to help you.
- Adapt what Darren said, but give your own answers to the questions.
- Try to predict what the unexpected question will be; it might not be the same as Darren's!
- Record the discussion. Ask a partner to listen to it and say how well you performed.

Award each other one star, two stars or three stars for each of these categories:

- pronunciation
- confidence and fluency
- range of tenses
- variety of vocabulary and expressions
- using longer sentences
- taking the initiative.

What do you need to do next time to improve your performance?

## GradeStudio

Make sure you cover the basics.

- Use *je* to **talk about yourself**: *je bois.*
- Use *ne … pas* to make a **negative** and say what you don't do: *Je ne bois pas …*
- Be ready to give a list of **problems**: *Les problèmes sont le stress, l'alcool, les cigarettes … (The problems are stress, alcohol, cigarettes …)*

To achieve a Grade C, you must show you can use the **main tenses** correctly and give **opinions**.

- Use the **near future tense** (*aller* + infinitive) to say what you are going to do.
- Copy the way Darren uses the **perfect tense** to say what he did in the past: *J'**ai commencé** à fumer.*
- Use ***il faut/il ne faut pas*** + **infinitive** to say what you must/mustn't do.
- Give your **opinion**. You can use *à mon avis* or *selon moi* to introduce your opinion.
- Use *d'abord* (at first) and *puis* (then) to create a **time line** in your answer.

To aim higher than a Grade C:

- use a range of **negatives**, e.g. use *ne … plus* (no longer) to say what you don't do any more
- talk about **other people**, e.g. look at how Darren uses *les autres **boivent*** to say the others drink and *trop de jeunes **fument*** to say too many young people smoke. Make sure your verb endings are correct!

### Épate l'examinateur!

- Borrow some of the expressions from Darren's answers:
  *C'est un gaspillage d'argent.* (It's a waste of money.)
  *Il faut avoir un but dans la vie.* (You need a goal in life.)

# Contrôle écrit Healthy living

## La forme

Je fais des efforts pour garder la forme. Je ne fais pas de régime particulier, mais je fais des efforts pour manger sainement et je ne fume pas.

Au petit déjeuner, je mange des céréales et je bois un jus d'orange.

D'habitude, à midi je déjeune à la cantine. Le repas est équilibré, il y a de la salade, un plat et un dessert et je bois de l'eau. Malheureusement, les frites du self sont délicieuses et j'en mange trop.

Le soir, au dîner, je mange une soupe, du pain, de la salade, du jambon, du fromage, un fruit et un dessert et je me couche tôt.

Le mercredi, je vais à la piscine et puis je joue au basket ou au volley au centre sportif. Le week-end, je sors avec mon copain. On fait une balade à vélo ou on promène le chien.

La semaine dernière, j'ai fait un stage de yoga au centre de loisirs. C'était super. J'y vais encore une fois cette semaine. À partir de maintenant, je vais essayer de faire plus de sport. Le yoga, c'est très bon pour garder la forme et il y a plein de garçons qui en font.

*Yvette*

**1 Find the French equivalent of these phrases in the text and copy them out.**

1 I don't follow a particular diet.
2 I don't smoke.
3 I have lunch in the canteen.
4 I go to bed early.
5 We go for a bike ride.
6 I am going there again this week.
7 I am going to try …
8 There are lots of boys who do it.

**2 This is about what you do to keep fit, so most of the verbs are in the first person (*je*). Make a list of all the verbs in the *je* form in the text.**

**3 Read the text again. Then use the words below to complete each statement in English.**

1 For breakfast, Yvette eats ______.
2 With her midday meal, she drinks ______.
3 Unfortunately, in the canteen, she eats too many ______.
4 She goes swimming on ______.
5 At the weekends, she goes cycling with her ______.
6 She did a yoga course last ______.
7 She says it was ______.
8 From now on, she is going to try and ______ more.

month, sister, exercise, water, Fridays, difficult, sleep, chips, sport, toast, cereal, burgers, Wednesdays, orange juice, friend, week, great, year

**4 You might be asked to write about keeping fit as a controlled assessment task. Use the Grade Studio to help you prepare.**

## GradeStudio

Make sure you cover the basics in your written assessment.

- Use a variety of different verbs in the **present tense** to say what you do. Make sure you get the **verb endings** right! Look at Exercise 2.
- Use the correct **gender**, e.g. *le repas, un plat, un fruit, la salade, une soupe.*
- Join your sentences with simple **connectives**: *et* (and), *mais* (but), *ou* (or), *pour* (for/in order to).
- Give a simple **opinion** by using *c'est* + an adjective, e.g. Yvette says *'C'est très bon pour …'* (It's very good for …).

To achieve a Grade C, show that you can use **different tenses** and **structures** correctly. Use:

- the **perfect tense** to say what you did on one occasion in the past: *La semaine dernière, j'**ai fait** un stage de yoga* (Last week I did a yoga course)
- the **near future tense** to say what you are going to do: *Je **vais essayer** de faire plus de sport* (I'm going to try to exercise more)
- **negative statements**: *Je **ne** fume **pas*** (I don't smoke)
- **time expressions**: *au petit déjeuner* (at breakfast), *à midi* (at midday), *le soir* (in the evening), *le mercredi* (on Wednesdays), *le week-end* (at the weekend).

To increase your marks, use:

- **adverbs**: *d'habitude* (usually), *malheureusement* (unfortunately)
- the correct **spelling**. In particular, watch out for words which end in a silent *–s*: *le repas, des céréales, les frites.*

### Épate l'examinateur!

- To really impress your examiner, use the phrase *à partir de maintenant* (from now on) + the near future (*aller* + infinitive): *À partir de maintenant, je vais arrêter de fumer.*

**5 Now write about what you do to keep fit.**

- Use or adapt phrases from Yvette's text.
- If you have to look up words in a dictionary, make sure you choose the right translation! Look carefully at any examples given. Cross-check by looking the French word up in the French–English part of the dictionary.
- Structure your text carefully in paragraphs.

*Introduction*

*Outline what you do to be healthy.*

*Main section*

*What do you eat on a normal day?*
*What exercise do you do in a normal week?*
*Mention something special that you have done in the past.*

*Conclusion*

*Say what your plans are for the future.*
*Say what you intend to do to improve the situation (if you need to).*

**Check what you have written carefully. Check:**

- spelling and accents
- gender and agreement
- verb endings for the different persons: *je fais/on fait*
- use of tenses (perfect and near future).

## Bon appétit! — *Enjoy your meal!*

| | |
|---|---|
| Pour le petit déjeuner ... | *For breakfast ...* |
| Pour le repas de midi ... | *For lunch ...* |
| Pour le goûter ... | *For a snack ...* |
| Pour le dîner ... | *For dinner ...* |
| Je mange ... | *I eat ...* |
| des céréales (f) | *cereal* |
| une tartine | *a slice of bread and butter* |
| du pain | *bread* |
| du pain grillé | *toast* |
| Je bois ... | *I drink ...* |
| du café | *coffee* |
| du chocolat chaud | *hot chocolate* |
| du jus d'orange | *orange juice* |
| du lait | *milk* |
| du thé | *tea* |
| Je ne mange pas de yaourt. | *I don't eat yogurt.* |
| Je ne bois pas de thé. | *I don't drink tea.* |
| du fromage | *cheese* |
| du jambon | *ham* |
| du pâté | *pâté* |
| du poisson | *fish* |
| du poulet | *chicken* |
| du riz | *rice* |
| de la pizza | *pizza* |
| de la salade | *lettuce/salad* |
| de la soupe | *soup* |
| de la viande | *meat* |
| des carottes (f) | *carrots* |
| des champignons (m) | *mushrooms* |
| des chips (f) | *crisps* |
| des frites (f) | *chips* |
| des haricots (m) verts | *green beans* |
| des légumes (m) | *vegetables* |
| des œufs (m) | *eggs* |
| des oignons (m) | *onions* |
| des petits pois (m) | *peas* |
| des pâtes (f) | *pasta* |
| des pommes de terre (f) | *potatoes* |
| un hamburger | *a burger* |
| des fraises (f) | *strawberries* |
| des framboises (f) | *raspberries* |
| des raisins (m) | *grapes* |
| un fruit | *a piece of fruit* |
| un yaourt | *a yogurt* |
| une banane | *a banana* |
| une orange | *an orange* |
| une pomme | *an apple* |
| une mousse au chocolat | *chocolate mousse* |

## Le corps — *The body*

| | |
|---|---|
| le bras | *arm* |
| le coude | *elbow* |
| le doigt | *finger* |
| le dos | *back* |
| le genou | *knee* |
| le nez | *nose* |
| le pied | *foot* |
| le ventre | *stomach* |
| la gorge | *throat* |
| la jambe | *leg* |
| la main | *hand* |
| la tête | *head* |
| l'épaule (f) | *shoulder* |
| les dents (f) | *teeth* |
| les oreilles (f) | *ears* |

## Ça ne va pas — *It hurts*

| | |
|---|---|
| J'ai ... | *I've got ...* |
| mal à la tête | *a headache* |
| mal au dos | *a sore back* |
| mal à l'épaule | *a sore shoulder* |
| mal aux dents | *toothache* |
| de la fièvre | *a fever* |
| la grippe | *flu* |
| un rhume | *a cold* |
| une gastrite | *an upset stomach* |
| Je tousse. | *I'm coughing.* |
| J'ai vomi. | *I've been sick.* |
| Il faut ... | *You need to ...* |
| rester au lit | *stay in bed* |
| prendre des comprimés (m) | *take some pills* |
| prendre du sirop | *take some syrup* |
| sucer des pastilles (f) | *suck some throat sweets* |
| deux/trois/quatre fois par jour | *twice/three times/ four times a day* |

| Garder la forme | *Keeping in good shape* | | |
|---|---|---|---|
| Que fais-tu pour garder la forme? | *What do you do to keep in good shape?* | Je fais de l'exercice (régulièrement). | *I exercise (regularly).* |
| Je mange (sainement). | *I eat (healthily).* | Je me couche (tôt). | *I go to bed (early).* |
| Je bois (beaucoup d'eau). | *I drink (lots of water).* | Il faut ... | *You should ...* |
| Je (ne) fume (pas). | *I (don't) smoke.* | manger sainement | *eat healthily* |
| | | se coucher tôt | *go to bed early* |

| Les problèmes | *Problems* | | |
|---|---|---|---|
| Je n'ai jamais fumé. | *I've never smoked.* | Ce n'est pas bon pour la santé. | *It's not good for your health.* |
| C'est dégoûtant. | *It's disgusting.* | Je fume depuis (un an). | *I've been smoking for (a year).* |
| Les cigarettes coûtent très cher. | *Cigarettes are very expensive.* | | |
| C'est un / du gaspillage. | *It's a waste.* | J'ai arrêté il y a (six mois). | *I gave up (six months) ago.* |
| C'est déstressant. | *It relaxes you.* | | |
| Je déteste l'odeur des cigarettes. | *I hate the smell of cigarettes.* | Selon moi/À mon avis ... | *In my opinion, ...* |
| | | le problème le plus grave | *the most serious problem* |
| Je suis dépendant(e). | *I'm addicted.* | | |
| Ça me donne confiance. | *It gives me confidence.* | l'alcoolisme (m) | *alcoholism* |
| | | le tabagisme | *tobacco/smoking* |
| Je fume avec mes copains. | *I smoke with my friends.* | la drogue | *drugs* |
| | | l'anorexie (f) | *anorexia* |
| Je le trouve ... | *I think it's ...* | l'obésité (f) | *obesity* |
| mourir d'un cancer des poumons | *to die of lung cancer* | | |

| Veux-tu te marier? | *Do you want to get married?* | | |
|---|---|---|---|
| Je (ne) suis (pas) romantique. | *I am (not) romantic.* | avoir un grand mariage | *to have a big wedding* |
| | | Il faut gagner de l'argent. | *You need to earn some money.* |
| Je veux ... | *I want ...* | | |
| me marier plus tard | *to get married in the future* | Ça dépend. | *It depends.* |
| | | Je ne veux pas me marier. | *I don't want to get married.* |
| tomber amoureux/euse | *to fall in love* | | |
| avoir des enfants | *to have children* | Je ne veux pas avoir d'enfants. | *I don't want to have children.* |
| devenir (médecin) | *to become (a doctor)* | | |
| trouver un petit copain riche | *to find a rich boyfriend* | Je ne veux pas de grand mariage. | *I don't want to have a big wedding.* |

# 9 Le monde en danger

## 1 On peut le faire! Discussing world issues
## Saying how we can help using *on peut*

**écouter 1** **Écoutez. On parle des problèmes du monde. Trouvez la bonne photo pour chaque personne. (1–5)**

*Exemple:* 1 d

1

2

3

4

5

a

**le sida**

b

**la pauvreté**

c

**la guerre**

d
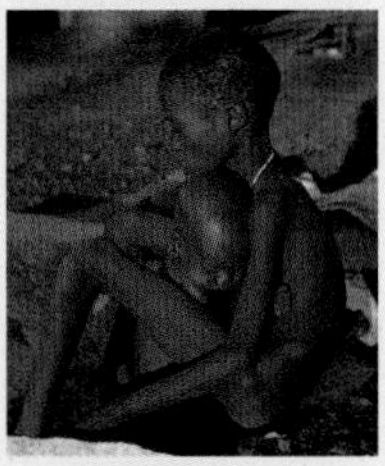
**la faim**

e

**le terrorisme**

When listening, you don't always need to understand everything people say! What key words do you need to listen out for in Exercise 1?

**lire 2** **Lisez et complétez ces phrases avec un des problèmes de l'exercice 1.**

*Exemple:* 1 La faim

1 Il y a des milliers de gens qui n'ont pas assez à manger. ______, c'est un scandale!
2 En Afrique, beaucoup de gens sont malades ou morts à cause de ça. C'est affreux, ______.
3 Le onze septembre 2001, à New York; le sept juillet 2005, à Londres: ______ représente un très grand danger.
4 Un problème sérieux, c'est ______. Il y a trop de gens dans le monde qui n'ont pas assez d'argent.
5 Il y a trop de violence dans le monde. Tous les jours, des gens meurent à cause de ______.

Look for words you recognise or can work out to help you do this exercise. What clues do the following words give you?
**manger** **malade** **le onze septembre** **argent** **violence**

**lire 3** **Relisez les phrases de l'exercice 2 et trouvez ces mots en français.**

**1** people (*in four of the sentences*)
**2** world (*in two of the sentences*)
**3** dead (*in one of the sentences*)
**4** (they) die (*in one of the sentences*)

**écouter 4** **Qu'est-ce qu'on peut faire pour aider? Écoutez et mettez les phrases dans le bon ordre. (1–6)**
*What can we do to help? Listen and put the sentences into the right order.*

***Exemple:*** **1** d

**a** On peut parrainer un enfant à l'étranger.

**b** On peut organiser des activités pour collecter de l'argent au collège.

**c** On peut écrire au gouvernement pour demander plus d'argent pour les pays en voie de développement.

**d** On peut acheter des produits issus du commerce équitable.

**e** On peut donner plus d'argent aux bonnes causes.

**f** On peut faire du bénévolat en Afrique ou en Inde.

parrainer – to sponsor

**Expo-langue →→→→** Grammaire 195

You use **on peut** + the infinitive to say what we can do.

**On peut donner** de l'argent aux bonnes causes. = We can give money to good causes.

**parler 5** **À deux. Discutez avec votre partenaire. Changez les détails en bleu.**

- ■ À ton avis, quel est le plus grand problème dans le monde?
- ● À mon avis, c'est **le sida**.
- ■ Qu'est-ce qu'on peut faire pour aider?
- ● On peut **parrainer un enfant à l'étranger**.
- ■ Oui, et on peut aussi **écrire au gouvernement pour demander plus d'argent pour les pays en voie de développement**.

**écrire 6** **Écrivez des réponses aux questions. Utilisez des phrases de l'exercice 4.**

***Exemple:*** **1** On peut donner plus d'argent aux bonnes causes.

À ton avis, qu'est-ce qu'on peut faire pour ...
**1** aider les pays en voie de développement?
**2** arrêter la faim?
**3** combattre le sida?
**4** arrêter la pauvreté?

arrêter – to stop
combattre – to fight

# 2 *Les problèmes locaux* Talking about problems in your area Using negatives

écouter **1** **Quels sont les problèmes à Nulleville? Trouvez la bonne phrase pour chaque image. Puis écoutez pour vérifier. (1–6)**

***Exemple:*** **1 d**

1

2

3

4

5

6

**a** Il n'y a qu'un bus par jour.

**b** Il n'y a pas de poubelles et pas de centres de recyclage.

**c** Il n'y a jamais de police dans la rue.

**d** Il n'y a pas assez de travail.

**e** Il n'y a plus de cinéma et plus de club des jeunes.

**f** Il n'y a rien pour les jeunes.

écrire **2** **Trouvez la bonne phrase de l'exercice 1 pour chaque phrase ci-dessous. Copiez les paires de phrases.**

s'ennuient – (they) get bored
les déchets (m) – rubbish, litter

***Exemple:*** **1** Le problème, c'est le chômage.
Il n'y a pas assez de travail.

**1** Le problème, c'est le chômage.
**2** Le problème, c'est les transports en commun.
**3** Le problème, c'est que les jeunes s'ennuient.
**4** Le problème, c'est la criminalité.
**5** Le problème, c'est les déchets.
**6** Le problème, c'est les distractions.

parler **3** **À deux. Parlez de votre ville ou de votre village. Complétez le dialogue.**

- ■ Quels sont les problèmes dans ta ville / ton village?
- ● Le problème dans ma ville / mon village, c'est ... Il n'y a ... Et toi? Quels sont les problèmes dans ta ville / ton village?
- ■ Le problème ... Il n'y a ...

## Expo-langue →→ Grammaire 196

In French, negative expressions are usually in two parts:

Il **n'**y a **pas** de poubelles.
= There **aren't** any rubbish bins.
Il **n'**y a **rien** pour les jeunes.
= There's **nothing** for young people.
Il **n'**y a **plus** de cinéma.
= There's **no** cinema **any more**.
Il **n'**y a **qu'**un bus par jour.
= There's **only** one bus a day.
Il **n'**y a **jamais** de police.
= There are **never** any police.

**pas assez de** means 'not enough of':
Il **n'**y a **pas assez** de travail.
= There's not enough work.

## lire 4 Lisez les textes et trouvez le problème que chaque personne a mentionné.

1

Moi, j'habite dans un grand bâtiment qui s'appelle une HLM. Mon appartement est confortable, mais il n'y a pas de parc et pas de terrain de foot, donc les enfants jouent dans la rue et c'est dangereux.
*Farid*

2

Ma maison se trouve en banlieue, à douze kilomètres du centre-ville. Il n'y a que deux autobus par jour pour aller au centre, donc il y a trop de circulation parce que tout le monde va au travail en voiture.
*Célia*

3

Moi, j'habite depuis deux ans à la campagne. L'air n'est pas pollué, donc je ne souffre plus d'asthme. Mais il n'y a pas de cinéma et pas de boîte dans notre village et le samedi soir, c'est ennuyeux. Et le dimanche, on ne voit personne!
*Pascal*

la pollution | les transports en commun | le recyclage | les distractions | pas d'espaces verts

Use familiar words and context to help you work out meanings.
- To work out **pollué**, use your knowledge of other words like it (**pollution**). Use the sentence structure too: what kind of word is **pollué** – noun, adjective or verb?
- To work out **circulation**, use the context. Look at the rest of the sentence: **parce que tout le monde va au travail en voiture**.

## parler 5 Vidéoconférence. Préparez votre réponse à ces questions. Utilisez des phrases des textes ci-dessus et les phrases de la case, si vous voulez.

- Tu habites en ville ou à la campagne?
- Aimes-tu habiter là-bas? Pourquoi (pas)?
- Quels sont les avantages?
- Quels sont les problèmes?

Moi, j'habite en banlieue, à huit kilomètres du centre-ville. J'aime bien habiter là-bas parce que c'est ...
Le problème, c'est que ...

| | |
|---|---|
| J'habite en ville / en banlieue / à la campagne. | I live in town / in the suburbs / in the country. |
| J'aime / Je n'aime pas y habiter parce que … | I like / don't like living there because … |
| C'est trop loin de … / Ce n'est pas loin de … | It's too far from … / It's not far from … |
| Il (n')y a (pas) beaucoup de … | There is (not) a lot of … |
| C'est trop tranquille / bruyant. | It's too quiet / noisy. |
| Il y a trop de … | There's too much … |
| Il n'y a pas assez de … | There's not enough … |

## écrire 6 Écrivez un paragraphe sur votre ville ou votre village. Utilisez vos réponses aux questions de l'exercice 5.

écouter **1** **Écoutez et trouvez les deux bonnes phrases pour chaque personne. (1–4)**

*Exemple:* **1** c, …

# Pour protéger l'environnement…

## ✗ Il ne faut pas …

**a**  gaspiller l'énergie

**b**  gaspiller l'eau

**c**  jeter tous les déchets à la poubelle

**d**  trop utiliser la voiture

## ✓ Il faut …

**e**  économiser l'énergie

**f**  économiser l'eau

**g**  recycler le papier, le verre et les boîtes en métal

**h**  utiliser les transports en commun ou le vélo

parler **2** **À deux. Lisez les phrases. À votre avis, c'est bon ou c'est mauvais pour l'environnement?**

- ■ «Je ne prends pas de douche. Je prends un bain.» C'est bon ou c'est mauvais pour l'environnement?
- ● À mon avis, c'est mauvais. Tu es d'accord?
- ■ Oui, je suis d'accord.

au lieu de – instead of
vide – empty
j'éteins la lumière – I switch off the ligh
la canette – can

**1** Je ne prends pas de douche. Je prends un bain.
**2** Le samedi, je vais au centre-ville à pied.
**3** Si j'ai froid, je mets un pull au lieu de monter le chauffage central.
**4** Je jette les journaux et les bouteilles vides à la poubelle.
**5** Quand je quitte une pièce, j'éteins la lumière.
**6** Si je mange une pizza et je bois un coca, je recycle la boîte en carton et la canette.

**écouter 3** **Écoutez et vérifiez. (1–6)**

**parler 4** **À deux. Qu'est-ce que vous faites pour protéger l'environnement? Discutez.**

■ Qu'est-ce que tu fais pour l'environnement?
● Je recycle les bouteilles, les canettes et les magazines.
■ C'est bon pour l'environnement, ça. Il faut recycler le plus possible.
● Qu'est-ce que tu fais aussi?
■ Je … Et toi, qu'est-ce que tu fais pour l'environnement?
● Je …

By now, you should know enough about French grammar to be able to change and adapt sentences confidently and correctly.

Je ne **prends** pas de bain. Je **prends** une douche. → Il ne faut pas **prendre** de bain. Il faut **prendre** une douche.

Si je **bois** un coca, je **recycle** la canette. → Si je **vais** en ville, je **prends** le bus.

You can adapt some of the sentences from Exercise 2 to talk about ways of protecting the environment mentioned in Exercises 4 and 6.

**lire 5** **Lisez le texte et choisissez a, b ou c pour compléter chaque phrase.**

## Le réchauffement de la planète: que faire?

Pour arrêter le réchauffement de la planète, il faut d'abord arrêter la pollution. Les voitures, l'industrie et la production d'énergie (par exemple, d'électricité) produisent des gaz qui causent la pollution de l'air. Donc, il faut moins utiliser la voiture, utiliser plus de filtres industriels et changer de sources d'énergie (par exemple, utiliser plus d'énergie solaire). Dans l'agriculture aussi, on peut faire quelque chose. L'agriculture bio n'utilise pas de produits chimiques qui empoisonnent la terre. Donc il faut acheter des produits bio au supermarché, comme les fruits et les légumes. Il y a aussi des produits verts (par exemple, le liquide vaisselle), qui sont meilleurs pour l'environnement.

1 La pollution cause ________.
(a) de l'industrie (b) des produits bio (c) le réchauffement de la planète
2 Il ne faut pas trop ________ la voiture.
(a) changer (b) utiliser (c) arrêter
3 L'énergie solaire est ________ pour l'environnement.
(a) mauvaise (b) ennuyeuse (c) bonne
4 Il faut acheter des ________ bio au supermarché.
(a) voitures (b) fruits et des légumes (c) douches
5 On peut acheter aussi des produits ________.
(a) verts (b) noirs (c) rouges

**écrire 6** **Écrivez et dessinez un poster (sur ordinateur, si possible) sur la protection de l'environnement.**

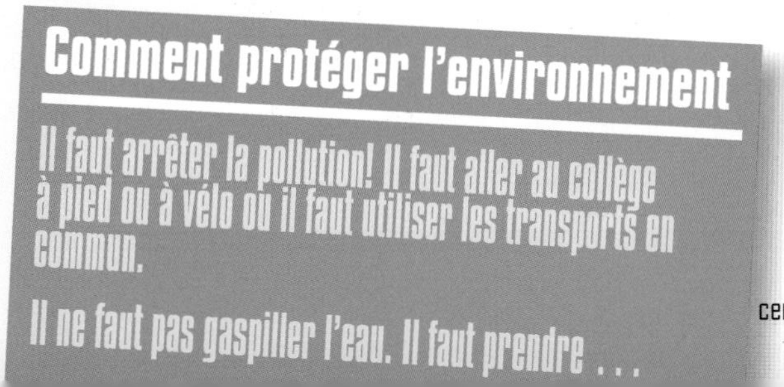
Comment protéger l'environnement
Il faut arrêter la pollution! Il faut aller au collège à pied ou à vélo ou il faut utiliser les transports en commun.
Il ne faut pas gaspiller l'eau. Il faut prendre …

## lire 1 Trouvez le bon texte pour chaque image.

*Exemple:* 1 e

1

2

3

4

5

6

**a** Après les cours, j'ai fait des courses; j'ai acheté des chips, des bonbons et du chocolat parce que j'adore ça.

**b** J'ai reçu un nouveau portable comme cadeau d'anniversaire, donc j'ai jeté mon vieux portable à la poubelle.

**c** Les transports en commun sont nuls, donc je suis allée au collège en voiture.

**d** Le soir, j'ai regardé la télé. Il y avait une émission sur le réchauffement de la planète.

**e** Hier, c'était mon anniversaire. Le matin, j'ai pris un bain parce que je n'aime pas les douches.

**f** Au supermarché, j'ai utilisé des sacs en plastique pour mes achats.

## écouter 2 Écoutez et vérifiez.

## écrire 3 Copiez et complétez la grille avec les verbes et les phrases au passé composé [*perfect tense*]. Utilisez les textes de l'exercice 1.

| infinitive | perfect tense | | phrase in the text |
|---|---|---|---|
| acheter (to buy) | *j'ai acheté* | (I bought) | J'ai acheté des chips. |
| aller (to go) | | (I went) | |
| faire (to do) | | (I did) | |
| jeter (to throw) | | (I threw) | |
| prendre (to take) | | (I took) | |
| regarder (to watch) | | (I watched) | |
| recevoir (to receive/get) | | (I received/got) | |
| utiliser (to use) | | (I used) | |

lire **4** **Lisez et complétez l'histoire d'Écofille. Utilisez les mots en-dessous.**

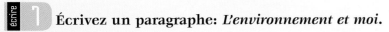

***Exemple:*** **1** j

Après l'émission sur le réchauffement de la planète, je vais changer des choses dans ma vie! Je vais devenir Écofille!

Demain matin, je vais prendre une (**1**) ______ au lieu de prendre un bain parce qu'il (**2**) ______ économiser l'eau. Je vais (**3**) ______ au collège en voiture, mais je vais partager la voiture avec d'autres personnes. Au supermarché, je (**4**) ______ acheter des produits (**5**) ______. Je vais (**6**) ______ un sac en toile pour mes achats parce que le plastique n'est pas biodégradable. Et je vais recycler mon vieux (**7**) ______ chez Oxfam. On va envoyer mon portable dans un (**8**) ______ en voie de développement. C'est chouette, non?

**a** faire **b** portable **c** l'énergie **d** aller **e** bios
**f** vais **g** utiliser **h** pays **i** faut **j** douche

## Expo-langue →→→→

Grammaire 188

Remember: to talk about the future, you use the near future tense – **aller** (**je vais, tu vas**, etc.) followed by an infinitive.

Je **vais recycler** mon portable. = I'm going to recycle my mobile.
On **va envoyer** mon portable en Afrique. = They're going to send my mobile to Africa.

écouter **5** **Écoutez. On parle du passé, du présent ou du futur? Écrivez PA (passé), PR (présent) ou F (futur). (1–8)**

- Listen for the tense of each verb.
  Perfect: **j'ai recyclé** (I recycled)
  Present: **je recycle** (I recycle)
  Near future: **je vais recycler** (I am going to recycle)
- Remember: time phrases such as **hier** (yesterday), **tous les jours** (every day) and **demain** (tomorrow) also tell you whether someone is talking about the past, present or future.

parler **6** **Vidéoconférence. Préparez vos réponses à ces questions.**

- Qu'est-ce que tu fais pour protéger l'environnement?
- Qu'est-ce que tu as fait pour l'environnement la semaine dernière?
- Qu'est-ce que tu vas faire pour l'environnement plus tard?

Tous les jours, je prends une douche au lieu de prendre un bain pour économiser l'eau, et je vais au collège à/en ... Je recycle ... aussi.
Hier, j'ai acheté/recyclé/utilisé ... Je suis allé(e) ...
Plus tard, je vais aller/acheter/recycler/mettre ...

écrire **7** **Écrivez un paragraphe: *L'environnement et moi.***

***Exemple:*** Tous les jours, je ... Hier, j'ai / je suis ... / Demain, je vais ...

You are giving a presentation about the environment to a group of French businesspeople who are visiting your school. You'll have to talk about the points in the list below and you may also have to answer unexpected questions about this topic.

The following points are suggestions of the information you can include:

1. what you think the biggest problem is for the environment
2. what you think is causing the problem
3. what must be done to improve the situation
4. what you and your family or friends have done to help the environment
5. what you are planning to do for the environment in the future
6. why we must do more to help the environment
7. what other problems exist that you would like to do something about (e.g. unemployment, crime, poverty).

**1 You will hear a model presentation. Listen to the first part of Lauren's presentation and match up the sentence halves.**

1. On jette trop de déchets à la poubelle, ...
2. Le plus grand problème, c'est ...
3. La cause, c'est la pollution ...
4. Pour protéger l'environnement, ...
5. Il faut utiliser ...
6. D'habitude, je vais au collège ...
7. S'il pleut, je vais au collège en voiture, mais ...

- **a** ... il ne faut pas utiliser la voiture.
- **b** ... on gaspille l'énergie et l'eau.
- **c** ... les transports en commun.
- **d** ... je partage la voiture avec mes copines.
- **e** ... des usines et des voitures.
- **f** ... en autobus ou à vélo.
- **g** ... le réchauffement de la planète.

**2 Listen to the second part of Lauren's presentation and fill in the gaps.**

L'année dernière, on a organisé une «journée pour l'environnement» dans mon collège. (**1**) ______ est allé au collège à vélo ou à pied. (**2**) ______, on a recyclé beaucoup de bouteilles, de canettes, de carton et de papier. Personnellement, j'ai aussi (**3**) ______ des e-mails au gouvernement. J'ai (**4**) ______ une réponse du Premier ministre! C'était une (**5**) ______ surprise.

À l'avenir, je vais faire (**6**) ______ pour l'environnement. Je vais persuader mes parents d'installer des panneaux solaires. Ça va coûter (**7**) ______ cher, mais l'énergie solaire est (**8**) ______ pour l'environnement. Plus (**9**) ______, je voudrais aussi acheter une voiture hybride parce que les voitures hybrides sont (**10**) ______ polluantes. Il faut faire plus de choses pour sauver la planète.

grande | moins | un peu | envoyé | De plus | tard | Tout le monde | mieux | plus | reçu

le Premier ministre – the Prime Minister

**3 Now listen to the final part of Lauren's presentation.**

1 In which order does Lauren use the following sentences?

a D'abord, il faut créer du travail pour les jeunes.
b Il y a aussi de la criminalité.
c Les jeunes s'ennuient, ils boivent de l'alcool, ils se droguent.
d Il faut demander plus d'argent pour les pays en voie de développement.
e De plus, il n'y a rien à faire le soir ou le week-end.
f Dans ma ville, il n'y a pas assez de travail, donc beaucoup de jeunes sont au chômage.

2 What is the unexpected question Lauren is asked?

**4 Now it's your turn! Prepare your presentation, then present it to your teacher or partner.**

- Use your answers to Exercises 1–3 and the Grade Studio to help you.
- Adapt what Lauren says. Make sure you include your own ideas.
- Try to predict what the unexpected question will be.
- Record your presentation. Ask a partner to listen to it and say how well you performed.

Award each other one star, two stars or three stars for each of these categories:

- pronunciation
- confidence and fluency
- range of tenses
- using longer sentences
- variety of vocabulary and expressions
- taking the initiative.

What do you need to do next time to improve your performance?

## GradeStudio

Make sure you cover the basics!

- Use a variety of simple **structures**. Look at how Lauren uses: *il y a* (there is/there are), *beaucoup de* (a lot of), *c'est* (it is), *je vais* (I go), *dans ma ville* (in my town).
- Include a **simple negative**, e.g. *il n'y a pas* … (there isn't/there aren't …).
- Give a simple **opinion** by using *c'est* + an adjective, e.g. Lauren uses: *C'est affreux* (It's terrible).

To achieve a Grade C:

- you need to use the **main tenses** correctly. Lauren uses:
  - the **present tense** to describe what she and other people do now, e.g. *Je **vais** au collège en autobus* (I go to school by bus), *On **gaspille** l'énergie et l'eau* (We/People waste energy and water)
  - the **perfect tense** to say what she and others have done, e.g. *On **a organisé** une «journée pour l'environnement»* (We organised an 'environment day')
  - the **near future tense** to say what she is going to do, e.g. *Je **vais faire** plus pour l'environnement* (I'm going to do more for the environment)
  - ***il faut*** and ***on peut*** **+ infinitive**. Find examples of these in Lauren's presentation.
- your **pronunciation** needs to be accurate. Be especially careful with words which are similar to English, e.g. *problème, environnement, pollution, transports en commun, gouvernement, planète.*

To increase your marks:

- include a **comparative**, e.g. Lauren says: *Les voitures hybrides sont **moins** polluantes* (Hybrid cars are less polluting)
- use **less common negatives**, e.g. *ne … rien* (nothing) and *ne … plus* (no longer)
- include **expressions of quantity**, e.g. *trop de* (too much/many) and *pas assez de* … (not enough).

### Épate l'examinateur!

- To really impress your examiner, use the 'they' part of the verb, e.g. Lauren says: *Les jeunes s'ennuient, ils boivent de l'alcool, ils se droguent* (Young people get bored, they drink alcohol, they take drugs). Remember, the *–ent* ending on the verb is silent!

## Un problème environnemental

Madame/Monsieur

Le week-end dernier, je suis allé faire un pique-nique avec ma famille au Lac des Roseaux. C'était dégoûtant.

D'abord, il y avait des déchets sur l'herbe: des papiers, des boîtes, des bouteilles, du fast-food, etc. Moi, j'aime aller à la pêche, mais j'ai vu beaucoup de poissons morts dans l'eau. À mon avis, l'eau est polluée à cause des jet-skis sur le lac.

C'est un désastre environnemental et il faut faire quelque chose. Le week-end prochain, je vais aller au lac avec mes copains. On va ramasser tous les déchets. On va recycler les boîtes, les bouteilles, le papier, etc. et on va jeter le reste. Mais l'administration locale doit aussi faire quelque chose.

Premièrement, il faut arrêter les sports nautiques sur le lac pour protéger les poissons, les grenouilles et les oiseaux.

Deuxièmement, il faut installer des poubelles et des containers de recyclage près du lac.

Troisièmement, il faut nettoyer le lac régulièrement.

J'espère qu'on va faire tout ça et que le lac des Roseaux va devenir un endroit agréable pour tout le monde.

*Nicolas Godard*

ramasser – to pick up
les grenouilles (f) – frogs
devenir – to become

**1 Find the French equivalent of these phrases in the text and copy them out.**

1. with my family
2. It was disgusting.
3. There was rubbish on the grass.
4. I saw lots of dead fish.
5. It's an environmental disaster.
6. We/You must do something.
7. the local council
8. You must clean the lake regularly.
9. I hope that you will do all of this.
10. a pleasant spot for everybody

**2 Which phrase from Exercise 1 is in the perfect tense? Which two are in the imperfect tense?**

**3 Complete the sentences with the words below.**

1. Nicolas went to the lake for a ______.
2. He was disgusted by the ______.
3. He decided not to do any ______ because of the pollution.
4. He thinks the lake has been polluted by ______.
5. Nicolas is going to pick up rubbish at the lake next ______.
6. He and his friends are going to ______ as much of it as possible.
7. He thinks the council should ______ water sports on the lake.
8. He also thinks there should be more ______ near the lake.

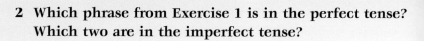

start | week | bins | encourage | fishing | burn | walk | weekend | factories | picnic | swimming | jet-skis | rubbish | stop | tourists | birds | recycle

**4** **You might be asked to write about environmental problems as a controlled assessment task. Use the Grade Studio to help you prepare.**

## GradeStudio

Make sure you cover the basics.

- Use **simple words and structures** correctly, e.g. Nicolas uses *j'aime* + infinitive (I like –ing), *c'est* (it is), *avec* (with).
- Take care to use the correct word for '**the**' or '**a**' with nouns (e.g. *le lac, un pique-nique*) and use *les* for 'the' if the word is plural: *les poissons* (the fish).
- Give a simple **opinion**. One way of doing this is to use *c'est* (e.g. *C'est un désastre environnemental*). Or you can start with *à mon avis* (in my opinion), e.g. *À mon avis, l'eau est polluée.*
- Join your sentences with **connectives**. Look at how Nicolas uses *et* (and), *mais* (but) and *aussi* (also). You could also use *ou* (or) and *parce que* (because).

To achieve a Grade C, you need to use the **main tenses** correctly. Look at how Nicolas does this. He uses:

- the **present tense** to say what he likes doing: ***J'aime** aller à la pêche* (I like going fishing)
- the **perfect tense** to say what he did: *Je **suis allé** …* (I went …), ***J'ai vu** …* (I saw …)
- the **near future tense** to say what he and his friends are going to do: *Je **vais aller** au lac* (I'm going to go to the lake), *On **va recycler** …* (We're going to recycle …)
- ***il faut*** + infinitive to say what must be done: ***Il faut arrêter** les sports nautiques* (You must stop water sports), ***Il faut nettoyer** le lac* (You must clean the lake).

To increase your marks, use a wider **range of structures**.

- Nicolas uses ***c'était*** (it was) and ***il y avait*** (there was/there were) to say what something was like: ***C'était** dégoûtant; **Il y avait** des déchets sur l'herbe.* Think of some other negative adjectives you could use with *c'était* to highlight a problem.
- Use the phrase ***J'espère que …*** (I hope that …) to show you can write about the future in a different way.

### Épate l'examinateur!

- If you have a list of complaints or things that need doing, try using *premièrement* (firstly), *deuxièmement* (secondly), *troisièmement* (thirdly). This will impress your examiner, especially if you spell them correctly!

**5** **Now write a letter to a French newspaper about an environmental problem or problems you have seen during a visit to France (it can be imaginary if you wish).**

- Adapt phrases from Nicolas's text.
- Write in paragraphs using a logical structure (see blue box).
- Here are some useful phrases for your conclusion:
  *améliorer la situation* (to improve the situation)
  *résoudre le problème* (to solve the problem)
  *bientôt* (soon)

**Introduction**

Say how the problem came to your attention. Did you see it yourself, read about it or see something on television?
Say when you first came across the problem and where.
Give your reactions to what you saw, read or heard.

**Main paragraphs**

Say what you personally are going to do about it.
Say what you want other people to do.
Say what must be done.

**Conclusion**

Finish on a positive note, summarising your hopes.

**Check what you have written carefully:**

- spelling and accents (especially tricky words like *environnemental*)
- singular/plural (e.g. ***le** papier, **les** bouteille**s***)
- adjective agreement (e.g. *le lac est pollué; l'eau est pollué**e***)
- formation of tenses, especially the perfect tense: *j'ai vu/fait/été* (etc.), BUT *je **suis** allé(e)*.

## Les problèmes mondiaux — *World problems*

| | |
|---|---|
| le sida | *AIDS* |
| le terrorisme | *terrorism* |
| la faim | *hunger* |
| la guerre | *war* |
| la pauvreté | *poverty* |
| On peut ... | *You can ....* |
| acheter des produits issus du commerce équitable | *buy fair-trade products* |
| donner plus d'argent aux bonnes causes | *give more money to charity* |
| écrire au gouvernement pour demander plus d'argent pour les pays en voie de développement | *write to the government to ask for more money for developing countries* |
| faire du bénévolat en Afrique ou en Inde | *do voluntary work in Africa or India* |
| organiser des activités pour collecter de l'argent | *organise activities to collect money* |
| parrainer un enfant à l'étranger | *sponsor a child abroad* |

## Les problèmes locaux — *Local problems*

| | |
|---|---|
| Le problème dans ma ville / mon village, c'est ... | *The problem in my town/my village is ...* |
| le chômage | *unemployment* |
| la criminalité | *crime* |
| les déchets (m) | *litter* |
| les distractions (f) | *entertainment, things to do* |
| les transports (m) en commun | *public transport* |
| que les jeunes s'ennuient | *that young people are bored* |
| Il n'y a qu'un bus par jour. | *There's only one bus a day.* |
| Il n'y a pas de poubelles. | *There are no rubbish bins.* |
| Il n'y a pas de centres de recyclage. | *There are no recycling centres.* |
| Il n'y a jamais de police dans la rue. | *There are never any police on the street.* |
| Il n'y a pas assez de travail. | *There's not enough work.* |
| Il n'y a plus de cinéma/club des jeunes. | *There's no cinema/youth club any more.* |
| Il n'y a rien pour les jeunes. | *There's nothing for young people.* |
| J'habite ... | *I live ...* |
| en ville | *in town* |
| en banlieue | *in the suburbs* |
| à la campagne | *in the country* |
| J'aime / Je n'aime pas y habiter parce que ... | *I like / don't like living there because ...* |
| C'est trop loin de ... | *It's too far from ...* |
| Ce n'est pas loin de ... | *It's not far from ...* |
| Il y a des espaces (m) verts. | *There are parks.* |
| Il (n')y a (pas) beaucoup de ... | *There is (not) a lot of ...* |
| C'est trop tranquille/bruyant. | *It's too quiet/noisy.* |
| Il y a trop de (circulation/pollution). | *There's too much (traffic/pollution).* |

| **L'environnement** | ***The environment*** |
|---|---|
| Il ne faut pas ... | *You mustn't ...* |
| gaspiller l'eau | *waste water* |
| gaspiller l'énergie | *waste energy* |
| jeter tous les déchets à la poubelle | *throw all rubbish into the bin* |
| trop utiliser la voiture | *use the car too much* |
| Il faut ... | *You must ...* |
| acheter des produits bios/verts | *buy organic/green products* |
| économiser l'eau | *save water* |
| économiser l'énergie | *save energy* |
| éteindre la lumière quand on quitte la pièce | *switch off the light when you leave the room* |
| mettre un pull au lieu de monter le chauffage central | *put on a jumper instead of turning up the central heating* |
| prendre une douche au lieu d'un bain | *take a shower instead of a bath* |
| recycler (le papier/les journaux/le verre/ les bouteilles/les canettes) | *recycle (paper/newspapers/glass/bottles/ cans)* |
| recycler le plus possible | *recycle as much as possible* |
| utiliser les transports en commun ou se déplacer à vélo | *use public transport or travel by bike* |

| **Pour protéger l'environnement** | ***To protect the environment*** |
|---|---|
| J'achète / J'ai acheté / Je vais acheter ... | *I buy / I bought / I'm going to buy ...* |
| des produits bios ou verts | *organic or green products* |
| J'utilise / J'ai utilisé / Je vais utiliser ... | *I use / I used / I'm going to use ...* |
| un sac en toile pour mes achats | *a cloth bag for my shopping* |
| Je prends / J'ai pris / Je vais prendre ... | *I take / I took / I'm going to take ...* |
| une douche au lieu d'un bain pour économiser l'eau | *a shower instead of a bath to save water* |
| Je vais / Je suis allé(e) / Je vais aller ... | *I go / I went / I'm going to go ...* |
| au collège à pied | *to school on foot* |
| Je partage / J'ai partagé / Je vais partager ... | *I share / I shared / I am going to share ...* |
| la voiture avec d'autres personnes | *the car with other people* |
| J'ai regardé / Je vais regarder ... | *I watched / I'm going to watch ...* |
| une émission sur le réchauffement de la planète | *a programme about global warming* |
| J'ai recyclé / Je vais recycler ... | *I recycled / I'm going to recycle ...* |
| mon vieux portable | *my old mobile* |
| tous les jours | *every day* |
| hier | *yesterday* |
| plus tard | *in future* |

lire **1** **Copiez et remplissez le formulaire en anglais pour Amélie.**

Je m'appelle Amélie Bornand. J'ai quinze ans et mon anniversaire est le treize mars. J'ai un grand frère, mais je n'ai pas de sœur. J'aime les animaux, mais mes parents ne me permettent pas d'en avoir un. Ma mère est professeur et mon père est maçon, mais il est au chômage et ne travaille pas pour l'instant. J'aime la musique et la danse, mais je n'aime pas la natation et le tennis. Mon frère adore le foot, mais je ne comprends pas pourquoi parce que c'est ennuyeux! On se dispute parce qu'il veut toujours regarder le foot à la télé.

Surname: ____________
First name: ____________
Age: ____________
Birthday: ____________
Family: ____________
Parents' jobs: ____________
Pets: ____________
Likes: ____________
Dislikes: ____________

écrire **2** **Copiez et remplissez le formulaire pour vous en français et écrivez un paragraphe comme le paragraphe ci-dessus.**

Nom: ____________
Prénom: ____________
Âge: ____________
Anniversaire: ____________
Famille: ____________
Métiers des parents: ____________
Animaux: ____________
Ce que j'aime: ____________
Ce que je n'aime pas: ____________

Je m'appelle ...
J'ai ... ans.
Mon anniversaire, c'est ...
J'ai un frère/une sœur ...
Mon père/Ma mère est .../travaille ...
J'aime/Je n'aime pas ...
Je m'entends bien avec ...

lire **1** **Que font-ils? Lisez les définitions et trouvez le bon emploi.**

1 Une personne qui donne des infos à la télévision ou écrit dans un journal.
2 Quelqu'un qui surveille la piscine et donne des leçons de natation.
3 Quelqu'un qui travaille dans un cabinet médical et soigne les personnes malades.
4 Quelqu'un qui construit les murs d'une maison et travaille avec des pierres, des briques ou du ciment.
5 Une personne qui cultive la terre et élève des animaux pour le lait ou pour la viande.
6 Quelqu'un qui tond le gazon, cultive des fleurs et des plantes et entretient les jardins.

agriculteur · comptable · jardinier · journaliste · maçon · maître-nageur · médecin · menuisier

lire **2** **Lisez le texte, puis copiez et remplissez la grille.**

**Le mercredi**
Mercredi dernier, je suis allé au centre des sports et j'ai joué au badminton. Puis l'après-midi, je suis allé en ville et j'ai fait du shopping. J'ai acheté des baskets. Le soir, je suis allé au cinéma avec ma copine. Aujourd'hui, je reste à la maison. Ce matin, je fais la grasse matinée. Cet après-midi, j'écoute de la musique et je lis des magazines. Ce soir, je fais mes devoirs. La semaine prochaine, mercredi matin, je vais aller à la piscine. L'après-midi, je vais aller à mon cours de musique – je joue de la guitare – et le soir, je vais jouer au squash avec mon père.

| | mercredi dernier | ce mercredi | mercredi prochain |
|---|---|---|---|
| matin | e | | |
| après-midi | | | |
| soir | | | |

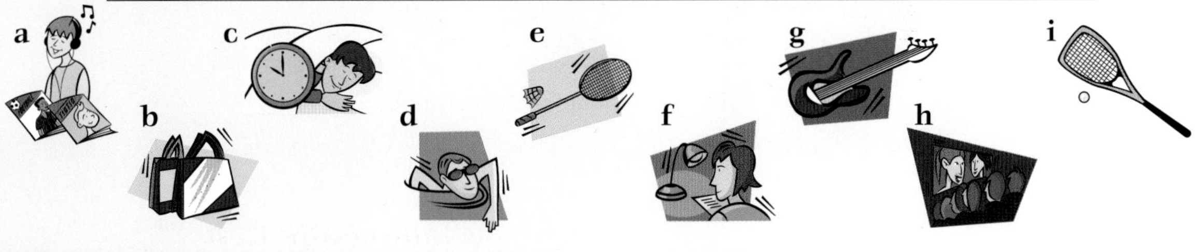


écrire **3** **Écrivez un paragraphe.**

- **Qu'est-ce que tu as fait samedi dernier?**
  Le matin, / L'après-midi, / Le soir, je suis allé(e) ... et j'ai fait/acheté/...
- **D'habitude, que fais-tu le samedi?**
  Le samedi, le matin, je vais / je joue/ je fais ...
- **Qu'est-ce que tu vas faire samedi prochain?**
  Samedi prochain, le matin, je vais aller / jouer / faire ...

**lire 1 Lisez et répondez aux questions en anglais.**

**A** On which days of the week is this film showing?

**Spider-Man**
Séances tous les jours à 17h30 et à 19h30

**B** What type of TV programme is on at 8 p.m.?

**20.00 Journal:** les informations du jour

**C** What sort of entertainment is *La surprise de l'amour*?

**La surprise de l'amour:**
*Pièce de théâtre*

**D** How much is a seat in the stalls?

**Tarif**
Balcon: 12€
Orchestre: 10€

**E** How much does it cost to see this dance show?

Spectacle de danse.
Gratuit.

**F** How many seats are left for this concert tonight?

**Rihanna.**
**Concert ce soir**
***Complet***
~~Billets 25€, 50€~~

When you come across a word you don't know, like **complet**, try using these strategies:

- Does it remind you of any words in English? (But remember, some words are 'false friends'!)
- Look for clues: why are the ticket prices scored out?
- Use logic. If you can't see any clues, what might the situation be? What often happens with very popular events?

**lire 2 Quel slogan (A–D) va avec quelle campagne (1–4)?**
*Which slogan goes with which campaign?*

**A** **Le téléchargement illégal tue la musique!**

**B** **Utiliser son portable en conduisant cause des accidents.**

**C** Ne donne pas ton nom, ton adresse ou ton numéro de téléphone aux gens inconnus sur l'Internet.

**D** **Attention aux micro-ondes! Il est dangereux de téléphoner trop longtemps avec son portable.**

1 A campaign about radiation from mobile phones
2 An Internet safety campaign
3 A campaign against illegal downloading
4 A campaign about not using mobiles when driving

lire **1** **Lisez cette publicité pour un cirque. Puis lisez les phrases. Identifiez les quatre phrases correctes.**

**Cirque Diana Moreno Bormann**

Tarif: 10 à 30€
Gratuit pour enfants de moins de 4 ans.
Mer., sam., dim. 15h, ven. 20h45.
Spectacle de cirque traditionnel avec tigres, éléphants, autruches, zèbres, chameaux, chiens dressés, mais aussi acrobates, trapézistes et clowns.
Réservations: tél. 01.48.39.04.47.

1 The cheapest tickets to the circus cost 30 euros.
2 It's free for children under four.
3 The circus is open on Sundays.
4 It is on at the same time every day.
5 On Friday, the circus starts at 6.30 p.m.
6 You can see tigers, elephants and trained dogs.
7 There are no trapeze acts.
8 You can telephone to book seats.

écrire **2** **Write an article about leisure for your French exchange school's magazine. You could include:**

- what you usually do in the evenings
- how often you watch TV or go to the cinema
- what types of TV programmes or films you like and why
- what you use the Internet for
- what you did last weekend (e.g. cinema, football match)
- what it was like
- what you are going to do next weekend.

In exam-style tasks like this, you will have to write in more than one tense. Look carefully at each bullet-point to see which tense you need to use: the present tense, the perfect tense or the near future tense.

## lire 1 Lisez et trouvez la bonne image.

a

b

c

d

**1**

J'habite un petit appartement dans un grand immeuble en banlieue. Ce que j'aime, c'est qu'il y a un grand espace vert près de la maison, mais on est trop loin des commerces.
*Félix*

**2**

Notre maison est un chalet en bois en montagne. C'est très calme et il y a un grand jardin où j'ai fait une rampe pour le skate. C'est joli et je peux faire ce que je veux, mais le soir, je ne peux pas aller au cinéma parce qu'il n'y a pas de bus.
*Martine*

**3**

J'habite une maison à la campagne. J'aime la maison. Elle est grande, j'ai ma propre chambre et il y a une piscine, mais le quartier est trop tranquille. Il n'y a rien à faire.
*Claude*

**4**

J'habite une vieille ferme dans un village. Les chambres sont petites et nous n'avons pas de douche, mais c'est un quartier calme. Je ne peux pas aller voir mes copains le soir, mais je leur envoie des textos.
*Véro*

## lire 2 Lisez encore une fois et trouvez la bonne personne.

Qui habite ...

**1** à la campagne?
**2** en montagne?
**3** dans un village?
**4** en banlieue?

## lire 3 Classez les descriptions: avantage (A) ou inconvénient (I)?

**1** Il n'y a pas de bus.
**2** On est trop loin des commerces.
**3** Il y a un grand espace vert.
**4** J'ai ma propre chambre.
**5** Il n'y a pas de douche.
**6** C'est un quartier calme.
**7** Il y a un grand jardin.

## écrire 4 Jeu d'imagination! Écrivez un paragraphe.

- Où habites-tu?
- C'est comment?
- Avantages?
- Inconvénients?

lire **1** **Trouvez les mots dans le texte.**

## Maison à vendre

Propriété pleine de charme située dans un cadre très calme et naturel avec superbe vue panoramique, sur un terrain de 20 000m$^2$ à proximité du centre du village et des commerces.
Au rez-de-chaussée: cuisine aménagée, grand salon avec cheminée, WC indépendants, garage, buanderie.
À l'étage: une chambre avec salle de bains attenante (bain + WC), deux chambres, salle de douche, WC indépendants.
Grand jardin.

**1** property
**2** shops
**3** en-suite bathroom
**4** fireplace
**5** surroundings
**6** view
**7** ground floor
**8** laundry/utility room
**9** separate toilet
**10** fitted kitchen
**11** shower room
**12** near

lire **2** **Lisez le texte et répondez aux questions en anglais.**

J'aime la Normandie. L'année dernière, j'y suis allé en vacances en famille. Nous avons loué un gîte dans une ancienne ferme de campagne pour deux semaines. D'abord, nous sommes allés à Bayeux pour voir la Tapisserie et puis sur les plages du débarquement de 1944. Quand il faisait beau, nous passions des journées entières sur la plage et nous faisions des pique-niques et des balades en vélo. Quand il a fait moins beau, nous avons fait un tour dans la région. Nous sommes allés à Rouen pour voir la Grosse Horloge et la cathédrale et puis à Giverney pour les jardins et les peintures du peintre Claude Monet. C'était extra! On veut y retourner l'année prochaine!
*Jérémie*

**1** Where did Jérémie go on holiday?
**2** Who did he go with?
**3** When did he go?
**4** How long did he go for?
**5** What did they see?
**6** What did they do when the weather was good?
**7** What did they do when it rained?
**8** Did he enjoy the holiday?

écrire **3** **Imaginez que vous avez passé les vacances dans votre région préférée. Décrivez où vous êtes allé(e)s et ce que vous avez fait. Utilisez le texte ci-dessus comme modèle.**

L'année dernière, je suis allé(e) à ... avec ...
Nous avons logé dans **un hôtel** pendant **une semaine**.
Nous sommes allés à ...
Quand il a fait beau, nous sommes **allés en ville** / **restés à la maison**.
Nous avons **fait des promenades/pique-niques** / **visité un musée/ un château.**
Le soir, nous avons **dîné au restaurant**.
C'était **génial**.

## lire 1 Vous allez où? Notez la bonne lettre.

Which of these places do you go to in order to ...

1 buy some ham?
2 catch a bus?
3 buy some stamps?
4 borrow a book?
5 buy some bread?
6 buy some aspirin?

***Exemple:*** **1 f**

a boulangerie
b poste
c gare routière
d pharmacie
e bibliothèque
f charcuterie

## écrire 2 Où êtes-vous allé(e) et qu'est-ce que vous avez acheté? Écrivez une phrase pour chaque magasin.

*Where did you go and what did you buy? Write a sentence for each shop.*

***Exemple:*** Je suis allé(e) à la boucherie et j'ai acheté du bœuf.

la boucherie
la boulangerie
la confiserie
la charcuterie
la pâtisserie

## lire 3 Reliez les images et les panneaux de la gare SNCF.

*Match up the pictures with the signs at the railway station.*

***Exemple:*** **1 e**

1

2
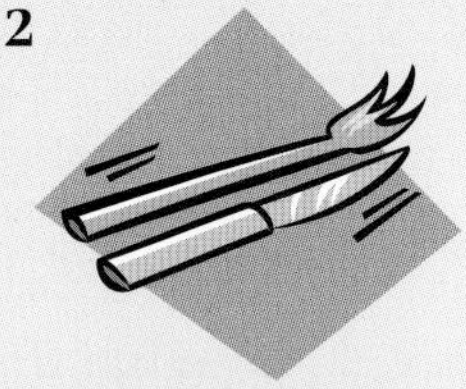

3

4

5

6

7

8

a Renseignements
b Consigne
c Guichet
d Sortie de secours ➡
e Objets trouvés
f Buffet
g Départs
h Salle d'attente

Do the easier ones first. Look for words which remind you of words in English, e.g. **buffet**, **départs**, **objets**. Next, use your knowledge of French. You should recognise the word **salle** from talking about your home, and **sortie** is linked to the verb **sortir** (to go out). Finally, look up any words you can't guess.

## lire 1 Lisez le guide du grand magasin et trouvez le français.

*Exemple*: **1** Sous-sol

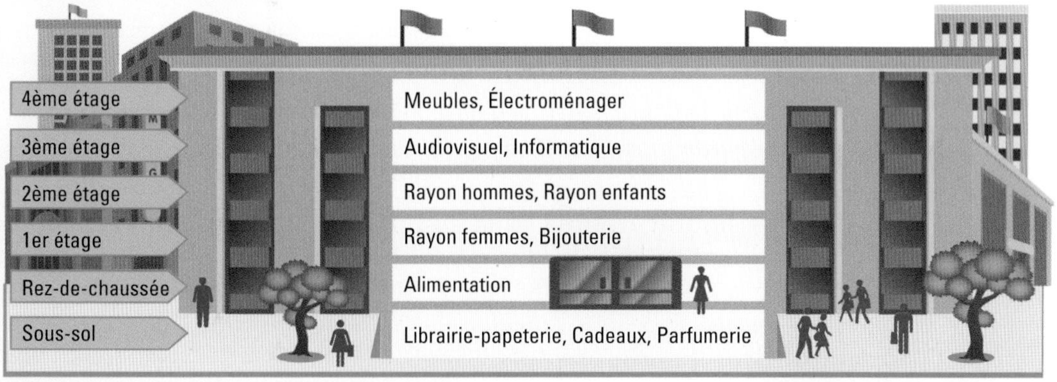


**1** Basement
**2** Ground floor
**3** First floor
**4** Children's department
**5** Men's department
**6** Women's department
**7** Computer department
**8** Gifts
**9** Electrical and household
**10** Perfume department

alimentation – food
librairie-papeterie – bookshop and stationery department

- Use the picture to help you with the words for the different floors of a building.
- Remember, signs and notices often use abbreviations, e.g. **1er** (**premier**), **2ème** (**deuxième**.)
- Look for words you know from other contexts, e.g. **cadeaux**, **informatique**.
- Use any vocabulary help that is given.
- Ignore any words you don't need to know to do the exercises.

## lire 2 Lisez les phrases et regardez le plan du grand magasin. C'est vrai (V) ou faux (F)?

*Exemple*: **1** V

**1** Je vais acheter une jupe. Je vais au premier étage.
**2** Je vais acheter des carottes. Je vais au quatrième étage.
**3** Je vais acheter un ordinateur. Je vais au troisième étage.
**4** Je vais acheter une cravate. Je vais au deuxième étage.
**5** Je vais acheter un cadeau d'anniversaire. Je vais au sous-sol.
**6** Je vais acheter un DVD. Je vais au rez-de-chaussée.

## écrire 3 Write a blog about shopping for your French exchange partner. You could include:

- what sort of shops there are in your town
- whether you like shopping and why / why not
- how often you go shopping
- which shops you go to and why
- what you have bought recently
- what you are going to buy next and why.

lire **1** **Lisez le texte sur les règles d'une école. Puis lisez les phrases en anglais. C'est quelle règle?**
*Read the French school rules. Then read the English sentences and match them to the rules.*

les autres – other people
se battre – to fight
se comporter bien – to behave well
courir– to run

1 You must listen to other people.
2 You mustn't bring dangerous objects to school.
3 You must bring the right equipment to school.
4 You must explain the exercise if another pupil doesn't understand.
5 You must get to school on time.
6 You must switch off your mobile in class.

## Les règles de la vie de classe

**RÈGLE 1**
Il faut respecter les autres.
(Par exemple, il faut écouter les autres, il ne faut pas insulter les autres, il ne faut pas se battre.)

**RÈGLE 2**
Il faut avoir son matériel pour travailler.
(Par exemple, il faut apporter son cahier, son stylo, ses affaires de gym.)

**RÈGLE 3**
Il faut travailler de son mieux.
(Par exemple, il faut être à l'heure, il faut faire son travail en classe et ses devoirs.)

**RÈGLE 4**
Il faut bien se comporter.
(Par exemple, il faut lever la main pour répondre à une question, il faut travailler en silence, il faut éteindre son portable en cours.)

**RÈGLE 5**
Il faut aider les autres.
(Par exemple, il faut prêter son matériel, il faut expliquer l'exercice si un/une autre élève ne comprend pas.)

**RÈGLE 6**
Il ne faut pas mettre les autres en danger.
(Par exemple, il ne faut pas apporter d'objets dangereux, il ne faut pas jouer ou courir dans les couloirs.)

lire **2** **Ils ont transgressé quelle règle?**
*Which rule have they broken?*

***Exemple:*** 1 règle 4

1 Chloé! Il ne faut pas parler quand on travaille!
2 Sébastien! Où est ton cahier? Il est à la maison?
3 Louis! Il ne faut pas dire que Damien est un idiot.
4 Yasmina! Il ne faut pas courir! C'est dangereux.
5 Servane! Il faut partager le livre avec Marie.
6 Karim! Tu n'as pas fait tes devoirs de maths?

écrire **3** **Écrivez des règles pour une école imaginaire (par exemple, une école des vampires, une école de rock, une école de foot ...).**

École des Animaux
Il ne faut pas manger les profs!

lire 1 **Lisez et trouvez le français.**

*L'année dernière, je suis allé en Angleterre avec ma classe. Nous avons passé une semaine chez nos corres. Un jour, nous sommes allés au collège où nous avons participé aux cours. La journée scolaire est moins longue. Les cours débutent à neuf heures et on rentre à trois heures et demie. Les élèves sont plus disciplinés que chez nous. Par exemple, il est défendu de courir, crier ou bousculer dans les couloirs ou les escaliers. Ce qui m'a frappé le plus, c'est qu'ils portent tous un uniforme, même les filles: un pantalon gris, une chemise bleue, un pull noir ou une veste noire. À midi, nous avons déjeuné à la cantine. Ce n'était pas bon. Le soir, mon corres a moins de devoirs que moi et le travail est plus facile que chez nous, mais ils font plus d'informatique et plus de matières facultatives comme les arts dramatiques (ce que j'ai beaucoup aimé).*
Frédéric

**1** for example
**2** it is forbidden
**3** to run
**4** to shout
**5** to shove
**6** What struck me most ...
**7** optional subjects
**8** drama

lire 2 **Lisez et répondez aux questions en anglais.**

**1** Where did Frédéric go last year?
**2** Who with?
**3** What differences did he notice? (*three things*)
**4** What struck him most?
**5** What did he think of school dinners?
**6** Which lesson did he really like?

écrire 3 **Imaginez que vous avez passé une journée au collège en France avec votre corres français. Décrivez votre journée et les différences que vous avez notées.**

You can adapt the letter in Exercise 1, telling the story from the point of view of a British student in France.

## lire 1

**Qui utilise quoi au travail? Choisissez le bon métier pour chaque image.**

*Who uses what at work? Choose the correct job for each picture.*

***Exemple:*** **1** professeur

1

2

3

4

5

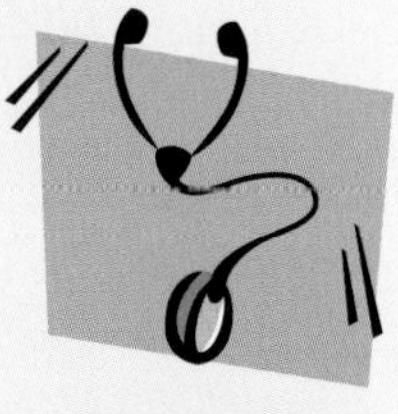

6

7

8

9

10

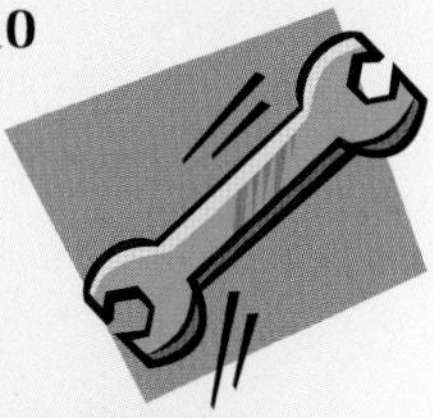

agent de police · agriculteur/agricultrice · caissier/caissière · chauffeur de poids lourd · coiffeur/coiffeuse · cuisinier/cuisinière · médecin · mécanicien(ne) · professeur · serveur/serveuse

## lire 2

**Lisez cette lettre, puis complétez les détails en français.**

**1** Prénom: Adrien
**2** Nom de famille: ..................
**3** Profession des parents:
Père: ..................
Mère: ..................
**4** Petit job: ..................
**5** Profession plus tard: ..................

*Je m'appelle Adrien Dubois. Mon père est infirmier et ma mère est secrétaire. Le samedi soir, je travaille dans un restaurant. Je gagne 5 euros de l'heure. C'est chouette. Plus tard, je voudrais travailler comme chef parce que j'adore faire la cuisine.*

## écrire 3

**Votre corres française, Sophie, vous a envoyé un e-mail. Elle vous pose des questions. Écrivez une réponse.**

*1 As-tu un petit job?*
*2 Tu fais ça quand?*
*3 Combien gagnes-tu?*
*4 C'est comment?*
*5 Qu'est-ce que tu achètes avec ton argent?*
*6 Quel métier voudrais-tu faire plus tard?*
*7 Pourquoi?*

*Amitiés,*
*Sophie*

You can adapt part of the text in Exercise 2 to help you write your email.

lire **1** **Lisez le texte. Écrivez la lettre du mot qui manque.**

*Exemple:* **1** f

> L'année dernière, j'ai fait un stage en (**1**) ________. J'ai passé deux (**2**) ________ dans un magasin de vêtements parce que je m'intéresse à la mode. Je devais ranger les (**3**) ________, aider les clients et (**4**) ________ l'aspirateur. C'était (**5**) ________, mais je ne voudrais pas faire ça plus tard parce que ce n'est pas bien payé. Je (**6**) ________ travailler comme vétérinaire parce que (**7**) ________ les animaux et c'est bien (**8**) ________.
> Emma

**a** intéressant **b** payé **c** bureau **d** semaines **e** vêtements

**f** entreprise **g** passer **h** gagne **i** j'aime **j** voudrais

écrire **2** **Write a blog about work experience for your French exchange partner. You could include:**

- when you did your work experience
- where you did it
- at what time you had to start work
- what kind of things you had to do
- what it was like and why
- what job you would like to do in the future and why.

écrire **3** **Imaginez que vous êtes une de ces personnes. Qu'est-ce que vous voudriez faire comme métier? Pourquoi? Qu'est-ce que vous voudriez acheter? Écrivez un paragraphe.**

*Imagine that you are one of these characters. What would you like to do for a living? Why? What would you like to buy? Write a paragraph.*

**Bart Simpson** **Lisa Simpson** **Harry Potter** **Draco Malfoy** **Hermione Granger**

Je m'appelle Lisa Simpson. Plus tard, je voudrais travailler comme professeur de musique parce que je suis assez intelligente et j'adore jouer du saxophone. Mais je ne voudrais pas habiter à Springfield. Avec mon argent, je voudrais acheter une petite maison à ...

lire **1** **Qu'est-ce qu'ils prennent comme casse-croûte? Écrivez les bonnes lettres.**

*Exemple:* **1** p, f ...

**a**

**b**

**c**
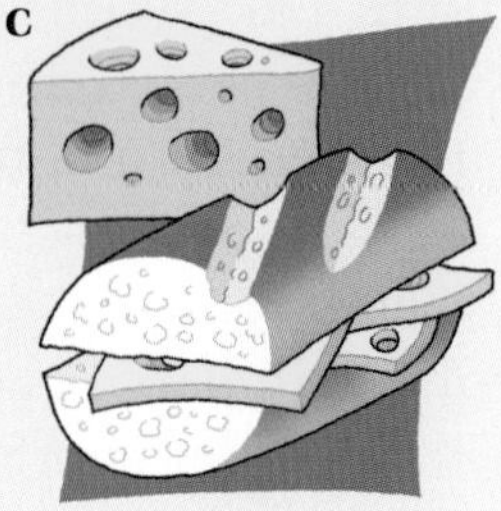
**d**

**e**
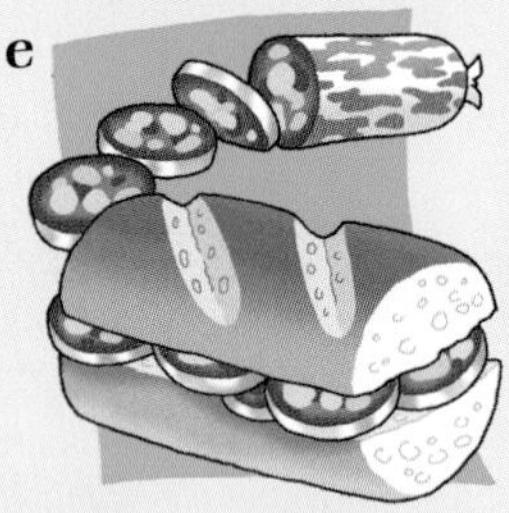
**f**

**g**
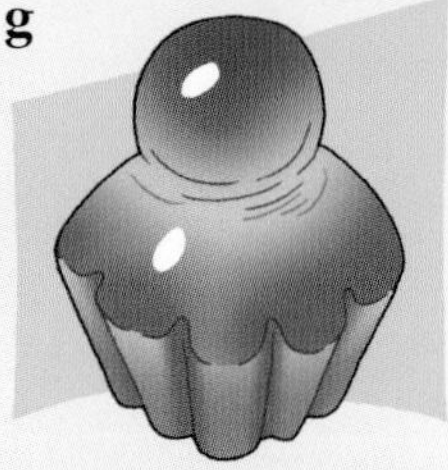
**h**

**i**

**j**

**k**

**l**

**m**

**n**

**o**

**p**
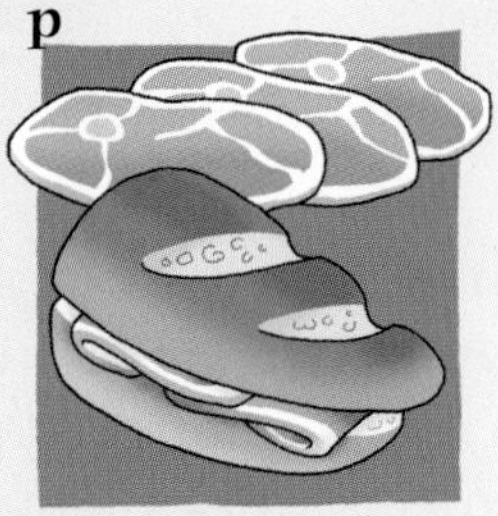
**q**

**1** Moi, j'ai un sandwich au jambon, un biscuit, un yaourt et une boisson pomme fraise.

**2** Dans mon sac, j'ai un sandwich au thon avec de la mayonnaise, une brioche, un chewing-gum et une bouteille d'eau.

**3** J'ai fait mon casse-croûte moi-même. J'ai un sandwich au saucisson avec des cornichons, une mousse au chocolat et un jus de pommes!

**4** Maman m'a fait un casse-croûte. J'ai un sandwich au fromage avec des tomates, une compote de pommes, une canette de coca et un jus d'orange.

écrire **2** **Faites un sandwich spécial. Décrivez votre sandwich.**

écrire **3** **Vous faites une sortie avec votre classe. Qu'est-ce que vous prenez comme casse-croûte?**

**lire 1** **Lisez la liste des activités. On est quel jour?**

*Exemple:* 1 jeudi

## Camping de la Forêt
### *Animations quotidiennes*

| jour | heure | activité |
|---|---|---|
| Lun | 14h–17h | Volley/foot/tennis pour les 15 à 18 ans |
| | 21h | Kayak-piscine nocturne |
| Mar | 10h–16h | Descente de la rivière en canoë (accompagnée) |
| | 16h–18h | Équitation |
| | 20h | Tournoi «Trivial Pursuit» |
| Mer | 9h–12h | Aquapolo pour les 15 à 18 ans |
| | 14h–17h | Tournoi: volley/foot/tennis pour les 15 à 18 ans |
| | 21h | Randonnée semi-nocturne accompagnée (5 km) |
| Jeu | 10h–16h | Balade en vélo dans la forêt avec pique-nique |
| | 14h–17h | Volley/foot/tennis pour les 10 à 15 ans |
| | 16h–19h | Tournoi pour ados de baby-foot ou ping-pong |
| Ven | 10h–16h | Randonnée accompagnée (12 km) avec pique-nique |
| | 14h–17h | Tournoi aquapolo |
| | 21h | Soirée musicale: spectacle concert ou bal |
| Sam | 21h | Soirée cinéma: film tout public |
| Dim | 16h | Tournoi de pétanque |

1

2
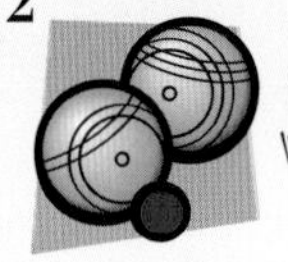
3
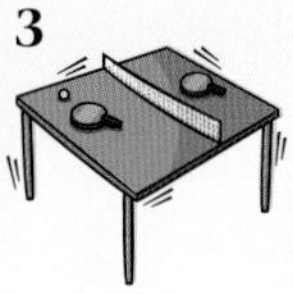
4

5

6

7

8

**lire 2** **On est quel jour aujourd'hui? Utilisez la liste de l'exercice 1.**

1 Hier soir, on a vu le film *King Kong*.
2 Demain, je vais faire du cheval.
3 On va faire la descente de la rivière en canoë demain.
4 Je suis fatiguée! Hier soir, on a fait une balade dans la forêt.
5 Ce soir, on a un cours de kayak.

**écrire 3** **Imaginez que vous avez passé les vacances au camping de la Forêt. Qu'est-ce que vous avez fait? Remplissez votre journal.**

| | |
|---|---|
| lundi | *Cet après-midi, j'ai joué au foot, et ce soir, j'ai fait du kayak à la piscine.* |
| mardi | |
| mercredi | |
| jeudi | |
| vendredi | |
| samedi | |
| dimanche | |

## lire 1 Lisez les textes et répondez aux questions.

Pour garder la forme, je mange sainement et je fais du sport. Je ne bois pas de boissons sucrées, je ne mange pas de hamburgers ou de chips. Je ne fume pas, mais j'ai un petit faible, les frites! À partir de maintenant, je vais essayer de faire plus de sport.

J'en ai marre des régimes. J'ai tout essayé pour perdre des kilos, mais maintenant je mange ce que je veux. Je ne mange pas de gâteaux ou de bonbons parce que je préfère les fruits, mais j'ai un faible pour la mousse au chocolat. À partir de maintenant, je vais essayer de moins fumer.

Je ne fais rien pour garder la forme. Le midi, je mange un hamburger et je bois du coca. Je ne fais pas de sport, sauf au collège. Je fume – pas beaucoup, mais quand je sors avec mes copains qui fument. À partir de maintenant, je vais essayer de jouer au basket.

D'habitude, je suis trop pressé le matin pour manger. Je suis toujours stressé et j'ai souvent mal à la tête. Le midi, je mange un paquet de chips et une pomme, et le soir, je mange un yaourt. À partir de maintenant, je vais essayer de me coucher plus tôt.

Qui ...

1 ne prend pas de petit déjeuner?
2 adore les frites?
3 n'aime pas les choses sucrées?
4 mange au fast-food le midi?

## lire 2 Trouvez ces mots/phrases dans les textes.

1 I have a weakness for ...
2 I'm fed up with diets.
3 I've tried everything ...
4 now
5 except
6 always
7 often

## écrire 3 Écrivez des conseils.

*Exemple:* Francine, il ne faut pas manger trop de ...

## écrire 4 Et vous? Copiez et complétez les phrases.

Je **mange / ne mange pas** sainement.
D'habitude, le matin, je mange ...
Je ne mange pas ... parce que ...
Le midi, je mange ...
Je bois ...
Je ne bois pas de ...
À partir de maintenant, je vais essayer de manger/boire ...

# Danger!

**Un fumeur absorbe jusqu'à 4 000 substances chimiques et toxiques chaque fois qu'il fume une cigarette**

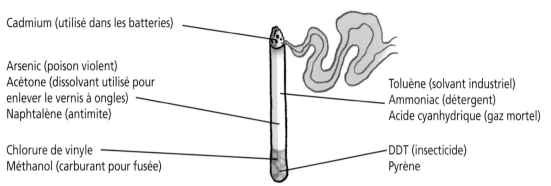

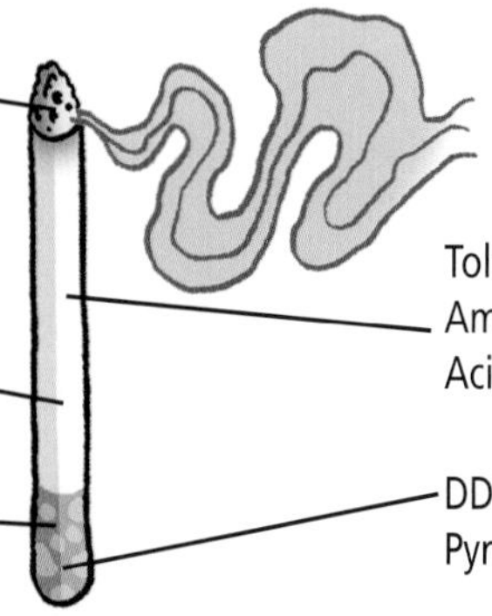


**lire 1** **Lisez le texte et trouvez les substances toxiques qu'on utilise …**
*Read the text and find which toxic substances are used …*

1 for removing nail varnish.
2 as a rocket fuel.
3 for cleaning.
4 for gassing animals.
5 as an industrial solvent.

Remember, to work out unknown words:
- use the context to help you
- look out for words which are similar to English words
- use what you know to eliminate wrong options.

**lire 2** **Trouvez dans le texte les phrases en bleu qui correspondent à ces phrases anglaises.**

La moitié des ados ont commencé à fumer à l'âge de 14 ans.
Si tu fumes 20 cigarettes par jour pendant sept ans, cela fait en tout 50 000 cigarettes.
Le tabac irrite la gorge, encrasse les poumons, fatigue le cœur, durcit les artères et réduit l'acuité visuelle.
Le cancer du poumon est le tueur numéro un des fumeurs. Il est difficile à traiter parce que les symptômes n'apparaissent qu'une fois que la maladie est avancée.
Le tabagisme tue plus de gens que l'alcool, le sida, les accidents de voiture et les suicides réunis.
Parmi les enfants qui fument, la moitié mourra des suites du tabagisme.
Si ton meilleur ami fume, tu as 13 fois plus de risques de fumer.

1 daily
2 half of them (the half)
3 AIDS
4 lung cancer
5 reduces
6 the arteries
7 the heart
8 the illness
9 the killer
10 young people (adolescents)
11 your best friend

**écrire 3** **Votre meilleur copain / meilleure copine fume. Écrivez-lui un e-mail pour expliquer les dangers et pourquoi il faut qu'il / elle arrête.**
*Your best friend smokes. Write him/her an email explaining about the dangers and why he/she should give up.*

**lire 1** **Lisez la publicité. Puis identifiez les trois phrases correctes.**

# VENEZ À PARFAITVILLE!

## *C'est fantastique!*

Il y a …

- beaucoup de travail, donc pas de chômage!
- beaucoup de distractions, surtout pour les jeunes!
- beaucoup de police, donc pas de criminalité!
- des transports en commun superbes, donc moins de circulation et moins de pollution!
- beaucoup de poubelles et de containers pour le recyclage, donc pas de déchets dans la rue!

1 Il n'y a pas de chômage à Parfaitville.
2 Il n'y a rien à faire pour les jeunes.
3 Il n'y a jamais de police dans la rue.
4 Il y a beaucoup d'autobus et de trains.
5 Il n'y a pas beaucoup de pollution à Parfaitville.
6 Il n'y a plus de containers pour le recyclage.

**écrire 2** **Écrivez une publicité honnête sur Nulleville!**

**Ne venez pas à Nulleville!**

*C'est nul!*

- Il n'y a pas assez de travail, donc …

Try to use all of these negative expressions at least once in Exercise 2:
**ne … pas** **ne … rien** **ne … plus**
**ne … jamais** **ne … que**

Look back at page 156 to remind yourself how to use these negatives, if necessary.

**écrire 3** **Pour chaque phrase, écrivez un conseil pour protéger l'environnement. Utilisez *il faut*.**

*For each sentence, write a piece of advice to protect the environment. Use* ***il faut****.*

***Exemple:*** **1** Il faut utiliser un sac en toile.

1 J'ai utilisé des sacs en plastique pour mes achats.
2 Je vais jeter mon vieux portable à la poubelle.
3 Tous les matins, je prends un bain.
4 Hier, je suis allé en ville en voiture.
5 Si je bois un coca, je jette la canette à la poubelle.
6 Brrrrr! Je vais monter le chauffage central!

lire **1** **Lisez le texte et mettez les phrases en anglais dans l'ordre du texte.**

## La conservation: Il faut sauver ces animaux!

Partout dans le monde, des animaux et des oiseaux sont en danger. En Amazonie, par exemple, on a coupé des milliers d'arbres. On a fait ça pour l'agriculture et pour la création de produits en bois, comme des tables et des chaises. La dévastation de cette forêt tropicale détruit l'habitat de beaucoup de créatures exotiques, comme le jaguar. C'est le même problème en Afrique et à Bornéo, où le gorille et l'orang-outan sont déjà rares. Et dans moins de vingt ans, il n'y aura peut-être plus de tigres en Inde. Si vous voulez sauver ces animaux fascinants, vous pouvez devenir membre du WWF. C'est une organisation qui travaille pour la conservation des animaux en voie d'extinction.

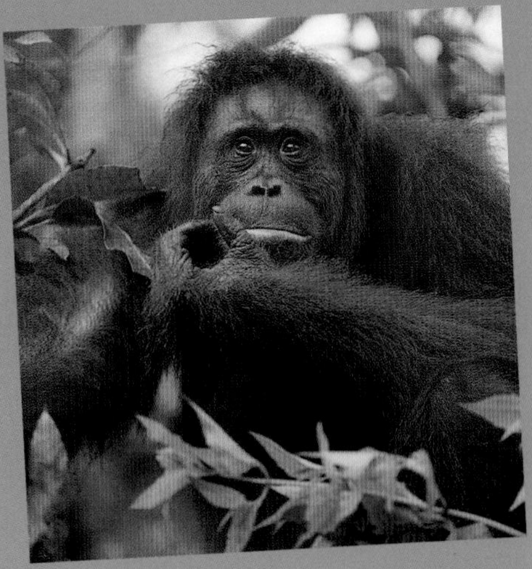

**a** It's the same problem in Africa and in Borneo, where the gorilla and the orang-utan are already rare.
**b** In the Amazon Forest, for example, thousands of trees have been cut down.
**c** It's an organisation which works for the conservation of animals threatened with extinction.
**d** Throughout the world, animals and birds are endangered.
**e** If you want to save these fascinating animals, you can become a member of the WWF.
**f** The destruction of this tropical forest is destroying the habitat of many exotic creatures, such as the jaguar.
**g** This has been done for farming and to create wooden products, such as tables and chairs.
**h** And in less than 20 years, it is possible that there will be no more tigers in India.

écrire **2** **Write an article about your town or village and the environment. You could include:**

- the good things about your town or village
- the bad things about your town or village
- what should be done to protect the environment in your town or village
- what you personally do to help the environment
- what you have done recently for the environment
- what you are going to do for the environment in the future.

# The present tense of regular verbs

### What are regular verbs?

Regular verbs are verbs which follow the same pattern. In French, they can be divided into three groups (*–er*, *–ir* and *–re* verbs) according to the ending of the infinitive, e.g. *jouer*, *finir*, *attendre*.

### When do I use them?

All the time! Most verbs are *–er* verbs, which are all regular except *aller* (to go).

### Why are they important?

You can't speak a language without using verbs. They are the basic building blocks. For your GCSE, you need to be able to use verbs correctly to achieve a Grade C.

### Things to watch out for

In English, we have two forms of the present tense: 'I play' and 'I am playing'. In French, they just have one: *je joue*.

### How do they work?

- The ending of the verb changes according to the person of the verb.

| | **jouer (to play)** | **finir (to finish)** | **attendre (to wait)** |
|---|---|---|---|
| je/j' (I) | joue | finis | attends |
| tu (you) | joues | finis | attends |
| il/elle/on (he/she/it/one) | joue | finit | attend– |
| nous (we) | jouons | finissons | attendons |
| vous (you) | jouez | finissez | attendez |
| ils/elles (they) | jouent | finissent | attendent |

- ***–er* verbs:** Take the *–er* ending off the infinitive and add *–e, –es, –e, –ons, –ez, –ent*
- ***–ir* verbs:** Take the *–ir* ending off the infinitive and add *–is, –is, –it, –issons, –issez, –issent*
- ***–re* verbs:** Take the *–re* ending off the infinitive and add *–s, –s, –, –ons, –ez, –ent.*

### Reflexive verbs

- The infinitive of reflexive verbs includes the reflexive pronoun *se: se laver* = to get washed (= to wash oneself), *se lever* = to get up, *se coucher* = to go to bed.
- The reflexive pronouns are: *me/m', te/t', se/s', nous, vous, se/s'*. e.g. *je **me** lave, tu **te** lèves, il **s'**habille, nous **nous** disputons, vous **vous** couchez, elles **s'**amusent.*

**1 Write the correct form of the verbs in brackets.**

1. Je ___ au tennis. (jouer)
2. Mon frère ___ faire du vélo. (aimer)
3. Ma copine ne ___ pas de chips. (manger)
4. J'___ en Angleterre. (habiter)
5. Les cours ___ à quatre heures. (finir)
6. On ___ le bus. (attendre)
7. ___-tu du poulet? (manger)
8. Vous ___ anglais? (parler)

**2 Choose the correct reflexive pronouns and write the correct verb endings.**

1. Le matin, je ___ lèv___ de bonne heure.
2. Ma sœur ___ lèv___ avant moi.
3. Nous ___ disput___ pour la salle de bains.
4. Je ne ___ entend___ pas bien avec elle.
5. Mes copains ___ couch___ à dix heures.
6. À quelle heure est-ce que vous ___ couch___?

me se m' se vous nous

# The present tense of irregular verbs



**What are irregular verbs?**
They are the verbs that don't follow the normal patterns of regular *–er*, *–ir* and *–re* verbs.

**When do I use them?**
All the time! Unfortunately, the most common and useful verbs in French are irregular.

**Why are they important?**
You can't speak a language without knowing the most important verbs like 'to be', 'to have', 'to do' and 'to go'. They are the basic building blocks. For your GCSE, you need to use these verbs accurately to achieve a Grade C or above.

**Things to watch out for**
French doesn't make any distinction between 'I go' and 'I am going' – *je vais* translates both of those meanings.

**How do they work?**

- The most important irregular verbs to learn are:

| | **être** | **avoir** | **aller** | **faire** |
|---|---|---|---|---|
| je/j' (I) | suis | ai | vais | fais |
| tu (you) | **es** | a**s** | va**s** | fais |
| il/elle/on (he/she/it/one) | est | a | va | fait |
| nous (we) | sommes | av**ons** | all**ons** | fais**ons** |
| vous (you) | êtes | av**ez** | all**ez** | faites |
| ils/elles (they) | **sont** | **ont** | v**ont** | f**ont** |

- When learning irregular verbs, always look for patterns!
  - The first and second persons singular usually end in *–s*.
  - The third person plural of all the above verbs ends in *–ont*.

**1 Write the correct form of the verbs in brackets, then translate the sentences.**

1 Nathan ___ seize ans. (avoir)
2 J'___ un chien. (avoir)
3 Mon frère ___ du VTT. (faire)
4 Il ___ très sportif. (être)
5 Je ne ___ pas très sportive. (être)
6 Cet après-midi, je ___ en ville. (aller)
7 Que ___-tu ce soir? (faire)
8 Mes copains ___ au cinéma. (aller)

**2 Decide which verb is being used, then rewrite the sentences using the subjects given in brackets.**

1 Ce matin, je vais au collège. (tu)
2 Cet après-midi, on a un cours de sport. (je)
3 Aujourd'hui, on fait du jogging. (elle)
4 Mes copains sont paresseux. (il)
5 Ils ne font pas de sport. (je)
6 Je suis fatiguée. (nous)
7 Où vas-tu? (vous)
8 Avez-vous des frères et des sœurs? (tu)

# The near future tense

**What is it?**
You use the near future tense to say what is going to happen.

**Why is it important?**
Because you often want to say what you (and others) are going to do. You also need to be able to do this to achieve a Grade C in your GCSE.

**How does it work?**
You use the verb ***aller*** + an **infinitive**.

| **aller** (to go) | **Example infinitives** |
|---|---|
| je vais (I am going) | jouer (to play) |
| tu vas (you are going) | regarder (to watch) |
| il/elle/on va (he/she is going / we are going) | écouter (to listen to) |
| nous allons (we are going) | acheter (to buy) |
| vous allez (you are going) | faire (to do) |
| ils/elles vont (they are going) | aller (to go) |

***Je vais jouer** au tennis.* (I'm going to play tennis.)
***On va faire** du judo.* (We're going to do judo.)

**1 Choose the correct part of *aller* to complete the sentences. Then copy out the sentences and translate them.**

1 Je *vais / vas / va* jouer au foot.
2 Tu *vais / vas / va* faire de la natation?
3 On *va / allez / vont* regarder le match.
4 Elle *vais / va / allons* acheter un tee-shirt.
5 Nous *vais / allons / allez* écouter de la musique.
6 Il *vais / vas / va* aller au centre de loisirs.
7 Ils *allons / allez / vont* faire du vélo.
8 Vous *allons* / allez / *vont* jouer au squash?

**2 Complete the sentences about what you (or you and your friends) are going to do.**

1 Ce soir, je vais ______. (This evening, I'm going to …)
2 Demain matin, je ______. (Tomorrow morning, I …)
3 Demain après-midi, je ______. (Tomorrow afternoon, I …)
4 Samedi prochain, mes amis et moi allons ______. (Next Saturday, my friends and I are going to …)
5 Dimanche, on va ______. (On Sunday, we're going to …)
6 La semaine prochaine, ______. (Next week, …)
7 Pendant les vacances, ______. (In the holidays, …)
8 L'année prochaine, ______. (Next year, …)

# Asking questions



**Why is asking questions important?**

You can't get far in French without being able to ask questions! In your GCSE, you will have to ask and answer questions to achieve a Grade C.

**How do questions work in French?**

- You can ask 'yes/no' questions in three ways:
  1 Change a statement into a question by making your voice go up at the end of the sentence.
  *Tu as ta propre chambre?* Do you have your own bedroom?
  2 Put *Est-ce que* at the start of the sentence.
  ***Est-ce que** tu as ta propre chambre?*
  3 Use inversion (i.e. swap the order of the subject and the verb) and add a hyphen.
  ***As-tu** ta propre chambre?*
- Some questions start with a question word.

| | |
|---|---|
| ***Où** est ta chambre?* | Where is your bedroom? |
| ***À quelle heure** est-ce que tu te couches?* | What time do you go to bed? |
| ***Que** fais-tu dans ta chambre?* | What do you do in your bedroom? |

- Other key question words:

| | | | |
|---|---|---|---|
| combien de? | how many? | pourquoi? | why? |
| quand? | when? (day or date) | qui? | who? |
| quel/quelle/quels/quelles? | which? | | |
| comment? | how? (also used to ask what someone or something is like) | | |
| qu'est-ce que? | (another way of saying) what? | | |

**1 Turn these statements into questions by saying them with rising intonation. Then rewrite them as questions, using *est-ce que* in 1–4 and inversion in 5–8.**

1 Tu partages ta chambre.
2 Ta chambre est grande.
3 Ton lit est devant la fenêtre.
4 Tu te couches à dix heures et demie.
5 Tu aimes ta chambre.
6 Tu as un ordinateur dans ta chambre.
7 Tu ranges tes affaires dans l'armoire.
8 Tu fais tes devoirs dans ta chambre.

**2 Match the beginnings of the questions (1–7) with the correct endings (a–g), then copy them out and translate them. Use the answers to the questions to help you!**

1 ■ **Où …**
● Sur la table.
2 ■ **Combien de …**
● Cinquante!
3 ■ **Qui …**
● Ma petite sœur!
4 ■ **Comment …**
● Elle est grande.
5 ■ **Pourquoi …**
● Parce qu'elle est cool.
6 ■ **À quelle heure …**
● À 10h30.
7 ■ **Qu'est-ce que …**
● Un lit, une armoire et une télé.

a … CD as-tu dans ta chambre?
b … est ta chambre?
c … tu as dans ta chambre?
d … est ton ordinateur?
e … aimes-tu ta chambre?
f … te couches-tu?
g … partage ta chambre avec toi?

# Adjectives and possessive adjectives

## Adjectives

### What are they?

Adjectives are describing words. They describe a noun, a person or thing. Correct use of adjectives will help you achieve a higher grade, because it shows you can use a variety of language and it makes your work more interesting.

### Things to watch out for

- In French, adjectives have to 'agree' with the person or thing they describe.
- Most French adjectives and all adjectives of colour come *after* the noun.

### How do they work?

- Adjectives agree with the person or thing they describe.
  - To make the feminine form, most adjectives add an *–e* (unless there already is one).
  - To make the plural form, most adjectives add *–s*.
- Some adjectives are irregular.
- Some adjectives don't change, for example words from other languages (e.g. *super*, *cool*) and the colours *marron*, *orange* and colours made up of two words (e.g. *bleu marine*, *vert clair*).

| Singular | | Plural | |
|---|---|---|---|
| **masc.** | **fem.** | **masc.** | **fem.** |
| petit<br>timide | petite<br>timide | petits<br>timides | petites<br>timides |
| sportif<br>paresseux<br>blanc<br>génial<br>beau*<br>nouveau*<br>vieux* | sporti**v**e<br>paresseu**s**e<br>blanc**h**e<br>géniale<br>be**lle**<br>nouve**lle**<br>vie**ille** | sportifs<br>paresseux<br>blancs<br>géni**aux**<br>beau**x**<br>nouveau**x**<br>vieux | sporti**v**es<br>paresseu**s**es<br>blanc**h**es<br>géniales<br>be**lle**s<br>nouve**lle**s<br>vie**illes** |

* Before a word beginning with a vowel or silent *h*, the masculine singular becomes *bel/nouvel/vieil*.

- **Position of adjectives**
  - Most adjectives come after the noun, including all adjectives of colour.
  - Some adjectives come in front of the noun, e.g. *grand, petit, jeune, vieux, bon, mauvais, beau, nouveau, haut, joli*.

## Possessive adjectives

### What are they?

Possessive adjectives are the words for 'my', 'your', 'his', 'her', etc.

| | **masc.** | **fem.** | **plural** |
|---|---|---|---|
| *my* | mon | ma | mes |
| *your* | ton | ta | tes |
| *his/her* | son | sa | ses |
| *ours* | notre | notre | nos |
| *your* | votre | votre | vos |
| *their* | leur | leur | leurs |

### Things to watch out for

- Possessive adjectives agree with the person or thing they describe, not the person the object belongs to.

**1 Choose the correct form of the adjectives.**

1 Isabelle est *grand / grande*.
2 Sa sœur est *petite / petits*.
3 Elle est *sportif / sportive*.
4 Son frère est *paresseux / paresseuse*.
5 Mes amis ne sont pas bien *organisés / organisées*.
6 Ils sont *gentils / gentilles*.
7 Mes parents sont *sympa / sympas*.
8 Yannick est le plus *intelligent / intelligente* de la classe.

**2 Write out the sentences adding the correct French form of the adjective in brackets.**

1 J'ai une ▬ sœur … (big)
2 … et deux ▬ frères. (small)
3 Ma sœur est ▬ … (shy)
4 … mais mes frères sont ▬. (talkative)
5 J'habite une ▬ maison … (old)
6 … dans une ▬ ville. (pretty)
7 J'ai deux ▬ amies … (new)
8 … qui sont très ▬. (sporty)

**3 Rearrange the words to form correct sentences and copy them out. Then underline the adjectives and translate the sentences.**

1 est grand frère mon paresseux
2 a bleus blonds cheveux copain et les les mon yeux
3 blanche chasse chat grand la le noir petite souris
4 chapeau et fille la petite porte robe rose une un vert
5 a chat copine gris ma un
6 est ma mère petite
7 avec grand habite jardin maison Meugeot Monsieur petite un une
8 a garçon jeune le nouveau rouge un vélo

**4 Translate these sentences into French.**

1 My big brother is sporty.
2 He wears old blue jeans …
3 … and a new, red sweatshirt.
4 My little sister is talkative and funny.
5 She is wearing a pretty green dress.
6 She has blue eyes and blond hair.
7 My mother has brown eyes and curly hair.
8 My parents are sporty.

**5 Add six adjectives to the text. You can use the adjectives below or ones of your own choice. Try to use some of the more unusual ones!**

tranquille (quiet) — élégant (elegant) — chic (smart) — joli (pretty) — génial (great) — magnifique (fantastic) — reposant (relaxing) — incroyable (incredible)

Tobi regarde la vue, c'est comme une peinture. Le village se trouve au bord d'une rivière. Il y a des gens qui se promènent à l'ombre des arbres qui bordent la rivière. Un enfant joue avec un ballon. Une famille pique-nique sur l'herbe. Il y a des nuages dans le ciel. C'est calme!

# The perfect tense with *avoir*

**What is it?**

You use the perfect tense to talk about the past.

**Why is it important?**

You often want to say what you (and other people) did. Talking about the past is one of the things you need to do to achieve a Grade C in your GCSE.

**Things to watch out for**

- In French, there is no difference between 'I bought' and 'I have bought'. You use the perfect tense for both.
- Make sure you pronounce the –*é* ('ay') ending on past participles like *joué* (played) to distinguish it from *joue* (play), or you will lose marks!

**How does it work?**

- You use **an auxiliary** + **a past participle**.
  - Most verbs use *avoir* (to have) as the auxiliary.

| | |
|---|---|
| j'**ai** | nous **avons** |
| tu **as** | vous **avez** |
| il/elle/on **a** | ils/elles **ont** |

  - You form the **past participle** of regular –*er*, –*ir* and –*re* verbs as follows:

| | | |
|---|---|---|
| –*er* verbs (e.g. *jouer*): | Replace –*er* with –*é* | *joué* |
| –*ir* verbs (e.g. *finir*): | Replace –*ir* with –*i* | *fini* |
| –*re* verbs (e.g. *attendre*): | Replace –*re* with –*u* | *attendu* |

| | |
|---|---|
| *J'ai joué au foot.* | I played/I have played football. |
| *Il a fini le livre.* | He finished/He has finished the book. |
| *Nous avons attendu le bus.* | We waited for/We have waited for the bus. |

- Some important verbs have an **irregular past participle**. Some of the key ones are:

| Infinitive | | Past participle |
|---|---|---|
| *boire* (to drink) | → | *bu* (drank/have drunk) |
| *faire* (to do/make) | → | *fait* (did/have done or made/have made) |
| *lire* (to read) | → | *lu* (read/have read) |
| *prendre* (to take) | → | *pris* (took/have taken) |
| *voir* (to see) | → | *vu* (saw/have seen) |

| | |
|---|---|
| *J'ai fait de la natation.* | I went swimming./I've been swimming. |
| *Tu as pris le bus?* | Did you take the bus? |
| *On a vu une comédie.* | We saw a comedy. |

- In the perfect tense, the negative makes a 'sandwich' around the **auxiliary**.

  *Je* ***n'****ai* ***pas*** *écouté le CD.* — I didn't listen/haven't listened to the CD.

- To ask a question in the perfect tense, make your voice go up at the end of the sentence, or start with *est-ce que*.

  *Tu as vu le film?* ↗ — Did you see / Have you seen the film?

  ***Est-ce qu'****il a mangé le gâteau?* — Did he eat / Has he eaten the cake?

  You can also use inversion to form a question. To do this, swap the positions of the subject and the auxiliary and add a hyphen.

  *Où* ***as-tu*** *acheté ton tee-shirt?* — Where did you buy your T-shirt?

**1 Choose the correct auxiliaries, then copy out and translate the sentences.**

1 J'*as / a / ai* mangé un sandwich.
2 Est-ce que tu *ai / a / as* lu le livre?
3 Thomas est sportif. Il *as / a / ai* fait de la natation.
4 On *a / avons / ont* bu de la limonade.
5 Je n'*a / ai / as* pas vu la série.
6 Nous n'*avez / ont / avons* pas pris le train.
7 *A / As / Avons* -tu acheté du pain?
8 *Avez / Ont / As* -vous fini?

**2 Complete the sentences with the past participle of the verbs in brackets. Remember, some past participles are irregular! Then translate the sentences.**

1 Samedi dernier, **j'ai** ___ deux CD. (acheter)
2 Le soir, **on a** ___ de la musique dans ma chambre. (écouter)
3 **Vous avez** ___ au foot dans le parc dimanche? (jouer)
4 Non, **nous avons** ___ nos devoirs. (finir)
5 Qu'est-ce que **tu as** ___ hier? (faire)
6 **J'ai** ___ des photos avec mon portable. (prendre)
7 **Mes parents ont** ___ un film d'horreur au cinéma. (voir)
8 Lucy n'aime pas la limonade. **Elle a** ___ du coca. (boire)

**3 Copy out the blog, completing each gap with an appropriate perfect tense verb from the box.**

Samedi dernier, j'(**1**) ___ le bus et j'ai retrouvé mon copain Damien en ville. D'abord, on (**2**) ___ du shopping. J'ai acheté un livre de science-fiction et Damien (**3**) ___ un CD. Ensuite, nous (**4**) ___ une pizza et nous (**5**) ___ du coca. L'après-midi, j'(**6**) ___ sur l'ordinateur avec ma sœur. Le soir, mes parents (**7**) ___ un film à la télé, mais moi, j'(**8**) ___ mon livre. Et toi, qu'est-ce que tu as fait?

Thomas

ai lu | a acheté | ai joué | avons bu | ai pris | avons mangé | a fait | ont regardé

**4 Using Thomas's text as a model, write a short paragraph about what you did last Saturday. Make sure you get the perfect tense verbs right! Don't forget the acute accent (e.g. *acheté*) on many past participles.**

Samedi dernier, ______________________________

______________________________

______________________________

# The perfect tense with *être*

## What is it?

You use the perfect tense to talk about events in the past. Verbs of movement and reflexive verbs form the perfect tense by using part of the verb *être*, plus a past participle.

## Why is it important?

You often want to say things like 'I went', 'I arrived' and 'I stayed' to talk about the past. You need to be able to do this to achieve a Grade C in your GCSE.

## How does it work?

- Use the **auxiliary** (*être*) + **the past participle** (check you have the correct ending!).

| être | | past participles | | To the past participle, add … |
|---|---|---|---|---|
| je | suis | allé | (went) | –*e* if the subject is feminine |
| tu | es | arrivé | (arrived) | e.g. *Elle est allée au cinéma.* |
| il/elle/on | est | parti | (left) | –*s* if the subject is plural |
| nous | sommes | sorti | (went out) | e.g. *Mes parents sont sortis.* |
| vous | êtes | resté | (stayed) | –*es* if the subject is feminine and plural |
| ils/elles | sont | rentré | (went home) | e.g. *Mes sœurs sont rentrées.* |

- Reflexive verbs like *se lever* and *se coucher* also take *être* in the perfect tense.

| | |
|---|---|
| *Je **me** suis levé(e) de bonne heure.* | I got up early. |
| *Nous **nous** sommes couché(e)s.* | We went to bed. |

**1 Rearrange the words to form correct sentences. Then copy out the sentences and translate them.**

**Samedi dernier …**

1. levé suis heures. Je huit me à
2. match Je avec allé suis copain. au mon
3. demie. train est Le une à heure parti et
4. arrivés On au deux stade à est heures.
5. stade sortis et quatre On est du heures à demie.
6. suis à Je maison rentré la six à heures.
7. me dix suis demie et couché Je heures. à
8. resté suis Dimanche, la je à maison.

**2 How would you say the following? Adapt the sentences in Exercise 1. If you are girl, remember to add an extra –*e* to the past participle when you use *je*!**

1. Last Saturday, I went to the cinema with my friend.
2. The bus left at two o'clock.
3. We arrived at the cinema at half past two.
4. We came out of the cinema at five o'clock.
5. I got home at half past six.
6. I went to bed at eleven o'clock.

# Verbs followed by an infinitive



### When do I use the infinitive?

When you have two verbs together in a sentence, the second verb is in the infinitive (it ends in *–er*, *–re* or *–ir*).

'I like swimming' becomes 'I like to swim'. = *J'aime* ***nager***.

### Which verbs are followed by an infinitive?

- **Modal verbs**, because they need to be followed by another verb.

| | |
|---|---|
| ***pouvoir*** (*je peux* = I am able to, I can) | *Je peux* ***chanter****.* |
| ***vouloir*** (*je veux* = I want to) | *Je veux* ***boire*** *quelque chose.* |
| ***devoir*** (*je dois* = I have to, I must) | *Je dois* ***rentrer****.* |
| ***il faut*** = I/we/you have to | *Il faut* ***finir*** *tes devoirs.* |

- Verbs expressing **likes and dislike**s, when followed by a verb.

| | |
|---|---|
| ***aimer*** (to like) | *J'aime* ***envoyer*** *des textos.* |
| ***préférer*** (to prefer) | *Je préfère* ***aller*** *au cinéma.* |
| ***détester*** (to dislike) | *Je déteste* ***ranger*** *ma chambre.* |

### Why are they important?

Think about how often you say 'I want', 'you can't' or 'we must' in English! Using modal verbs and opinion verbs correctly will help you to achieve a Grade C or higher in your GCSE.

### Things to look out for

- In English, after likes and dislikes, etc., the second verb often ends in *–ing*. This is the verb that goes into the infinitive in French.

| | | |
|---|---|---|
| I love cook**ing**. | → I love to cook. | *J'adore* ***faire*** *la cuisine.* |
| I hate swimm**ing**. | → I hate to swim. | *Je déteste* ***nager****.* |
| I prefer danc**ing**. | → I prefer to dance. | *Je préfère* ***danser****.* |

- The negative words go around the first verb.

| | | |
|---|---|---|
| I don't like sing**ing**. | → I don't like to sing. | *Je* **n'aime pas** *chanter.* |

**1 Underline the verbs which are in the infinitive, then translate the sentences.**

1 Nathan aime faire du sport.
2 Son frère n'aime pas jouer au foot.
3 Je dois faire du jogging.
4 Ma sœur déteste faire du sport.
5 Préférez-vous regarder un DVD?
6 Il faut réviser pour les contrôles.
7 Nous pouvons écouter de la musique.
8 J'ai soif. Je veux boire quelque chose.

**2 Rearrange the words to form correct sentences, then translate them.**

1 jouer foot. J' au aime
2 aime n' pas vélo. faire du Théo
3 une manger préfère Louise pizza.
4 coca. veux Je un boire
5 soir. peut Il sortir pas ce ne
6 veut cinéma. Manon aller au
7 devoirs. doit D'abord, elle ses faire
8 texto faut Il Thomas. envoyer un à

**3 Translate these sentences into French.**

1 Do you want to go to the cinema?
2 I have to finish my homework.
3 Can you come with me?
4 My brother hates singing.
5 He prefers to play the guitar.
6 I love listening to music.

# Negatives

**Which ones do I need to know, and what do they mean?**
*ne … pas* (not), *ne … jamais* (never), *ne … plus* (no longer, not any more), *ne … rien* (nothing, not anything) *ne … pas assez* (not enough)

**Why are they important?**
For your GCSE, if you use several different negatives accurately, you can really increase your chances of getting a Grade C.

**How do they work?**
- French negatives always have two parts – usually *ne* before the verb and the negative word (e.g. *pas*) after the verb, making a 'sandwich' around the verb.
- Before a vowel or silent *h*, *ne* becomes *n'*.
- If there are **two verbs** together in a sentence, most negatives form a sandwich round the **first verb**.

| | |
|---|---|
| *Il **ne** joue **pas** au tennis.* | He doesn't play tennis. |
| *Il **n'**a **jamais** joué au tennis.* | He has never played tennis. |
| *Il **ne** veut **rien** faire.* | He doesn't want to do anything. |
| *Il **n'**y a **pas** de cinéma.* | There isn't a cinema. |

**Things to watch out for**
After a negative, *un/une* or *du/de la/des* all become *de*.

| | | |
|---|---|---|
| *Je mange **une** pizza.* | → | *Thérèse ne mange pas **de** pizza.* |
| *Théo fait **du** sport.* | → | *Louis ne fait pas **de** sport.* |

**1 Make the sentences negative using the prompts in brackets, then translate the sentences.**

1 Je joue au foot. (not)
2 Marc mange des burgers. (no longer)
3 Tu manges. (nothing)
4 Sarah a fini ses devoirs. (not)
5 On est allés en ville. (never)
6 J'ai de l'argent. (not enough)
7 Tu as fait du ski? (never)
8 Vous voulez venir avec moi. (no longer)

**2 Which negative expressions would you use to translate these sentences into French?**

1 Sarah doesn't swim.
2 Marc doesn't eat meat any more.
3 We don't want to go.
4 I have never been skiing.
5 We saw nothing.
6 Marc hasn't got a bike any longer.
7 He doesn't do enough sport.
8 She never has any friends.

**3 Make these sentences negative. Use the English translations to help you decide which negative expression to use.**

| | | |
|---|---|---|
| 1 | Jérémie joue au tennis. | Jérémie doesn't play tennis. |
| 2 | Il aime regarder la télé. | He doesn't like watching television. |
| 3 | Il aide à la maison. | He never helps in the house. |
| 4 | Il s'entend bien avec son père. | He doesn't get on with his father. |
| 5 | Il a travaillé. | He has never worked. |
| 6 | Il va au club des jeunes. | He no longer goes to the youth club. |
| 7 | Il révise pour les contrôles. | He doesn't revise enough for tests. |
| 8 | En fait, il fait … | In fact, he doesn't do anything. |

# Time expressions with different tenses



**Why is it important?**

- When you use a time expression, you need to use the right tense with it to be understood clearly. For example, you wouldn't say 'Last weekend, I go shopping'. Using time expressions and tenses correctly will also help you to achieve a Grade C in your GCSE.
- The following **time expressions** are normally used with the **present tense**.

| | |
|---|---|
| *d'habitude* (usually) | *je joue* (I play) |
| *tous les jours* (every day) | *je fais* (I do/make) |
| *tous les soirs* (every evening) | *je vais* (I go) |
| *tous les samedis* (every Saturday) | *je reste* (I stay) |
| *tous les week-ends* (every weekend) | *je sors* (I go out) |

- The following time expressions can only be used to refer to **the past**, so use them with the **perfect tense**.

| | |
|---|---|
| *hier* (yesterday) | *j'ai joué* (I played) |
| *samedi dernier* (last Saturday) | *j'ai fait* (I did/made) |
| *l'été dernier* (last summer) | *je suis allé(e)* (I went) |
| *la semaine dernière* (last week) | *je suis resté(e)* (I stayed) |
| *l'année dernière* (last year) | *je suis sorti(e)* (I went out) |

- The following time expressions refer to the **future**, so use them with the **near future tense**.

| | |
|---|---|
| *demain* (tomorrow) | *je vais jouer* (I'm going to play) |
| *samedi prochain* (next Saturday) | *je vais faire* (I'm going to do/make) |
| *l'été prochain* (next summer) | *je vais aller* (I'm going to go) |
| *la semaine prochaine* (next week) | *je vais rester* (I'm going to stay) |
| *l'année prochaine* (next year) | *je vais sortir* (I'm going to go out) |

**1 Look at which tense the verb in each sentence is in. Fill in each gap with a suitable time expression. Finally, translate the sentences into English.**

1 ▬, je vais jouer au foot.
2 ▬, je fais du vélo.
3 ▬, je suis allé à une fête.
4 ▬, j'ai regardé un film d'horreur.
5 ▬, je sors avec mon frère.
6 ▬, j'ai acheté des CD.
7 ▬, je joue à l'ordinateur.
8 ▬, je vais manger une pizza.

**2 Look at the time expressions in these sentences to decide which tense each verb should be in. Then copy out the sentences, putting the infinitive in brackets into the correct tense.**

1 La semaine dernière, je (aller) à un concert.
2 Hier, je (faire) de la natation.
3 La semaine prochaine, je (sortir) avec mes copains.
4 Tous les week-ends, je (jouer) au basket.
5 D'habitude, je (rester) à la maison.
6 Samedi prochain, je (aller) au cinéma.

**3 Write six sentences about yourself using different time expressions and verbs in the correct tense.**

# Useful verb tables

## Regular verbs

Learn the patterns and you can use any regular verb!

| INFINITIVE | PRESENT TENSE (stem + present tense endings) | PERFECT TENSE (auxiliary + past participle) | NEAR FUTURE TENSE (verb aller + infinitive) |
|---|---|---|---|
| **regarder**<br>to watch | je regarde<br>tu regardes<br>il regarde<br>nous regardons<br>vous regardez<br>ils regardent | j'ai regardé<br>tu as regardé<br>il a regardé<br>nous avons regardé<br>vous avez regardé<br>ils ont regardé | je **vais** regarder<br>tu **vas** regarder<br>il **va** regarder<br>nous **allons** regarder<br>vous **allez** regarder<br>ils **vont** regarder |
| **finir**<br>to finish | je finis<br>tu finis<br>il finit<br>nous finissons<br>vous finissez<br>ils finissent | j'ai fini<br>tu as fini<br>il a fini<br>nous avons fini<br>vous avez fini<br>ils ont fini | je vais finir<br>tu vas finir<br>il va finir<br>nous allons finir<br>vous allez finir<br>ils vont finir |
| **attendre**<br>to wait | j'attends<br>tu attends<br>il attend<br>nous attendons<br>vous attendez<br>ils attendent | j'ai attendu<br>tu as attendu<br>il a attendu<br>nous avons attendu<br>vous avez attendu<br>ils ont attendu | je vais attendre<br>tu vas attendre<br>il va attendre<br>nous allons attendre<br>vous allez attendre<br>ils vont attendre |
| se **coucher**<br>to go to bed | je me couche<br>tu te couches<br>il se couche<br>nous nous couchons<br>vous vous couchez<br>ils se couchent | je me suis couché(e)<br>tu t'es couché(e)<br>il s'est couché<br>nous nous sommes couché(e)s<br>vous vous êtes couché(e)(s)<br>ils se sont couchés | je vais me coucher<br>tu vas te coucher<br>il va se coucher<br>nous allons nous coucher<br>vous allez vous coucher<br>ils vont se coucher |

## Key irregular verbs

| INFINITIVE | PRESENT TENSE (Watch out for the change of stems) | PERFECT TENSE (auxiliary + past participle) | NEAR FUTURE TENSE (verb aller + infinitive) |
|---|---|---|---|
| **avoir**<br>to have | j'**ai**<br>tu **as**<br>il **a**<br>nous **avons**<br>vous **avez**<br>ils **ont** | j'ai **eu**<br>tu as eu<br>il a eu<br>nous avons eu<br>vous avez eu<br>ils ont eu | je vais avoir<br>tu vas avoir<br>il va avoir<br>nous allons avoir<br>vous allez avoir<br>ils vont avoir |
| **être**<br>to be | je **suis**<br>tu **es**<br>il **est**<br>nous **sommes**<br>vous **êtes**<br>ils **sont** | j'ai **été**<br>tu as été<br>il a été<br>nous avons été<br>vous avez été<br>ils ont été | je vais être<br>tu vas être<br>il va être<br>nous allons être<br>vous allez être<br>ils vont être |
| **faire**<br>to do/make | je **fais**<br>tu **fais**<br>il **fait**<br>nous **faisons**<br>vous **faites**<br>ils **font** | j'ai **fait**<br>tu as fait<br>il a fait<br>nous avons fait<br>vous avez fait<br>ils ont fait | je vais faire<br>tu vas faire<br>il va faire<br>nous allons faire<br>vous allez faire<br>ils vont faire |
| **aller**<br>to go | je **vais**<br>tu **vas**<br>il **va**<br>nous **allons**<br>vous **allez**<br>ils **vont** | je **suis** allé(e)<br>tu **es** allé(e)<br>il **est** allé<br>nous **sommes** allé(e)s<br>vous **êtes** allé(e)(s)<br>ils **sont** allés | je vais aller<br>tu vas aller<br>il va aller<br>nous allons aller<br>vous allez aller<br>ils vont aller |
| **prendre**<br>to take<br>(*also applies to*: apprendre, comprendre …) | je **prends**<br>tu **prends**<br>il **prend**<br>nous **prenons**<br>vous **prenez**<br>ils **prennent** | j'ai **pris**<br>tu as pris<br>il a pris<br>nous avons pris<br>vous avez pris<br>ils ont pris | je vais prendre<br>tu vas prendre<br>il va prendre<br>nous allons prendre<br>vous allez prendre<br>ils vont prendre |
| **vouloir**<br>to want | je **veux**<br>tu **veux**<br>il **veut**<br>nous **voulons**<br>vous **voulez**<br>ils **veulent** | j'ai **voulu**<br>tu as voulu<br>il a voulu<br>nous avons voulu<br>vous avez voulu<br>ils ont voulu | je vais vouloir<br>tu vas vouloir<br>il va vouloir<br>nous allons vouloir<br>vous allez vouloir<br>ils vont vouloir |
| **pouvoir**<br>can/to be able to | je **peux**<br>tu **peux**<br>il **peut**<br>nous **pouvons**<br>vous **pouvez**<br>ils **peuvent** | j'ai **pu**<br>tu as pu<br>il a pu<br>nous avons pu<br>vous avez pu<br>ils ont pu | je vais pouvoir<br>tu vas pouvoir<br>il va pouvoir<br>nous allons pouvoir<br>vous allez pouvoir<br>ils vont pouvoir |
| **devoir**<br>must/to have to | je **dois**<br>tu **dois**<br>il **doit**<br>nous **devons**<br>vous **devez**<br>ils **doivent** | j'ai **dû**<br>tu as dû<br>il a dû<br>nous avons dû<br>vous avez dû<br>ils ont dû | je vais devoir<br>tu vas devoir<br>il va devoir<br>nous allons devoir<br>vous allez devoir<br>ils vont devoir |

# **Vocabulaire** *français – anglais*

## A

| | |
|---|---|
| à mon avis | *in my opinion* |
| à partir de maintenant | *from now on* |
| d' abord | *(at) first* |
| absolument (pas) | *absolutely (not)* |
| absorber | *to absorb* |
| accéder à | *to get to/to reach* |
| l' accès (m) | *access* |
| accompagné(e) | *accompanied* |
| être d' accord | *to agree* |
| l' accueil (m) | *reception* |
| les achats (m) | *shopping/purchases* |
| actif/ive | *active* |
| l' acuité visuelle | *clarity of vision* |
| l' adhésion (f) | *membership* |
| l' administration locale | *local council* |
| l' ado (m/f) | *teenager* |
| affreux/euse | *terrible* |
| africain(e) | *African* |
| l' agence (f) de voyages | *travel agent's* |
| l' agenda (m) | *diary* |
| il s' agit de | *it's about* |
| agréable | *pleasant* |
| l' agriculture (f) (bio) | *(organic) farming* |
| l' aide-mémoire (m) | *notes as a reminder* |
| aider | *to help* |
| l' aire (f) de jeux | *children's play area* |
| ajouter | *to add* |
| l' alcool (m) | *alcohol* |
| alcoolisé(e) | *alcoholic* |
| alors | *so/then/well* |
| en altitude | *at altitude* |
| l' ambiance (f) | *atmosphere* |
| aménagé(e) | *fitted (kitchen)* |
| amener | *to take* |
| américain(e) | *American* |
| amoureux/euse | *in love* |
| s' amuser | *to have a good time* |
| amuse-toi bien | *have a good time* |
| l' animateur/trice (m/f) | *leader/organiser* |
| animé(e) | *lively* |
| l' annonce (f) | *advert* |
| antimite (m) | *moth balls* |
| apparaître | *to appear* |
| l' appareil-photo numérique (m) | *digital camera* |
| l' appartement (m) | *flat* |
| appeler | *to call* |
| apporter | *to bring* |
| apprécié(e) | *desirable/appreciated* |
| apprendre | *to learn* |
| l' apprentissage (m) | *apprenticeship* |
| d' après | *based on/according to* |
| après les cours | *after school* |
| l' arbre (m) | *tree* |
| l' argent (m) | *money* |
| l' arrêt (m) de bus/car | *bus/coach stop* |
| arrêter | *to stop* |
| l' arrivée (f) | *arrival* |
| l' artère (f) | *artery* |
| les arts dramatiques | *drama* |
| s' asseoir | *to sit down* |
| assez à manger | *enough to eat* |
| l' asthme (m) | *asthma* |
| faire attention | *to be careful* |
| attraper | *to catch* |
| au lieu de | *instead of* |
| l' auberge (f) | *inn* |
| l' auberge (f) de jeunesse | *youth hostel* |
| au-dessus de | *above* |
| aussi | *too* |
| l' auto (f) | *car* |
| l' autobus (m) | *bus* |
| en automne | *in the autumn* |
| l' autoroute (f) | *motorway* |
| autour de | *around* |
| autre | *other* |
| l' autruche (f) | *ostrich* |
| il y avait … | *there was …* |
| avancé(e) | *advanced* |
| avant de | *before* |
| l' aventure (f) | *adventure* |

## B

| | |
|---|---|
| le baby-foot | *table football* |
| la baignade | *swimming* |
| se baigner | *to have a swim* |
| le bal | *party/dance* |
| le baladeur mp3 | *MP3 player* |
| la balade en vélo | *bike ride* |
| en banlieue | *in the suburbs* |
| le bâtiment | *building* |
| les BD (f) | *comics* |
| la Belgique | *Belgium* |
| le/la bibliothécaire | *librarian* |
| la bibliothèque | *library* |
| bien payé(e) | *well paid* |
| bien sûr | *of course* |
| bienvenue | *welcome* |
| le bifteck | *steak* |
| la bijouterie | *jewellery department/shop* |
| le billet | *ticket* |
| bizarre | *strange* |
| le bœuf | *beef* |
| le bois | *wood* |
| la boisson (alcoolisée) | *(alcoholic) drink* |
| la boîte | *night club* |
| de bonne heure | *early* |
| bonne route | *have a good journey* |
| le bonnet | *woolly hat* |
| bonsoir | *good evening* |
| au bord de la mer | *at the seaside* |
| les bords (m) | *banks (of the river)* |
| bosser | *to work* |
| les boucles (f) d'oreilles | *earrings* |
| bouclé(e) | *curly* |
| bousculer | *to push and shove* |
| la bouteille | *bottle* |
| en bref | *in short* |
| la brique | *brick* |
| le bruit | *noise* |

| | |
|---|---|
| Bruxelles | *Brussels* |
| la buanderie | *laundry room/utility room* |
| la bûche de Noël | *Christmas log cake* |

## C

| | |
|---|---|
| le cabinet médical | *doctor's surgery* |
| faire des cadeaux (m) à | *to give presents to* |
| le cadre | *setting* |
| la calculatrice | *calculator* |
| le canapé-lit | *sofa-bed* |
| le cancer du poumon | *lung cancer* |
| la canette | *can* |
| la cantine | *canteen* |
| le car de ramassage | *school bus* |
| le car grand tourisme | *tour bus* |
| de caractère | *in terms of character* |
| les Caraïbes (f) | *the Caribbean* |
| le carburant pour fusée | *rocket fuel* |
| le cartable | *school bag* |
| en carton | *made of cardboard* |
| la case | *box* |
| le casque | *helmet* |
| la casquette | *cap* |
| le casse-croûte | *snack* |
| à cause de | *because of* |
| causer | *to cause* |
| le CDI (Centre de Documentation et d'Information) | *school library/ resource centre* |
| ce que (je veux) | *what (I want)* |
| la ceinture | *belt* |
| célèbre | *famous* |
| le centre de recyclage | *recycling facility* |
| cependant | *however/nevertheless* |
| c'est à qui? | *whose is it?* |
| c'est-à-dire | *in other words* |
| C'est de la part de qui? | *Who's speaking?* |
| chacun(e) | *each one (each person)* |
| la chaîne hi-fi | *hi-fi* |
| la chambre d'hôte | *B&B* |
| le chameau | *camel* |
| le championnat | *championships* |
| la chance | *luck* |
| changer de | *to change* |
| chanter | *to sing* |
| le chapeau | *hat* |
| chaque | *each* |
| chaque fois | *every time* |
| avoir chaud | *to feel hot* |
| chauffé(e) | *heated* |
| la chaussette | *sock* |
| la cheminée | *fireplace* |
| chercher | *to look for* |
| aller chercher | *to fetch* |
| le/la chercheur/euse scientifique | *scientist/ researcher* |
| le cheval (les chevaux) | *horse (horses)* |
| la chocolaterie | *chocolate factory* |
| choisir | *to choose* |
| le choix | *choice* |
| au chômage | *unemployed* |
| choqué(e) | *shocked* |
| la chose | *thing* |
| le ciel | *sky* |
| le ciment | *cement* |
| le cinquième (étage) | *the fifth (floor)* |
| le circuit touristique | *tourist route* |
| la circulation | *traffic* |
| circuler | *to drive* |
| le cirque | *circus* |
| la citadelle | *citadel* |
| la Cité des sciences et de l'industrie | *Science and Industry park* |
| la clé | *key* |
| climatisé(e) | *air-conditioned* |
| le club de vacances | *holiday club* |
| le club des jeunes | *youth club* |
| le cœur | *heart* |
| la combinaison de plongée | *wet suit* |
| comme | *as/like* |
| commencer | *to start* |
| comment | *how* |
| la commode | *chest of drawers* |
| complet/complète | *full* |
| composé(e) | *mixed* |
| la compote de pommes | *stewed apples* |
| comprenant | *including* |
| comprendre | *to understand* |
| compter sur | *to count on/to expect* |
| faire les comptes (m) | *to do the accounts* |
| le comte | *count* |
| se concentrer | *to focus/concentrate* |
| le concours | *competition* |
| le/la concurrent(e) | *competitor* |
| conduire | *to drive* |
| la confiance en soi | *self-confidence* |
| le conseil | *advice* |
| le/la conseiller/ère principal(e) d'éducation | *attendance and discipline counsellor* |
| la consigne | *left luggage office* |
| construire | *to build* |
| contre | *against* |
| le cornichon | *gherkin* |
| le/la corres | *penfriend* |
| la côte | *coast* |
| à côté de | *next to* |
| le couloir | *corridor* |
| le coup de fil | *telephone call* |
| la Coupe du Monde | *World Cup* |
| couper | *to cut (down)* |
| la coupole | *dome* |
| en courant | *running* |
| le cours | *lesson* |
| faire des courses | *to go shopping* |
| coûter | *to cost* |
| la cravate | *tie* |
| le crayon | *pencil* |
| la crème Chantilly | *whipped cream* |
| crier | *to shout* |
| les crudités (f) | *selection of raw vegetables* |
| en cuir | *made of leather* |
| faire cuire | *to cook* |

| | |
|---|---|
| la cuisine (espagnole) | *(Spanish) food/cooking* |
| la cuisine aménagée | *fitted kitchen* |
| le/la cultivateur/trice | *farmer* |
| cultiver | *to cultivate/to grow* |

## D

| | |
|---|---|
| davantage | *more* |
| débuter | *to begin* |
| les déchets (m) | *rubbish* |
| la découverte | *discovery/exploration* |
| découvrir | *to discover* |
| dedans | *inside* |
| défendu(e) | *prohibited* |
| la définition | *definition* |
| dégoûtant(e) | *disgusting* |
| en dehors de | *outside* |
| les dépanneurs (m) | *breakdown service* |
| ça dépend | *it depends* |
| le dépliant | *leaflet* |
| descendre de | *to get off* |
| la descente | *going down* |
| désolé(e) | *sorry* |
| dessus | *on it* |
| la détente | *relaxation* |
| détruire | *to destroy* |
| à deux lits | *with two beds* |
| deuxièmement | *secondly* |
| la dévastation | *destruction/devastation* |
| devenir | *to become* |
| le diable | *devil* |
| la dinde | *turkey* |
| dire | *to say* |
| le/la directeur/trice | *headmaster/mistress* |
| à la disposition de | *at the disposal of* |
| la dispute | *argument* |
| se disputer | *to argue* |
| le dissolvant | *solvent* |
| les distractions (f) | *entertainment* |
| donc | *so* |
| donner | *to give* |
| donner à manger à | *to feed* |
| donner confiance à | *to give confidence to* |
| donner sur | *to look out onto* |
| dormir | *to sleep* |
| dressé(e) | *trained* |
| durcir | *to harden* |
| durer | *to last* |

## E

| | |
|---|---|
| l' échange (m) | *exchange* |
| économiser | *to save* |
| écrit(e) | *written* |
| l' écrivain (m) | *writer* |
| Édimbourg | *Edinburgh* |
| effectué(e) | *carried out* |
| les effets (m) spéciaux | *special effects* |
| faire des efforts (m) | *to make an effort* |
| également | *as well* |
| l' électroménager (m) | *household appliances* |
| élever des animaux | *to rear animals* |
| s' embrasser | *to kiss* |
| l' emploi (m) | *job* |
| l' emploi (m) du temps | *timetable* |
| empoisonner | *to poison* |
| en dessous | *below* |
| en dessus | *above* |
| encore | *again/still* |
| encore une fois | *once more* |
| encrasser | *to clog up* |
| l' endroit (m) | *place* |
| l' énergie (f) solaire | *solar energy* |
| enfin | *finally* |
| enlever | *to take off/to remove* |
| ensemble | *together* |
| entier/ère | *whole* |
| entourer | *to surround* |
| l' entraînement (m) | *training* |
| s' entraîner | *to train* |
| entre | *between* |
| l' entrée (gratuite) | *(free) admission* |
| entretenir | *to maintain* |
| environ | *about* |
| les environs (m) | *the surrounding area* |
| envoyer | *to send* |
| équilibré(e) | *well balanced* |
| l' équipe (f) | *team* |
| l' équipement (m) | *equipment* |
| les équipements (m) | *facilities* |
| l' équitation (f) | *horse-riding* |
| l' escalier (m) | *stairs* |
| l' Espagne (f) | *Spain* |
| j' espère | *I hope* |
| l' essai (m) | *try* |
| essayer | *to try* |
| essentiel(le) | *essential* |
| l' est (m) | *east* |
| l' étagère (f) | *shelf* |
| étanche | *waterproof* |
| les États-Unis (m) | *USA* |
| en été | *in the summer* |
| éteindre | *to put out/to switch off* |
| l' étoile (f) | *star* |
| à l' étranger | *abroad* |
| étranger/ère | *foreign* |
| l' événement (m) (sportif) | *(sporting) event* |
| exactement | *exactly* |
| exagérer | *to exaggerate* |
| l' exercice (m) physique | *physical exercise* |
| expérimenter | *to try out* |

## F

| | |
|---|---|
| fabriquer | *to make* |
| facultatif/ive | *optional* |
| la faiblesse | *weakness* |
| avoir faim | *to be hungry* |
| faire les magasins | *to go shopping* |
| faire mal | *to hurt* |
| que fait … dans la vie? | *what does … do for a living?* |
| familial(e) | *family-run* |
| fatiguer | *to put strain on* |
| fêter | *to celebrate* |
| le feu d'artifice | *fireworks* |
| la figure | *face* |
| le filtre | *filter* |
| la fin | *the end* |
| la fleur | *flower* |

| | |
|---|---|
| fleuri(e) | *flowery* |
| le foie gras | *foie gras (goose liver pâté)* |
| une fois | *once* |
| fondé(e) | *founded* |
| la forêt | *forest* |
| le forfait | *bus pass* |
| en forme | *fit* |
| le formulaire | *form* |
| fort(e) | *strong* |
| fortifié(e) | *fortified* |
| fourni(e) | *provided* |
| frais/fraîche | *fresh* |
| ce qui m'a frappé | *what struck me* |
| frapper | *to strike* |
| les freins (m) | *brakes* |
| froid(e) | *cold* |
| la frontière | *border* |
| la fumée | *smoke* |

## G

| | |
|---|---|
| gagner | *to earn/to win* |
| les gants (m) | *gloves* |
| le/la garagiste | *garage mechanic/owner* |
| gaspiller | *to waste* |
| à gauche | *on the left* |
| gazeux/euse | *sparkling/fizzy* |
| le gazon | *lawn* |
| le géant | *giant* |
| gênant(e) | *embarrassing/annoying* |
| la genouillère | *knee pad* |
| les gens (m) | *people* |
| le gîte | *holiday cottage* |
| la glace (à la vanille) | *(vanilla) ice cream* |
| en gomme | *made of rubber* |
| la gorge | *throat* |
| le goût | *taste/liking* |
| la graisse | *fat* |
| les grandes vacances | *summer holidays* |
| faire la grasse matinée | *to have a lie in* |
| gratuit(e) | *free* |
| grave | *serious* |
| gros(se) | *big/fat* |
| la grotte | *cave* |
| la guerre | *war* |
| le guichet | *ticket window* |

## H

| | |
|---|---|
| handicapé(e) | *disabled* |
| haut(e) | *high* |
| en haute montagne | *high in the mountains* |
| l' hébergement (m) | *accommodation* |
| l' herbe (f) | *grass* |
| hériter | *to inherit* |
| heureux/euse | *happy* |
| en hiver | *in the winter* |
| la HLM | *affordable housing* |
| le hockey sur glace | *ice hockey* |
| les horaires (m) de travail | *hours of work* |
| l' horloge (f) | *clock* |

## I

| | |
|---|---|
| ici | *here* |
| l' île (f) | *island* |
| l' image (f) | *picture* |
| s' impatienter | *to get impatient* |
| l' imperméable (m) | *raincoat* |
| l' incendie (m) | *fire* |
| indépendant(e) | *separate* |
| l' informatique (f) | *computers/IT* |
| les infos (f) | *the news* |
| installer | *to put in* |
| interdit(e) | *forbidden* |
| à l' intérieur | *inside* |
| interprété(e) par | *played by* |
| irriter | *to irritate* |

## J

| | |
|---|---|
| le jardin botanique | *botanical gardens* |
| le/la jardinier/ière | *gardener* |
| le/la jeune | *young person* |
| jeter | *to throw (away)* |
| le jour de l'An | *New Year's Day* |
| le/la jumeau/jumelle | *twin* |
| jumelé(e) | *twinned* |
| jusqu'à | *until/up to* |
| juste | *fair* |
| avoir juste le temps | *to have just enough time* |

## K

| | |
|---|---|
| le karting | *go-karting* |
| le/la kinésithérapeute | *physiotherapist* |

## L

| | |
|---|---|
| là-bas | *there/over there* |
| le lac | *lake* |
| laisser | *to leave* |
| le lait | *milk* |
| la langue | *language* |
| les légumes (m) | *vegetables* |
| le liquide vaisselle | *washing-up liquid* |
| la location (de vélos) | *(bicycle) hire* |
| être logé(e) | *to be put up* |
| loger | *to stay* |
| Londres | *London* |
| le loto | *lottery* |
| louer | *to hire/to rent* |
| la luge | *sledging* |
| les lunettes (f) (de soleil) | *(sun) glasses* |

## M

| | |
|---|---|
| la machine à laver | *washing machine* |
| le maçon | *builder* |
| magnifique | *magnificent* |
| le maillot de bain | *swimsuit/swimming trunks* |
| la main | *hand* |
| la mairie | *town hall* |
| le maître nageur | *lifeguard/swimming instructor* |
| malade | *ill* |
| malgré | *in spite of* |
| malheureusement | *unfortunately* |
| manquer | *to miss* |
| le manteau | *coat* |
| manuel(le) | *manual* |
| la marque (de voiture) | *make (of car)* |
| marqué(e) | *marked* |
| j'en ai marre de | *I'm fed up with* |

| | |
|---|---|
| le matériel scolaire | *things for school* |
| la matière | *subject* |
| la matière facultative | *optional subject* |
| la matinée | *morning* |
| mauvais(e) | *bad* |
| le mec | *bloke* |
| les médicaments (m) | *medicine* |
| le/la meilleur(e) | *the best* |
| mêlé(e) | *mixed* |
| le/la même | *the same* |
| le menuisier | *carpenter* |
| mesurer … | *to be … tall* |
| mettre | *to put (on)* |
| les meubles (m) | *furniture* |
| mieux | *better* |
| des milliers de | *thousands of* |
| mi-long(ue) | *mid-length* |
| mince | *slim* |
| minuit | *midnight* |
| le mode de vie | *lifestyle* |
| moi-même | *myself* |
| au moins | *at least* |
| le mois | *month* |
| la moitié de | *half of* |
| en montagne | *in the mountains* |
| monter dans | *to get on* |
| la montre | *watch* |
| mort(e) | *dead* |
| mortel(le) | *lethal* |
| le mot | *word/note* |
| le mot clé | *key word* |
| le moteur | *engine/motor* |
| le motif | *logo/pattern* |
| le mur | *wall* |
| le musée d'art | *art gallery* |

## N

| | |
|---|---|
| la navette | *shuttle bus* |
| ne … jamais | *never* |
| ne … personne | *no one* |
| ne … plus | *not any more* |
| ne … que | *only* |
| ne … rien | *nothing* |
| nettoyer | *to clean* |
| nocturne | *by night* |
| Noël | *Christmas* |
| le nombre | *number* |
| le nord | *north* |
| noter | *to note down* |
| la nourriture | *food* |

## O

| | |
|---|---|
| les objets trouvés | *lost property office* |
| obligatoire | *compulsory* |
| l' occasion (f) | *opportunity* |
| l' odeur (f) | *smell* |
| l' oiseau (m) | *bird* |
| l' opérateur/trice d'attractions | *ride operator* |
| l' orchestre (m) | *stalls (in theatre)* |
| l' ordinateur (m) | *computer* |
| l' ordonnance (f) | *prescription* |
| l' orphelin(e) (m/f) | *orphan* |
| ou bien | *or maybe/or even* |
| l' ouest (m) | *west* |
| l' ours (m) | *bear* |
| ouvert(e) | *open* |

## P

| | |
|---|---|
| la page web | *web page* |
| par exemple | *for example* |
| le parapente | *paragliding* |
| le parapluie | *umbrella* |
| le parc aquatique | *water park* |
| le parc zoologique | *zoo* |
| la parfumerie | *perfume department/shop* |
| parisien(ne) | *Parisian* |
| parler | *to speak* |
| parmi | *among* |
| participer à | *to take part in* |
| particulier/ière | *particular/unusual* |
| à partir de maintenant | *from now on* |
| partout | *everywhere* |
| pas tellement | *not much* |
| le passage clouté | *pedestrian crossing* |
| au passé composé | *in the perfect tense* |
| passer | *to spend* |
| passer un coup de fil | *to ring up* |
| la pataugeoire | *paddling pool* |
| les pâtes (f) | *pasta* |
| le/la patron(ne) | *boss* |
| la pause déjeuner | *lunch break* |
| la pauvreté | *poverty* |
| le paysage | *countryside* |
| la pêche | *fishing/peach* |
| pédagogique | *educational* |
| le/la peintre | *painter* |
| la peinture | *painting* |
| pendant (la semaine) | *during (the week)* |
| le/la perdant(e) | *loser* |
| perdre | *to lose* |
| perfectionner | *to perfect* |
| permettre | *to allow* |
| le petit copain | *boyfriend* |
| le/la petit(e) ami(e) | *boyfriend/girlfriend* |
| la petite annonce | *small ad* |
| la petite copine | *girlfriend* |
| les petits (m) | *little ones (children)* |
| pfui! | *phew!* |
| les phares (m) | *headlights* |
| la pièce | *room* |
| la pièce de théâtre | *play* |
| la pierre | *stone* |
| les piétons (m) | *pedestrians* |
| la place | *room/square* |
| la plage | *beach* |
| les plages (f) du débarquement | *Normandy landing beaches* |
| la planche de surf | *surfboard* |
| le plat principal | *main course* |
| plat(e) | *still (water)/flat* |
| en plein air | *in the open air* |
| plein de | *lots of* |
| plein(e) de charme | *charming* |
| la plongée (sous-marine) | *(scuba) diving* |
| la plupart de | *most of* |
| la plupart du temps | *most of the time* |

| | |
|---|---|
| il n'y est plus | it's not there any more |
| de plus | as well |
| en plus | as well |
| plus de | more than |
| plus tard | later on |
| plusieurs | several |
| la poche | pocket |
| la pointure | shoe size |
| le poisson | fish |
| pollué(e) | polluted |
| le polo | polo shirt |
| le porc | pork |
| le portefeuille | wallet |
| poser sa candidature | to apply (for a job) |
| la poubelle | bin |
| les poumons (m) | lungs |
| pour | in order to |
| pour moi | for me/I think |
| se précipiter | to hurry |
| préféré(e) | favourite |
| premièrement | firstly |
| prendre | to take/to catch (e.g. bus) |
| le prénom | first name |
| au présent | in the present tense |
| presque | nearly |
| pressé(e) | in a hurry |
| la princesse (d'une journée) | princess (for a day) |
| au printemps | in the spring |
| le prix (réduit) | (reduced) price |
| prochain(e) | next |
| la production d'énergie | energy production |
| (ils) produisent | (they) produce |
| les produits (m) chimiques | chemicals |
| se promener | to go for a walk |
| promener le chien | to walk the dog |
| proposer | to suggest/offer |
| le/la propriétaire | owner |
| la propriété | property |

## Q

| | |
|---|---|
| le quai | platform |
| qualifié(e) | qualified |
| le quartier | area of a town |
| que | that/which/what |
| que faire? | what can be done? |
| quelque chose | something |
| quelquefois | sometimes |
| quelqu'un | someone |
| quitter | to leave |

## R

| | |
|---|---|
| le rabais | discount |
| le raisin | grape |
| ramasser | to pick up |
| la randonnée | hike |
| ranger | to tidy/put away |
| rappeler | to call back |
| rayé(e) | striped |
| le rayon | department |
| à rayures | striped |
| réalisé(e) par | directed by/put on by |
| récemment | recently |
| le réchauffement de la planète | global warming |
| rechercher | to look for/to seek |
| recommander | to recommend |
| recommencer | to start again |
| la réduction | reduction |
| réduire | to reduce |
| le régime | diet |
| la règle | rule |
| régulièrement | regularly |
| rencontrer | to meet |
| les renseignements (m) | information |
| rentrer à la maison | to go home |
| la réparation | repair |
| réparer | to mend/to repair |
| le repas | meal |
| repasser | to retake |
| répéter | to repeat |
| la réponse | reply/answer |
| se reposer | to rest/to relax |
| représenter | to represent |
| la restauration | catering/restaurant provision |
| rester | to stay |
| les résultats (m) | results |
| le résumé | summary |
| retourner | to go back |
| se retrouver | to meet up |
| retrouver | to meet up with |
| la réunion | meeting |
| réunis | altogether |
| réussir | to pass |
| la revanche | revenge |
| en revanche | on the other hand |
| le rêve | dream |
| le réveil | alarm clock |
| de rien | don't mention it/that's OK |
| la rivière | river |
| le roi | king |
| rouler | to roll/to drive |

## S

| | |
|---|---|
| le sac en plastique | plastic bag |
| saisir | to grab |
| la salle d'attente | waiting room |
| la salle de bains (attenante) | bathroom (en-suite) |
| la salle de détente | common room/lounge (e.g. in youth hostel) |
| le salon de coiffure | hairdresser's |
| le sang | blood |
| sans | without |
| le sapeur-pompier | fireman |
| sauf | except |
| sauver | to save |
| les sciences (f) physiques | physics |
| les sciences nat(urelles) | biology |
| scolaire | school (adj) |
| la séance | screening |
| le sèche-cheveux | hairdryer |
| se sécher (les cheveux) | to dry (one's hair) |
| le séjour | stay/holiday |

| | |
|---|---|
| le self | canteen/self-service restaurant |
| selon | according to |
| en semaine | during the week |
| sensass | fantastic |
| le sentiment | feeling |
| avoir le sentiment de | to feel |
| sentir | to smell/to feel |
| sentir la fumée | to smell of smoke |
| se séparer | to separate/to split up |
| sérieux/euse | serious |
| le service restauration | restaurant service |
| le sida | AIDS |
| sinistre | sinister |
| la situation | location |
| situé(e) | located |
| le snack | snack bar |
| la SNCF | French national railway company |
| avoir soif | to be thirsty |
| soigner | to take care of |
| la soirée | evening/party |
| la soirée cinéma | cinema trip |
| les soldes (m) | sales |
| le sondage | survey |
| sonner | to ring |
| la sorte | kind/sort |
| la sortie | trip/outing/exit |
| la sortie de secours | emergency exit |
| sortir (se promener) | to go out (for a walk) |
| sortir en courant | to rush out |
| souffrir de | to suffer from |
| souhaiter | to wish |
| la source (d'énergie) | source (of energy) |
| sous-titré(e) | subtitled |
| spécialisé(e) dans | specialising in |
| le spectacle | show |
| le sport nautique | water sport |
| le stage | course |
| la station balnéaire | seaside resort |
| le studio | studio flat |
| la substance chimique | chemical substance |
| sucré(e) | sweet |
| la sucrerie | sweet food |
| le sud | south |
| les suites (f) de | the effects of |
| suivi(e) de | followed by |
| le surnom | nickname |
| sur place | on the spot |
| surtout | especially |
| surveiller | to watch |
| les SVT (f) | biology |

## T

| | |
|---|---|
| le tabac | tobacco |
| la tâche ménagère | household chore |
| la taille | size |
| la tapisserie | tapestry |
| le tarif | price |
| tellement | much |
| le temps | time/weather |
| le temps libre | free time |
| le terrain | ground/pitch |
| le terrain de foot | football pitch |
| la terre | earth/ground |
| terrifiant(e) | terrifying |
| la tête | head |
| le thon | tuna |
| le toboggan | slide |
| tomber | to fall |
| tondre le gazon | to mow the lawn |
| la tour | tower |
| le tournoi | tournament |
| tout à fait | completely/really |
| tout ça | all that |
| tout de suite | straight away |
| tout finit bien | there's a happy ending |
| tout le monde | everyone |
| tout le temps | all the time |
| tout près | very close |
| tout public | for everyone |
| toute la nuit | all night |
| traiter | to treat |
| tranquille | quiet/peaceful |
| travailleur/euse | hard-working |
| à travers | through |
| triste | sad |
| la troisième | third year (equivalent of Year 10) |
| troisièmement | thirdly |
| la trousse | pencil case |
| trouver | to find |
| se trouver | to be situated |
| tuer | to kill |
| le tueur | killer |

## U

| | |
|---|---|
| l' usine (f) | factory |
| utiliser | to use |

## V

| | |
|---|---|
| v.o. (version originale) | original language version |
| (il/elle) va mal | (he/she/it) is not well |
| la vague | wave |
| la/la vainqueur | winner |
| la vedette | star |
| le véhicule | vehicle |
| la veille de Noël | Christmas Eve |
| venant de | coming from |
| à vendre | for sale |
| le vernis à ongles | nail varnish |
| le vestiaire | cloakroom/changing room |
| la viande | meat |
| la vie | life |
| le/la vigneron(ne) | wine grower |
| vite | fast |
| vivre heureux/euse | to live happily |
| en voie d'extinction | in danger of extinction |
| voilà … | here is … |
| voir | to see |
| le vol | flight |
| le vol libre | hang-gliding |
| voyager | to travel |
| vraiment | really |
| la vue panoramique | panoramic view |